AF783516

S V
J V

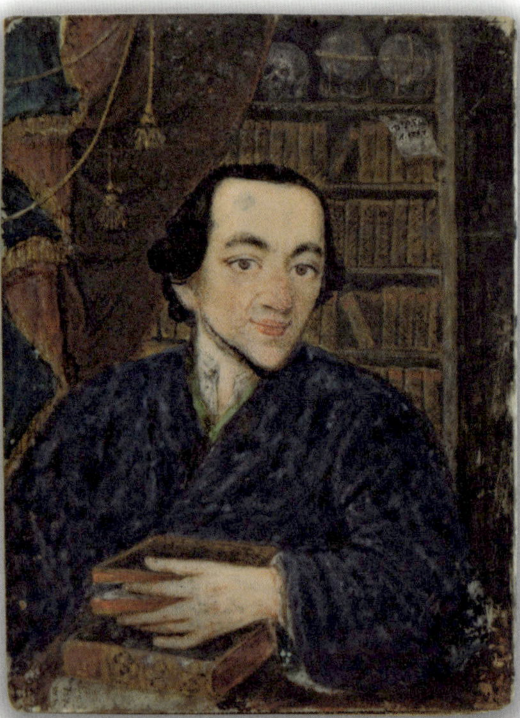

Thomas Lackmann

Mendelssohns Gärten

Wie der *Jude von Berlin*
in Lauben, Parks und Sommerfrischen fand,
was zum Leben nötig ist

SUHRKAMP VERLAG
JÜDISCHER VERLAG

Erste Auflage 2023
Originalausgabe
© Jüdischer Verlag GmbH, Berlin, 2023
Alle Rechte vorbehalten.
Wir behalten uns auch eine Nutzung des Werks für
Text und Data Mining im Sinne von §44b UrhG vor.
Umschlagabbildung: Parklandschaft mit dem Goldfischteich im Berliner
Tiergarten (das Venusbassin im Berliner Tiergarten im Vordergrund),
Gemälde von Jakob Philipp Hackert, 1761, Öl auf Leinwand, 61 × 74 cm,
Inv. Nr. VII 59/770X, Stiftung Stadtmuseum, Berlin, Foto: akg-images
Umschlaggestaltung: Rothfos & Gabler, Hamburg
Druck: Pustet, Regensburg
Printed in Germany
ISBN 978-3-633-54323-6

www.suhrkamp.de

Mendelssohns Gärten

Inhalt

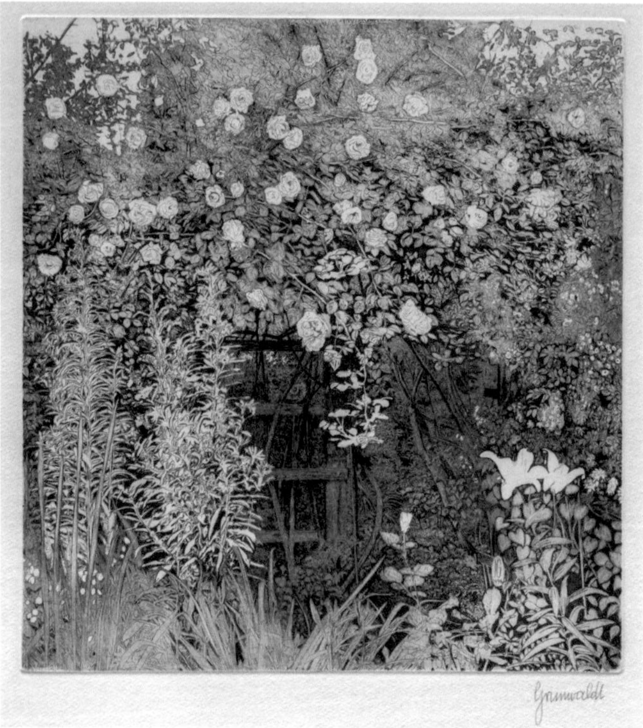
Grunwaldt

Statt eines Vorgartens

So ungefähr stelle ich mir den Eingang zu Mendelssohns Laube vor.

Den vielfach porträtierten Herrn Moses selbst vorzustellen, ginge dagegen so: Er ist ein Männlein, eigentlich schüchtern, gerade deshalb charmant und witzig. Körperlich eher mißgestaltet, aber mit einnehmender Ausstrahlung und Freundlichkeit. Vormals als Kind in seiner Dessauer Heimat bereits ein derart herausragender Talmudschüler, daß er mit einer Rabbinertochter verlobt werden sollte. Als Publizist wegen seines brillanten Stiles in seiner Wahlheimat Berlin bald so anerkannt, daß keiner sich mehr vorstellen kann, wie dieser perfekt Hochdeutsch schreibende Zuwanderer wenige Jahre zuvor nur Jiddisch und Hebräisch gesprochen hat. Er ist verliebt in seine Frau Fromet, die Kaufmannstochter aus Altona, und in die abendländische Kultur. Er begeistert sich für die schönen Künste, wie auch für die metaphysische Erforschung von Existenzfragen. Er ist ein engagierter Literaturrezensent, außerdem ein Kulturvermittler zwischen den Christen, der Mehrheitsgesellschaft, und den Juden seiner Zeit. Er beeindruckt als Moderator, mit unbeirrbarem Freundschaftstalent. Seine Bücher und seine optimistische Persönlichkeit machen ihn berühmt. Über sein weitgespanntes Netzwerk aus Mitstreitern und anderen Zeitgenossen aller Milieus verbreiten sich die Ideen der Aufklärung. Jener Bewegung, in der dem Aufbruch zur Neuen Zeit vorausgedacht, vorausdiskutiert und vorangeschrieben wird.

Sein Aufbruchs-Jahrhundert ist auch eine Epoche der Gartenmoden, der Gartentheorien und der Gartenexperimente. Doch in einer Grünanlage erlebt hat die Öffentlichkeit diesen Mendelssohn, den ungewöhnlichsten Star der Gelehrtenrepublik, erst kurz nach seinem Tod: als für seine Beisetzung alle Geschäfte der Jüdischen Gemeinde geschlossen sind, um ihm gemeinsam mit christlichen Freunden und Mitgliedern der königlichen Familie das Geleit zum Jüdischen Friedhof an der Großen Hamburger Straße zu geben. Dort wird der 56jährige am 5. Januar 1786 in der Nähe seines Lehrers David Fränkel, dem er von Dessau an die Spree gefolgt war, und seines Arbeitgebers Bernhard Isaak, dessen Seidenfabrik ihm Lebensunterhalt und Bleiberecht verschafft hatte, bestattet. Dieses Friedhofsgelände war 1672 für die Jüdische Gemeinde erworben worden. Auf einer Radierung, die Daniel Chodowiecki 1787 für den Titel einer Schrift »Über die frühe Beerdigung der Juden« angefertigt hat, wirkt die Bepflanzung des Terrains allerdings ziemlich freudlos: Während sich im Hintergrund unterm Mondlicht ein scheintoter Zombie aus dem Boden herauswühlt, reckt in der Bildmitte bei Mendelssohns Grabstein, neben einem grübelnden Besucher, ein einziges verlorenes Bäumlein seine kargen Äste hinauf zum Sternengefunkel.

Daß der lebende Philosoph sich tatsächlich zuvor leibhaftig immer wieder gern in richtig schönen Gärten aufgehalten hat, fand bisher freilich wenig Beachtung. Der Mann gilt eben mehr als Kopfmensch, als psychologischer Ästhetiker, wegweisender Emanzipationspionier, wirkungsmächtiger Bibelübersetzer, als Identifikationsfigur, ja Prototyp eines »deutschen Juden«. Seine Alltagsbaustellen sind: das Kontor der Seidenfabrik, wo er vor allem sein Geld verdient; der Schreibtisch in seiner Wohnung; Redaktionszimmer jener Zeitschriften, an denen er beteiligt ist. Der Gedanken- und Büchertyp – ein Naturbursche?

Vor dem Spektrum seiner Themen und Werke erscheint so ein Aspekt nur als Seitenpfad, einerseits.

Andererseits könnte ein veränderter Blick auf diesen Intellektuellen, der oft nur noch als grauer Toleranzlangweiler abgetan wird, das Verständnis seiner grauen Aufklärung kolorieren. Jener Aufklärung, die aktuell auch aufgrund ihrer historischen Versäumnisse in Mißkredit gerät; die man gegenwärtig eher mit Zweifel und Kritik in Verbindung bringt als mit ihrem lebensbejahenden Weltverbesserungs-Optimismus. Für so einen erweiterten und veränderten Blick muß man den Aufklärer Moses nicht zum Öko-Aktivisten ummodeln, obgleich er sich als Philosoph für Kleinstlebewesen interessiert und deren Rolle im kosmischen Gesamtbauplan fasziniert analysiert. Zu erleben ist dieser Gartenfreund nämlich gerade auch in den typischen Entscheidungszwickmühlen, die gestreßten Städtern des 21. Jahrhunderts vertraut sind. Auf der Suche nach therapeutischen Begegnungen mit der Natur – nur nicht wirklich bereit, seiner vertrauten Umgebung, dem »Rauch der Königsstädte«, für immer zu entfliehen. Theoretisch begeistert von Garten-Herrlichkeiten der Schöpfung – aber gekettet an den städtischen Job, fixiert auf urbane Kulturangebote und Kontakte, mißtrauisch gegenüber allen ins Traumland Arkadien führenden Zivilisationsausbrüchen. Positiv eingestellt, im Sinne der aufklärerischen Vervollkommnung, zu den Chancen des technischen/gesellschaftlichen Fortschritts, allen Risiken zum Trotz – aber skeptisch gestimmt gegenüber einer Funktionalisierung aller Lebensbereiche. »Fahret fort mit euerm kurzsichtigen *wozu?* so könnet Ihr die Schöpfung in eine Wüste verwandeln. Das stolze, armselige Ding, der Mensch, fragt auf alles, was *Er* nicht brauchen kann, *wozu* dieses?«

Eine Moses-Gartenschau, wie wir sie hier vorschlagen, ließe sich vielleicht in einem Satz so begründen: Weil es Spaß macht –

den Berliner Sokrates in seine Grünzonen zu begleiten. Oder: Weil in der Laube aus dem Zeigefinger-Denkmal ein Mensch wird. Oder: Sogar Aufklärung darf Spaß machen.

Die Buchidee ist aus einer Moses-Mendelssohn-Ausstellung im Jüdischen Museum Berlin entstanden. Sie hat sich aus Recherchen, Entdeckungen, Nebenfunden und Gestaltungsideen gewissermaßen blütenreich emporgerankt. Das Magazin des Museums regte einen Preview-Artikel über das Thema an. Thomas Sparr vom Jüdischen Verlag verdanke ich schließlich, daß er mit unverdrossener Ermunterung, aus dem Stoff ein Buch zu machen, nicht nachgelassen hat. Mein Dank gilt ebenso meiner Lektorin Sabine Landes, deren geduldige Ermutigung das Wachstum des Manuskriptes entscheidend gefördert hat; und auch Holger Horstmann vom Stadtarchiv Hannover, der mich bei der Suche nach einem Partygarten des 18. Jahrhunderts an der Calenberger Stadtmauer unterstützte; sowie Birgitt Claus, deren Kenntnisse zur Kulturgeschichte des Essens mir halfen, Rezepte zum Verständnis der Einweck-Aktivitäten Fromet Mendelssohns zu finden. Der Dank geht nicht zuletzt an Inka Bertz, meine Mitkuratorin in der Ausstellung, die mir mit Dokumenten zur Moabiter Judenwiese wichtige Antworten ermöglichte; und gemeinsam mit Manfred Jehle eine ganz normale Berliner Laube an der Spree (die beide von Mendelssohn-Nachfahren übernommen haben) als inspirierenden Schreibplatz zur Verfügung stellte. Und besonders an den Historiker Sebastian Panwitz, der mir als Erforscher der Mendelssohn-Familie und Berlinkenner weiterhalf, wo ich im Dunklen tappte. Aber gelegentlich auf gewagte Blüten-, Theologen- und Feuilletonistenträume ebenso hilfreich mit der kritischen Heckenschere reagierte.

Auch die Rosenbüsche auf der oben abgebildeten Radierung bräuchten wohl mal eine Heckenschere. Oder gerade nicht?

Daran scheiden sich dann eben die Garten-Geister, schon jene des 18. Jahrhunderts. Herbert Grunwaldts »Im Garten der Frau Bartnik«, entstanden 1995, zeigt allerdings keine Laube von dazumal. Sondern die Impression des Künstlers aus einer Hamburger Vorstadtsiedlung; welche Anfang der 1920er Jahre im Zuge der Gartenstadtbewegung entstanden war, die durch Aufklärungsideen inspiriert wurde. Wenn ich mir so ungefähr Mendelssohns Laube und den Blick auf sein Gartentor von innen vorstelle, heißt das auch: Sobald man sich erst im Garten befindet, die Hecke hoch genug, die Tür verschlossen ist, vergißt man schon manchmal die Zeit.

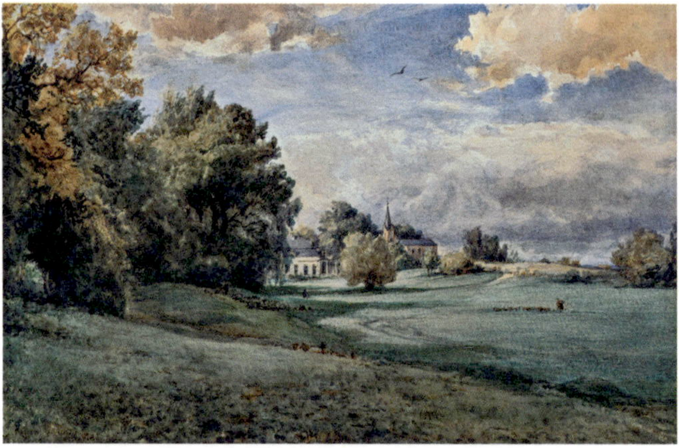

Der Bücherwurm träumt von frischer Luft

Erster Spazierflug: vom literarischen Tibertal durch die Baumannshöhle an der Brüderstraße zu einem Panorama in Pommern und den berühmtesten Bäumen Berlins

Das Glück des philosophischen Landhausbewohners entsteht aus dem Zusammenspiel von Gefühl und Empfindung. Er sieht den weißglänzenden Gipfel des steilen Berges vis-à-vis die Ebene überragen, Bäume unter dicker Schneelast und erstarrte Flüsse. Den Frühling hat er vorauseilend wohl schon im Sinn, wenn er seinen jungen Freund ermuntert »Zerlaß die Kälte!«: als seien Eistemperaturen aufzuschmelzen wie ein gefrorener Butterblock, angeheizt von der Vorfreude auf kommende Freiluftvergnügen. Der Landhausbewohner schafft Brennholz für den Herd herbei und ausreichend guten Wein in dicken Flaschen. Zypressen und die alten Buchen drüben, da ist er zuversichtlich, werden nicht mehr wild umherschwanken, sobald erst das Meeresbrausen hinterm Horizont sich legt und die Turbulenz der Winde verstummt …

Eigentlich ist dieser Landhausbewohner ein Stadtmensch. Er hockt weit entfernt von allen Landschaftsgärten und von der Natur, die er sich poetisch ausmalt, am Schreibtisch, mit Blick auf eine dreistöckige Nachbarfassade in seinem beengten dreistöckigen Wohnhaus. An einer der baumlosen schmalen Straßen im Zentrum des alten Berlin, nahe dem Neuen Markt und der Kirche St. Marien. Moses Mendelssohn, ursprünglich genannt Mausche Dessau, ist aus der gleichnamigen kleinen Anhaltinischen Residenz vor 21 Jahren ins etwas größere Berlin eingewandert. Den modernen bürgerlichen Namen Mendelssohn, abgeleitet von seinem Vater Mendel, hat der Jude erst vor zwei Jahren für die Korrespondenz mit christlichen Briefpartnern angenommen – und zum Einsatz bei künftigen Publikationen.

Beim Verfassen seiner Laudatio auf das gute Landleben ist er 35 Jahre alt und schreibt an den neun Jahre jüngeren Freund Thomas Abbt, mit dem er sich für ein aufklärerisches Literaturmagazin engagiert. Der Text über das zufriedene Leben bei Wind und Wetter entspringt aber nicht seiner eigenen Phantasie. Im begleitenden Briefwechsel mit seinem gelehrten Kollegen ist er gerade dabei, als Literaturkritiker und Ästhetik-Theoretiker über die Lyrik der Berliner Dichterin Anna Louisa Karsch zu fachsimpeln. Den Versen dieser Literatin gewinnt sein Freund Abbt einiges ab, während Mendelssohn ihr Handwerk, die beliebige Aneinanderreihung poetischer Bilder, scharf kritisiert. Um ein ideales Gegenbeispiel zu liefern, bei dem die dargestellten Motive elegant verbunden sind und eine eben entstandene Empfindung nicht gleich durch weitere Reizbotschaften überlagert wird, übersetzt er lateinische Verse des Schriftstellers Horaz in deutsche Prosa. »Sobald der Odendichter von einer Sensation lebhaft gerührt wird«, kommentiert er den Arbeitsprozeß des Römers und seine eigene Faszination, »so kehrt er in sich, siehet und höret nichts mehr, empfindet nur, denkt nur, bis das volle Herz in Worte ausbricht. Er spricht, aber noch mit abwesenden Sinnen, wie ein vernünftiger Träumer.«[1]

Der imaginierte Naturbeobachter und Lyrikfan Mendelssohn preist die Verse des Horaz über das Leben am Mons Soracte im Tibertal, bekannt unter dem Titel »An Thaliarchus:

1 Brief an Thomas Abbt, Ende August 1764. Horaz-Text s. Anhang.

Vertreibe den Winter!«, als ein »herrliches Gewächs«. Als Genießer und Analytiker betont er, daß Fühlung = Sensation und Empfindung = Sentiment nicht dasselbe sind: »Jedermann weiß, wie unterschieden es z. B. ist, einen Kuß zu fühlen, oder empfinden. Die schöne Natur sehen, hören, fühlen, oder empfinden.« Mehr als der Genuß des Gartens selbst mit all seinen Elementen scheint ihn dabei zu interessieren, wie genau dieser Genuß funktioniert! Dafür faßt er die schnörkelfreie Bündigkeit des antiken Gedichts samt einiger alltagsweiser Carpe-diem-Überlegungen in den letzten Strophen mit eigenem Stakkato zusammen: »Das Wetter ist unfreundlich, mein Freund! Mache dir zu Hause ein Vergnügen. Geneuß der gegenwärtigen Zeit, und denke nicht immer an das Künftige. Du bist ja noch jung! Musen, Tänze, Leibesübung und Scherze sind für junge Leute die artigste Beschäftigung.« Moses, der Nachdichter, ist seit zwei Jahren verheiratet. Hat allerdings in seiner eigenen Verdeutschung dann für das, was er »artigste Beschäftigung« nennt, die sinnliche Formulierung gefunden: »am Abend leises Flüstern zur abgeredeten Stunde«. Bei diesen Worten stellen wir uns vor, wie späte Sonnenwärme zur lauen Dämmerung den Nachtfrost verdrängt.

Der »Jude von Berlin« bevorzugt den Schreibtisch

Moses, der eingebildete Landhausbewohner, ist zum Zeitpunkt dieser literarischen Phantasie, im Sommer 1764, schon über Berlin hinaus bekannt. Drei Jahre zuvor war er, als sein Buch »Briefe über die Empfindungen« in Paris von sich reden machte, von einem Mitglied der Académie française bereits als der »juif à berlin« vorgestellt worden. Ein ehrend gemeinter Titel, der aber abwertend verstanden werden kann; mit dem als Autorenname man später die französische Ausgabe seines Bestsellers »Phädon« bewerben wird.

Dieses Buch »Phädon« mit dem Untertitel »Gespräche über die Unsterblichkeit der Seele« wird – vielfach aufgelegt und übersetzt – dem Berliner schließlich internationales Publikumsecho und Anerkennung in europäischen Gelehrtenkreisen verschaffen. Als »der Jude von Berlin« scheint Mendelssohn bald schon für die christliche Mehrheitsgesellschaft das Vorzeigemodell seiner unterdrückten Minorität zu verkörpern, charakterlich erhaben über die verachteten Durchschnittsexemplare seiner weithin als unzivilisiert abgestempelten Glaubensgenossen. Dafür, daß deren bürgerliche Anpassung tatsächlich denkbar und ihre Gleichberechtigung zu vertreten wäre, liefert dieser »Ausnahmejude« persönlich den Beweis. Während er, der ausgebildete Talmudexperte, zur Garantie seines Berliner Bleiberechts und für den Lebensunterhalt seiner Familie im Kontor eines jüdischen Seidenfabrikanten dem buchhalterischen Brotberuf nachgehen muß, gehört seine Leidenschaft zunächst und vor allem der Literaturkritik, der Beschäftigung mit den schönen Künsten, der philosophischen Spekulation über existentielle Grundfragen. Als Protagonist der jüdischen Aufklärung, genannt Haskala, als Emanzipationspionier und zukunftsträchtige Licht- und Integrationsgestalt eines »Moses der deutschen Juden« wird er sich dann aber in seinem sechsten Lebensjahrzehnt profilieren: besonders durch politische Publikationen und durch monumentale Übersetzungsprojekte aus dem Hebräischen.

Als Intellektueller und als edler Charakter, als brillanter Stilist und einfühlsamer Moderator ist Mendelssohn bei Zeitgenossen und Nachgeborenen, die seine Schriften und seine Porträts kennen, berühmt. Daß er schöne, ausdrucksstarke Augen hat, bestreitet niemand. Doch darüber hinaus wird seine Körperlichkeit als unansehnlich geschildert. Schönheit und Kraft finden seine Verehrer nur in der Seele dieses »Menschenfreundes«. Auf einer naturalistischen Zeichnung von Daniel Chodowiecki, der ihn öfter als jeder andere Maler porträtiert hat, wirkt dieser verkrümmte Gnom eher wie der Glöckner von Notre-Dame als wie ein Apoll. Assoziationen, die an Einklang mit der Natur, an Gesundheit, organische Vollkommenheit und äußere, sinnliche Schönheit denken lassen, weckt seine äußere Erscheinung nie. In seinem Kopf, in seinen Büchern kommen solche Themen und Begriffe häufig vor. Verkörpern kann er sie nicht. Zum Image des verkopften Naturmuffels paßt dann wohl auch sein in frühen Jahren schon ausgeschütteter Spott über zeitgenössische Phantasien vom Paradies Arkadien, gedruckt in der moralischen Wochenschrift »Chamäleon«.

Die Rose des Malers bewundern wir mehr

»Man hat die Kunst erfunden, das einfältige Schäferleben mit den angenehmsten Farben zu schildern. Was ist lieblicher, als die Natur, und was ist einnehmender als ihre Schönheit? Man läßt den Schäfer in einem immerwährenden Frühlinge zwischen Rosen und wohlriechenden Gesträuchen hinter seiner Herde hergehen. Bald setzt er sich in den Schatten einer Eiche, und stimmt ein unschuldiges Lied an, indem seine Schafe um ihn her weiden; bald legt er sich an einem Wasserfalle, und wird von seinem leisen Murmeln zum Schlafe eingeladen.« Dieser Lebensstil, meint der Zeitschriften-Moralist Mendelssohn, sei nur eine einfältige »Erdichtung«, die junge Menschen zum Nichtstun verführe, nach dem Motto: »Laßt andere große Thaten beginnen, und mit Arbeit nach tiefer Weisheit ringen. Wir wollen ruhig und bequem leben, und der Natur unsere tugendhaften Gesinnungen zu verdanken haben. Wenn wir zufrieden sind; so sind wir glücklich.« Tatsächlich aber entstehe Tugend, so doziert er in bester Aufklärungsmanier, nicht aus »bäuerischer Einfalt«, sondern aus »Handlungen, die der erhöhten Natur des Menschen, die der Vernunft gemäß sind«.

Offenbar ist dieser Magazinautor auf Schäferidyllen schlecht zu sprechen. Neugierig auf die Natur ist er lediglich (soweit wir seine »Betrachtungen über die Quellen und die Verbindungen der schönen Künste und Wissenschaften« als Maßstab nehmen), wenn sie ihm das Sujet für ästhetische Analyse liefert: »Wir finden mehr zu bewundern an einer Rose von Huysum, als an dem Bilde, das uns jener Fluß, von dieser Königinn der Blumen vorspiegelt; und die entzückendste Landschaft reizt uns in der Camera obscura nicht so sehr, als die Betrachtung eben dieser Gegend von dem Pinsel eines Hempels vorgestellet, zu reizen im Stande ist.«

Mendelssohns leibhaftige Gartenbesuche, von denen – über die erwähnten Phantasien hinaus – in seinen Schriften ab und an beiläufig die Rede ist, haben seine Biographen bislang wenig beeindruckt: Als wanderfrohen Muskeljuden (wie gut hundert Jahre später Zionisten sich einen befreiten Ghettobewohner erträumten) oder als freiluftbesoffenen Naturburschen mochte ihn keiner darstellen; genausowenig als arkadischen Schäfertypus, Laubenpieper oder wirklichen Rosenzüchter. Über eine eigene Grünanlage vor oder hinterm Wohnhaus verfügt er zudem nicht; obwohl seine Ehefrau Fromet, immerhin, echtes Obst einkocht, über dessen Herkunft wir schon gern noch mehr erfahren möchten. Seine Träume vom Landleben finden nun mal am Schreibtisch statt.

Ein bleicher, buckliger Bücherwurm, der nur über innere Werte verfügt und am liebsten die Feder führt – so hat man ihn sich vorgestellt. Die Bilder vom radikal vergeistigten, körperlich reduzierten, ja entkörperten Mendelssohn setzen sich bei Zeitgenossen und Nachgeborenen durch. Nur eine einzige Zeichnung zeigt ihn, den schon zu Lebzeiten am häufigsten abgebildeten Juden, im Ganzkörperformat!

Diese Einschränkung auf einen Moses ohne Unterleib ist wohl schwer zu trennen von der Allgegenwart ressentimentgeladener und rassistischer Klischees, die seit der frühen Neuzeit den jüdischen Leib betreffen. Verunglimpfende Bilder dieser Physis – karikiert als andersartiges, häßliches, abstoßendes, ungesundes, verformtes, degeneriertes Exempel für die Minderwertigkeit und Fluchbeladenheit der israelitischen Nation – gehören da in wachsendem Ausmaß zum Propaganda-Repertoire christlicher Antijudaisten. Zugleich leben die meisten europäischen Juden vor 1800 in finanziell und rechtlich eingeschränkten, oft eher erbärmlichen Verhältnissen: Gesetzlicher Zwang, miserable Wohnsituation, psychischer Druck sowie erzwungene und selbstgewählte Abschottung führen auch in der Realität bei vielen zu einer äußeren Verkümmerung. Elendsgestalten aus dem Ghetto scheinen in den Augen der Mehrheitsgesellschaft das Klischee ihrer genetisch angelegten Mißbildung zu bestätigen. Auch der verwachsene Mendelssohn entspricht offenbar solchen Erwartungen, äußerlich. Nur sein schöner Geist, sagen seine Verehrer, habe sich aus dem Gefängnis dieses bedauerlichen Leibes emporgeschwungen.

Ein städtisches Stammlokal unter Tage

Wenn wir aus dem Jahr seines literarischen Landhausausflugs ins Tibertal ungefähr zehn Jahre zurückgehen, finden wir in der Tat den Junggesellen Mendelssohn damals, 1754, ziemlich weit entfernt von der freien Natur: bei den ersten Begegnungen mit seinen wichtigsten Freunden in der Berliner »Baumannshöhle«, unter Tage. Das Lokal an der Brüderstraße hatte seinen Namen von einer sehenswürdigen Grotte übernommen, die Harzreisenden des 18. Jahrhundert neben dem Brocken als größte Attraktion empfohlen wird; und in Berlin heißt der Wirt dieser bereits 1742 gegründeten Kaschemme nun ebenfalls wie sein Etablissement. Beim Kneipier Baumann pflegen Literaten und Publizisten aus der fünf Minuten entfernten Spandauer Straße ihren Durst zu löschen. Die Spandauer ist für Berlin, wo es kein jüdisches Ghetto gab, zur interessantesten Schmelztiegel-Meile geworden. Hier wohnten, wenn auch nicht immer gleichzeitig, der Juwelier Levin mit seiner später berühmten Tochter Rahel, verheiratete Varnhagen, sowie die Familie Beer mit dem werdenden Komponisten Giacomo. Aber auch die Dichter Johann Wilhelm Ludwig Gleim, Karl Wilhelm Ramler und Gotthold Ephraim Lessing und dessen Cousin, der Publizist Christlob Mylius. Moses Mendelssohns Adresse findet sich in diesem Quartier zwischen Marienkirche, Neuem Markt und Altem Rathaus, während der 1750er Jahre noch Spandauer Straße 30, bei seinem Chef Bernhard Isaak. Zunächst als Hauslehrer für die Fabrikantenkinder, dann als buchhalterische Säule des Seidenkontors in der Bischofstraße um die Ecke.

Wenn der Dichter Ramler den Dichterfreund Gleim in Halberstadt besuchte, dürfte er den geologischen Ausflugsort Baumannshöhle kennengelernt und von dort als Namensidee fürs Berliner Stammlokal mitgebracht haben. Das einstöckige schmale Häuschen Brüderstraße 27 hat vier Fenster, Gastronomie findet im düsteren Untergrund statt. Hier soll Friedrich Nicolai, der damals noch in der nahen Poststraße (und sehr viel später erst direkt gegenüber) logiert hat, seinen Freund Mendelssohn hingeschleppt haben. Hier soll Moses seinen Lessing, dessen Wohnung sich damals in der nahen Heilige-Geist-Straße befand, beim Schachspiel kennengelernt haben.

»Eine wundersame Kühle, mit Weingerüchen vermischt, wehte mich aus dem Dunkel an. Man stand wie geblendet, wenn man aus dem hellen Sonnenlichte hierher unter die Erde kam, und musste sich erst an die Dämmerung gewöhnen, bevor man sich zwischen den lagernden Fässern zurecht fand, auf deren vorderstem ein Bacchus thronte, der mir so aussah, als ob er Lessing schon gekannt.« So hat der Flaneur Julius Rodenberg den historischen Ort, an dem sich bis zum Abriß 1873 kaum etwas geändert haben soll, Jahrzehnte später beschrieben. »Eine Gasflamme brannte – von der Petrikirche schlug es zwölf. Die Kreuzgewölbe der Decke waren niedrig; sie schien sehr alt, vielleicht noch aus dem 15. Jahrhundert, wo hier in der Brüderstraße ein Mönchshaus der Dominikaner stand.« In einer Ecke ist tatsächlich »der Stuhl Lessings« zu besichtigen, »ungepolstert, ganz von Holz, mit Armlehnen, von altväterlicher Form. Er war baufällig geworden in der langen Zeit von mehr als einem Jahrhundert [...], an der Rücklehne las man den Namen Lessing. Eine Tradition hatte sich in diesem Keller erhalten, dass er den Platz an der Treppe vorgezogen und dort regelmäßig am Eingang gesessen, wie wenn er die frische Luft nicht habe missen wollen.«

Aussichten eines Selbstmordkandidaten

Ja, auch Mendelssohn, der Schreibtischgärtner, der Bücherwurm und Kellergast, drängt leibhaftig und persönlich, nicht nur im übertragenen Sinne an die freie Luft. Um ihn bei dieser Regung zu ertappen, begeben wir uns nun in den Herbst 1755: Gerade hat der junge Autor sein zweites Buch, immer noch anonym, seine »Briefe über die Empfindungen« veröffentlicht, in denen er sich zum moralischen Problem des Selbstmords positioniert. Ein Leserbrief dazu erreicht ihn von einem betroffenen suizidgefährdeten Mecklenburger namens Willich – auf dem Umweg über einen gemeinsamen Freund, Johann Georg Müchler, Lehrer am Gymnasium zum Grauen Kloster in Berlin, selbst geboren in Schwedisch-Pommern. Der Brief seines Mecklenburgischen Landsmannes, in dem Mendelssohns strenge Argumentation kritisiert wird, interessiert uns vor allem aufgrund seines Auftakts, der bei Moses eine unerwartete Reaktion auslöst. Verfaßt wurde das Schreiben in dem auf einer morastigen Bodensenke liegenden Dorf Sukow, von frustrierten Anwohnern »Hölle« genannt. Nahebei gibt es einen entrückten Aussichtsberg, aus dem vier Quellen entspringen, den besteigt Herr Willich zur Morgen-Meditation:

»Sie wissen werther Freund, was für ein eifriger Verfechter des Selbstmords ich seit einigen Jahren geworden bin«, hebt der philosophisch ambitionierte Dorfbewohner an. Und berichtet, er habe zum Überdenken der Verdammung seiner Ansichten durch Mendelssohns Buch »an einem schönen Frülings Morgen des Herbstes den höchsten Berg in unserer Hölle (einen mir längst zum Nachdenken geweihten Ort) zu meiner vorhabenden Betrachtung« bestiegen. »Meine Blicke waren eine Zeitlang auf die glückseligen Gegenden gerichtet, die, wie Sie wissen sich hier allenthalben dem Auge darbieten. Nur das eitele Sukow gefiel mir anitzo nicht. Es scheuchte den Blick, der verliebt zwischen niedrigen Hütten, zwischen rauschenden Quellen und Seen, Haynen und Gebüschen, Hügeln und weidenden Schaffen, arbeitenden Landleuten und grünenden Saaten herumzuirren anfieng. Die Kühle des Morgens und jeder andere Gegenstand ließen mich die Wollust in vollen Zügen eintrinken. Sie öffneten meine Sele zu Betrachtungen, die sich allgemach von der Erde zum Himmel zu höhern Welten erhoben, deren Anblick mir noch vom vorigen Abend, da Millionen den reinen Himmel erhelleten, gegenwärtig war. Ich vergass bey diesen Gegenständen eine Weile des Endzwecks, der mich in meine Entfernung gebracht hatte …«[2]

Von dem nun folgenden 15-seitigen Plädoyer für den erlaubten Freitod eines Ungläubigen, eines tugendhaften Menschen oder sogar eines Christen läßt sich Mendelssohn soweit beeindrucken, daß er in der Neuauflage seiner »Briefe an die Empfindungen« die Passage zur Bestrafung des Selbstmords abändern wird. Seinem Freund Müchler antwortet er:

»O Natur! Natur!
Ich sehne mich nach dir!«

»Ich verehre diesen mir unbekannten Weltweisen, und fast: Soll ich es gestehen?: fast beneide ich sein Schicksal. Ihn erweckt der ferne Horizont zu erhabenen Gedanken. Er denkt frey, wie die Natur, und schön, wie ihre Gefilde, die seine Blicke, so oft er es wünscht, mit Musse durchirren können.« Und dann folgt, verbunden mit einer Klage über das Elend des Stadtbewohners, eine Eloge auf das bessere Leben weit draußen: »Indess dass mich die göttliche Vorsehung in einem Labyrinthe von mühseligen Geschäften eingeflochten helt. Selbst in den Stunden der Mitternacht, da sich mein Gemüth erholet, sauge ich noch immer den schädlichen Rauch der Königsstädte, der niemals unterlässt die Seele mit einem Schwindel der Weltgeschäfte anzustecken. O Natur! Natur! Ich sehne mich nach dir! Du bist mein Vaterland, und eine bange Wemuth, die einem Heimweh nicht unähnlich ist, überfällt mich, so oft ich dein Lob aus dem Munde deiner Günstlinge vernehme.«[3]

2 Willich aus Sukow am 18. Oktober 1755 an Johann Georg Müchler
3 14. November 1755 an Johann Georg Müchler

Das ist Mendelssohns erste uns bekannt gewordene Phantasie eines Ausbruchs aus der Zivilisation, auf welche der Aufklärer doch eigentlich große Stücke hält. Seine Phantasie, die er »Schwärmereien« nennt, hat hier eine Dialogfunktion: Sie hilft dem Ausbrecher, sich in die Situation des Leserbriefschreibers zu versetzen – und wie in seinem gerade erschienenen Buch den Platz seiner erfundenen Dialogfigur einzunehmen, über deren Korrespondenz sich dort das Empfindungsthema entwikkelt: »Ich will mir einbilden selbst Palemon zu seyn. Ich will mich bereden, ich hielte mich an jenem einsamen Ufer auf, dahin ich den englischen Weltweisen versetzt habe, und was mir die Natur versagt, das soll mir die Einbildungskraft gewähren. Der anbrechende Tag wird meine Schwärmereien schon zeitlich genug Lüge strafen.«

Alle drei – der Kollege Müchler, der lebensmüde Willich und Mendelssohn – haben sich danach dann nicht etwa in der Pommerschen Hölle von Sukow oder auf dem tollen Aussichtsberg, sondern in den Mauern von Berlin einmal getroffen: sofort an einander Gefallen gefunden und danach Unter den Linden herzzerreißend getrennt.

Eine stattliche Laube für den Großen Kurfürsten

Wie Mendelssohn Berlins berühmteste Allee bei dieser oder anderen Gelegenheiten erlebte, fand er nicht nötig zu notieren. Die Straße ist für ihn ein Alltagsort, er kreuzt sie oft auf Geschäftsgängen und wird erst recht bei dieser bewegenden Abschiedsszene nicht gerade die Stadtentwicklung im Blick gehabt haben. Doch ungefähr zur gleichen Zeit, Mitte der 1750er Jahre, beschreibt der Rektor des Friedrichwerderschen Gymnasiums, Georg Gottfried Küster, die damals einzige Promenade der preußischen Residenz so: »Im Sommer, wenn die Linden blühen, gibt diese Allee eine sehr angenehme und liebliche Spazierfahrt und Gang, und siehet man alsdann wie der Hof, viele Vornehme und andere mit Karossen und Kutschen, zu Pferde und Fuß sich an dem angenehmen Schatten ergötzen.«

Etwas weniger angenehm wird da an manchen Stellen für Flaneure die Passage der laufenden Bauarbeiten gewesen sein. Der Boulevard ist nun mal, wir sind in Berlin, lange nicht fertig geworden. Von einem Reitweg, der im 16. Jahrhundert das Stadtschloß mit dem Tiergarten verband, hatte sich seit 1647 die »Anrichtung einer Gallerie von der Hundebrücke biß an den Thiergarten« (so der Pflanzungsbefehl des Großen Kurfürsten) zur ganz großen Baumstraße entwickelt: sechs Reihen von Linden und Nußbäumen, ergänzt durch Kastanien und Platanen. Am Beginn des 18. Jahrhunderts hatten hier noch Schweine über den ungepflasterten Weg geschnüffelt; erst während der Folgejahrzehnte sollten die dörflichen Häuslein am Rande peu à peu den von höchster Stelle gewünschten repräsentativen Gebäuden und wechselnden Großbaustellen weichen.

Welche hübsche Gartenstadt-Idee jedoch ursprünglich hinter dem Bau der Promenade gestanden haben mag, die von der Schloßbrücke zum (alten) Brandenburger Tor vor dem Tiergarten führte, läßt sich im Grimmschen Wörterbuch an einem der Bedeutungsfelder für »Gallerie« nachvollziehen: »wesentlich ein anbau am hause, offen oder gedeckt, theils zum spazieren, theils zum ausschauen, besonders mit säulen und bogen, auf jeden fall ein vornehmes stück, wahrscheinlich mit dem ital. geschmacke in die fürstenpaläste, reichen kaufmanns- und rathäuser verpflanzt an stelle der deutschen laube (siehe dort): auf der gallerie spazieren.« Majestät, Gallerie ist angerichtet! So entsteht schließlich aus den Vorstellungen des Großen Kurfürsten und seiner Thronnachfolger die Gallerie Unter den Linden als stattlichste Laube Berlins.

Über den unvergeßlichen Trennungsmoment, der Unter den Linden mit dem lebensmüden Mecklenburger stattfand, hat Moses im Mai 1756 berichtet: »Wir wollen uns lieben, aber nicht wie sich die Weltlichen lieben«, habe Willich gesagt. Nun genieße dieser »den Lohn seiner Tugend in jener herrlichen Welt, wo er die Wahrheit in einem ungleich hellern Glantze schauet, und siehet vielleicht von seiner Höhe mit einem stillen Vergnügen auf uns herab, wie ein Kämpfer, der den Preis errungen, und ietzt zween Jünglinge sich im Thale üben sieht«.[4] Ein Jüngling ist Mendelssohn da schon nicht mehr, aber doch erst 26 Jahre alt. Willich wird bald nach der Begegnung, vermutlich freiwillig, aus dem Leben scheiden. Seine grundsätzliche Ablehnung des Selbstmords hat Mendelssohn übrigens bei dieser individuellen Begegnung nicht davon abgehalten, verständnisvoll auf den Gefährdeten einzugehen. Ansonsten, als Berliner, arrangiert er sich: mit dem Rauch der Königsstadt und dem Schwindel der Weltgeschäfte.

Somit halten wir aus der ersten Spazierrunde fest: Mendelssohn interessiert sich für Naturimpressionen eher in der Theoriestube als auf freier Wildbahn. Obwohl seiner fragilen Gesundheit das Ausspannen an frischer Luft gut tun würde, kann er der Vorstellung vom *dolce far niente* im Traumland Arkadien zunächst nichts abgewinnen. Ein häuslicher Garten bei der Wohnung im Stadtzentrum steht ihm nicht zur Verfügung, ein grünes Refugium andernorts ist vorerst nicht bekannt. Doch in gewissen Momenten sehnt er sich danach.

4 15. [11.?] Mai 1756 an Friedrich Gabriel Resewitz

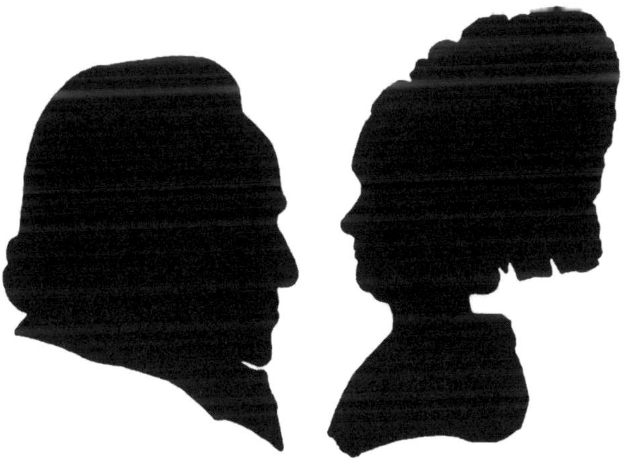

Wie leibhaftig, geerdet und erdverbunden war er also wirklich, der leidenschaftliche Metaphysiker mit dem Faible für existentielle Grundfragen? Muß man sich sein Aufklärungsprogramm als blutleer verkniffenes Tugendprojekt vorstellen? Oder als sinnliches Engagement für farbenfrohe Weltverschönerung samt bunter Natur? Überhaupt: Haben auch (jüdische) Intellektuelle einen grünen Finger? Lassen sich eigentlich Menschenfreundlichkeit und Lust am guten Leben problemlos verbinden? Selbst wenn wir ihn nicht dazu verleiten können, all diese Fragen zu beantworten, sollten wir den »Moses der deutschen Juden« doch bei seinen Ausflügen an die frische Luft begleiten – um mit ihm, der Weg ist das Ziel, seine unbekannten Gärten zu entdecken.

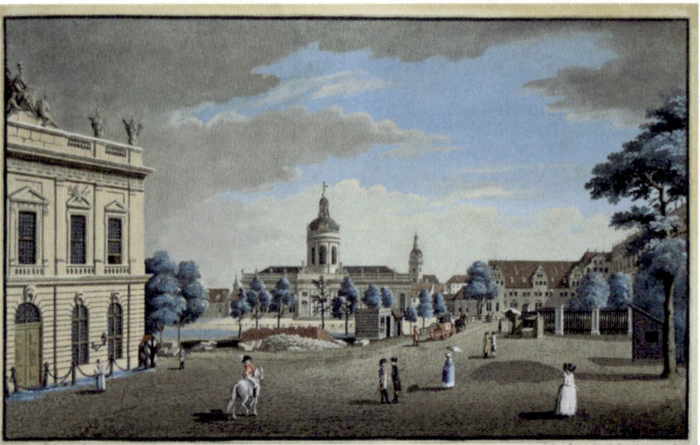

Vue de la Place d'Armes
prise du côté de la Ville Neuve en passant par le Pont des Chiens
avec l'Eglise du Dome, la vieille Bibliotheque et une partie du Chateau, et l'Eglise S.t Marie dans l'eloignement.

Ein korrekter Hain für Berlin

Zweiter Spazierflug: von den Gartenmoden
des 18. Jahrhunderts zurück zu den ersten Grünanlagen
in Mitte über die Spree nach Moabit

Für einen Ausbruch an die Luft gäbe es Gründe genug. Aber Moses, der Mann mit den vielen Berufen, ist doppelt an innerstädtische Schreibtische gekettet: mit seinen literaturkritischen und philosophischen Projekten ebenso wie durch seinen Brotberuf im Kontor der Seidenfabrik. Dort neben der Manufaktur, im Wohnhaus seines Patrons Bernhard Isaak, Bischoffstraße 14/Ecke Spandauer Straße, hat er – nach ersten Hungerjahren in einer Dachstube nahe der Nikolaikirche – bis zu seiner Hochzeit im Jahr 1762 gewohnt; möglicherweise auch noch in den ersten Ehejahren bis 1765. Zu diesem Textilproduzenten, einem sogenannten privilegierten Schutzjuden, war Mausche Dessau 1750 als Hauslehrer gekommen, erhielt als dessen Angestellter Bleiberecht und gehörte so gewissermaßen zum Familieninventar. Aber mit seinem Vollzeitjob, der für seine eigentliche Berufung neben dem frühen Morgen nur Abend- und Nachtstunden übrigläßt, wird er immer wieder hadern. »Ein Buchhalter ist gewiß ein seltneß Geschöpf. Er verdient die größte Belohnung; denn er muß Verstand, Witz, und Empfindung ablegen, und ein Klotz werden, um richtig Buch zu führen.«[1] Zur Kompensation der Klotzarbeit braucht er um so mehr den

1 27. Februar 1758 an Gotthold Ephraim Lessing

inneren Freiraum des unabhängigen Denkens, und findet dabei allmählich auch Geschmack am berlinischen Drang ins Grüne.

Dieser Drang paßt zum Trend des Aufklärungsjahrhunderts, zur neuen Gartenlust des aufkommenden Bürgertums. Ein Wandel des Verhältnisses zwischen Individuum und Natur spiegelt sich darin. Die Moden der Gartenkunst verändern sich zunächst in den oberen Gesellschaftsschichten; neben dem geometrisch-absolutistischen Barockpark entstehen aufgeklärt-freiheitliche Landschaftskonzepte. Vorreiter dieser Entwicklung war England gewesen. Die Muster des »natürlich« inszenierten Englischen Landschaftsgartens werden nicht mehr von der feudalen Repräsentationsarchitektur, sondern von Motiven der Landschaftsmalerei inspiriert.

Die grünen Moden des Jahrhunderts

Zwei Jahre nach Mendelssohns Tod im Januar 1786 veröffentlicht der junge schlesische Adlige Leopold von Reichenbach in Berlin ein hortologisches Lehrgedicht, 535 gereimte Zeilen lang. »Der schöne Garten«, so heißt sein »an alle Gartenfreunde« gerichtetes Büchlein. Er versucht, eben diesen titelgebenden Begriff mit Inhalt zu füllen, mit enzyklopädischem Fleiß die Erkenntnisse und Elemente zur Gestaltung verschiedenster Pflanzungen, die Trends und Verirrungen zusammenzufassen und sich dabei auch vor Koryphäen auf diesem Gebiet zu verneigen: »Dem Gartenhayn weih ich dies Lied / Dem schönen Hayn voll ächter Zierde«. Der Dichter untersucht mit kritischen Seitenhieben auf allzu manierierte Entwicklungen die »wesentlichsten Theile« solch einer gärtnerischen Unternehmung: die Bäume (auf welche Weise kann man sie zu »heitern, feierlichen, traurigen Szenen« anordnen und pflegen?), die Gänge und

Fluchten, die Perspektiven, die »Belebung« durch Wohnhäuser, Tempel, Denkmäler, Inschriften und Menschen wie Tiere sowie den Einsatz des Wassers, den Anbau von Baumobst und anderen Früchten, die Rasenplätze und die Blumen. Am Ende des Textes folgt dann, ebenfalls in weiteren Versen, die Beschreibung einiger erst während der letzten Jahre und Jahrzehnte in der Mittelmark entstandener feudaler Parks, »so wie sie wirklich in der Natur liegen«: Schloß Prötzel, Gut Sternebeck, Schloß Mon Choix (auch genannt Harnekop) und die Rittergüter Haselberg und Steinbeck. Was genau denn überhaupt schön zu nennen sei? Alles, »warum wir uns freuen«, lautet von Reichenbergs simple, am eigenen Geschmack orientierte Definition, mit der etwaige Schönheitskriterien eines »philosophischen Klüglings« salopp weggewischt werden. Enthusiastisch klingt das Finale der Inventur:

Dem Schluß der Gartenreise nah
Sehn wir noch manches Obstbaums Früchte,
Sehn Bäume aus Amerika,
Die Ceder und die weiße Fichte,
Sehn Pappeln und den Lebensbaum,
Und mögen gern die Worte lesen:
»Nun ist ein Hayn auf diesem Raum,
und ehdem ist's ein Feld gewesen.«
An einer Buchenpflanzung steht
Der Freude Tempel; dran steht: »Freude«.
Drey Säulen sind daran erhöht
Im alten guten Römschen Kleide.
So sey der ganze Gartenhayn
Den Gartenfreunden Fest und Bühne!
Ein Freudentempel soll er seyn.
O lieber Garten, blühe! grüne!

Bei aller Naivität und Holprigkeit dokumentiert der poetische Überflug, daß Gärtnerei am Ende des Aufklärungsjahrhunderts zum weithin populären Thema geworden ist. Allerdings dreht sich das Interesse dieses Autors, auch wenn er selbst nicht zu den Superreichen gehört, ausschließlich um die aufwendigen Anlagen seiner aristokratischen Gesellschaftsschicht.

Solche prächtigen Gehege sind für Moses Mendelssohn nur selten und mit besonderer Einladung zugänglich gewesen. Juden, soweit sie nicht in der ökonomisch bevorzugten Lage waren, sich dem feudalen Lebensstil der Oberschicht anpassen zu können, war es bis zur Erlangung ihrer Bürgerrechte kaum möglich, auch nur die Rolle eines bescheidenen Gartenbesitzers einzunehmen. In der Anthologie »Ein jüdischer Garten« stellen die Autoren fest, daß es »die Tradition eines jüdischen Gartens mit erkennbaren ästhetischen Merkmalen und bestimmten Pflanzen« nie gegeben habe: »Sei es, weil Juden, wo auch immer sie lebten, nicht immer das Recht genossen, Land zu erwerben und zu bebauen, sei es, weil ihr eigentliches Stück Land, wie Heinrich Heine 1854 schreibt, ein Buch ist, ihre Heiligen Schriften, die sie über Jahrhunderte mit sich herumschleppen.« Gleichwohl gehören zur Blütenlese des grasgrün gebundenen Bandes auch alte Texte, in denen Impressionen jüdischer Gartenerlebnisse aufblitzen: Wenn der mittelalterliche Philosoph Moses Ibn Esra aus Granada beschreibt, wie sein Garten sich ein gestreiftes Hemd anzieht und der Rasen ein gesticktes Kleid, der Baum einen karierten Mantel, während neue Knospen »lachend« hervortreten und »König Lilie« die »Kleider seines Gefängnisses« ablegt und auf seinen Sitz gehoben wird.

»Wir hassen Einschränkung und lieben Ausdehnung und Freyheit«

Mendelssohn ist in seinen Naturphantasien von Bildern, die dem »eigentlichen jüdischen Stück Land«, der Tora entspringen, zweifellos oft inspiriert worden; er kennt die Heilige Schrift auswendig. Reale große und kleine Gärten, die er, der Stadtmensch, bei aller individuellen Kopflastigkeit schließlich doch immer wieder aufsuchen wird, haben zur jüdischen Tradition keinen Bezug. Die grassierende Gartenlust kann er aber kaum ignorieren. Während seiner Berliner Jahre, zwischen 1743 und 1786, gewinnt diese Bewegung an Schwung. Wie allerdings ihre gärtnerische Umsetzung dann aussehen, die Natur dann zugelassen oder kontrolliert, geformt oder entfesselt, verklärt oder veredelt werden sollte, darüber gehen die Ansichten immer wieder auseinander.

Im letzten Lebensjahr Mendelssohns wird es in der »Theorie der Gartenkunst« des Kieler Gartentheoretikers Christian Cay Lorenz Hirschfeld rückblickend über Berliner Entwicklungen heißen, hier sei mittlerweile lediglich »die ökonomische Gärtnerey zu einer großen Vollkommenheit emporgestiegen. Mit der mühsamen Cultur ist seit etlichen fünfzig Jahren der todte Flugsand mit nützlichen und schönen Gewächsen belebt.« Feudalen Lustgärten sei bedauerlicherweise überall anzusehen, daß sich da ein Ingenieur mit Wällen und Verschanzungen, ein Marquis mit Labyrinthen, Theatern und Dichtergräbern oder eine Hofdame mit der Anlage kleiner Spielplätze selbst verewigt habe. »Der schönste Garten ist der, welcher in seiner Art ganz das ist, was er seyn kann, nach dem Genius des Ortes und der Gegend; der vollkommenste Garten ist der, welcher die wenigsten Fehler hat.« Zehn Jahre zuvor hatte der Gartenpapst sein Gestaltungscredo noch politischer auf den Punkt gebracht: »Wir hassen Einschränkung und lieben Ausdehnung und Freyheit.«

Berlins erster Garten soll im 16. Jahrhundert rund um einen großen Teich existiert haben, zwischen der späteren Alten Leipziger Straße und der Niederwallstraße. Gärten lagen damals eher vor den Stadttoren. Der Lustgarten der Residenz war aus dem Küchengarten des Schlosses entstanden und – erster öffentlicher und botanischer Garten der Stadt – im 17. Jahrhundert als Bürgertreffpunkt frei zugänglich gewesen. Friedrich Wilhelm I. hatte diesen Vergnügungspark seines verschwenderischen Vaters Friedrich am alten Dom dann zum Exerzierplatz abrasiert, das Bassin wurde zugeschüttet.

Sein Volk ermahnte der Monarch, zur Stärkung der nationalen Autarkie die Gärtnerei auf Lebensmittelerzeugung auszurichten, wie ein Erlaß vom 4. Oktober 1719 zeigt, der mit schmetternden Fanfaren anhebt: »Wir Friedrich Wilhelm von Gottes Gnaden König in Preußen und Brandenburg, des Heil. Römischen Reiches Ertz-Cämmerer und Churfürst, Souveräner Printz von Oranien, Neuchatel und Vallengin, in Geldern, zu Magdeburg, Cleve, Jülich, Berge, Stettin, Pommern, der Cassuben und Wenden, zu Mecklenburg, auch in Schlesien zu Crossen Hertzog, Burggraf zu Nürnberg, Fürst zu Halberstadt, Minden, Cammin, Wenden, Schwerin, Ratzeburg und Moerß ... [es folgen noch 17 weitere Territorien] ... fügen hiermit jedermänniglich zu wissen, was gestalt wir mißfällig wahrgenommen, daß einige Eingesessene Unsers Königreichs Preussen sich nicht genug auf Obst- und Küchengärten, wie auch Zuziehung jungen Viehes legen, und also den Nutzen versäumen, den sie sich daraus theils zu ihrer eigenen Nahrung und Haushaltung, theils in Verkauffung des Obst- und der Garten-Früchte und des gezogenen jungen Viehes verschaffen könnten.« Die Untertanen sind in dieser Anordnung, unter Einsatz der damals üblichen, aber hier wie Übungsprosa für den Auftritt eines frischgebackenen Königtums anmutenden Titelparade, aufgefordert, sich solche Gärten anzulegen. Den Behörden wird befohlen, »die Leute darzu bestens aufzufrischen«. Zwei Jahre später legt man in der Sache noch einmal von höchster Stelle nach mit Hilfe eines vom König verfügten Patentes »Wegen Bezäunung der Dörffer, auch Anlegung guter Obst- und Küchen-Gärten«, wobei Majestät insbesondere die Anpflanzung von Äpfel- und Birnbäumen zu verfügen geruht.

In Berlin werden exotische Pflanzen des Lustgartenareals schließlich wieder ausgelagert. Die Kaufleute bekommen am Rande des kargen Parks für Börsenzwecke das frühere herrschaftliche Lusthaus, ins Untergeschoß zieht eine Bildhauerschule. Der Sohn des Soldatenkönigs, Friedrich II., läßt zwar wenigstens wieder Kastanien pflanzen, aber an einer Seite des Terrains den zweiten Berliner Dom bauen und die Orangerie zur Lagerhalle Neuer Packhof umwidmen. Vergnügungspark, Exerzierfeld, Domvorplatz – so geht das Tauziehen der aufeinanderfolgenden Throninhaber um die angemessene Nutzung des repräsentativen Ortes hin und her.

Fordert das neue Zeitalter der Vernunft, daß die Natur für Zwecke des Staates funktioniert oder daß ihre Ursprünglichkeit zur Geltung kommt? Über eine kurzfristig ausgerichtete Verzweckung der Schöpfung wird sich Moses Mendelssohn durchaus kritisch äußern, als er einmal gegenüber seinem Freund Abbt auf einen Gedankengang des Naturforschers, Mathematikers und zeitweiligen Präsidenten der Königlichen Akademie der Wissenschaften, Pierre Louis de Maupertuis, reagiert: Wo dieser frage, ob die Fliege gerade deswegen so wundervoll gebaut sei, »damit alle ihre Herrlichkeiten von der raubbegierigen Spinne in einem Augenblicke verzehret werden? so antworte ich, in den Werken Gottes giebt es kein so bestimmtes *Deswegen*.

Der künstliche Bau dieser fliegenden Maschine hat zur ersten Absicht das Leben des Thierchens. Wozu? damit auch solche Dinge Leben und Empfindung haben sollen, die wie Fliegen aussehen. Fahret fort mit euerm kurzsichtigen *wozu?* so könnet Ihr die Schöpfung in eine Wüste verwandeln. Das stolze, armselige Ding, der Mensch, fragt auf alles, was *Er* nicht brauchen kann, *wozu* dieses? – Das Daseyn der Fliege mag auch einige Nebenabsichten befördern; [...] Sie mögen die Luft vielleicht reinigen, verkündigen dem Menschen durch ihre Stiche, daß sich das Wetter verändern wird, und dienen den Spinnen zur Nahrung, und sodann führet Gott wahrscheinlicherweise mit jeder einzelnen Fliege auch gewisse besondere Absichten aus, aber wer wird sie ergründen?« Sein theologisches Argument verbindet der Aufklärer mit dem ökologischen: »Die kleinen Thiere und Pflanzen sind in der Natur verhältnismäßig so wichtig, als die grossen, und man kann nicht sagen, daß jene *nur deswegen* da sind, damit diese aus ihnen entstehen mögen. Wahr ists, die Samenthierchen und Samenpflänzchen haben alle eine innere Disposition, grosse Thiere und Pflanzen zu werden. Wo ist aber die Nothwendigkeit, daß sie es jetzt werden müssen? und warum spricht man ihrem Daseyn allen Nutzen ab, so bald sie nicht durch die Entwickelung groß geworden sind? Sie sind auch in ihrer unendlichen Kleinheit eine Zierde der Schöpfung.«[2]

Wo Natur zielstrebig nutzbar gemacht wird, ist das botanische Welterkundungsinteresse dieser Zeit zugleich ökonomisch und patriotisch zu verstehen. So klingt es durch in der Ode »Auf einen Granatapfel ...«, verfaßt von Karl Wilhelm Ramler 1749. Dieser junge aufgeklärte Dichter der Empfindsamkeit gibt bald darauf mit dem Theologen, Philosophen und Ästhetiker Johann Georg Sulzer »Critische Nachrichten aus dem Reiche

2 Brief an Thomas Abbt 26. März 1765

der Gelehrsamkeit« heraus. Als Kieznachbar in der Spandauer Straße, als Kollege und als lyrische Qualitätsinstanz Mendelssohns beim Projekt der Psalmenübersetzung wird Ramler zu dessen Kreis der vertrauten Kollegen gehören. Der Dichter hat dem eigenen Gartenenthusiasmus immer wieder in Briefen Ausdruck verliehen. Sein Gedicht verbindet botanische Exotik und märkische Landschaften mit mythologischem Personal – der Pomona, Göttin der Baumfrüchte, und der Proserpina, Königin der Unterwelt und Tochter der Fruchtbarkeitsgöttin Ceres.

Auf einen Granatapfel, der in Berlin zur Reife gekommen

Find' ich dich hier in deiner grünen Krone?
Zerspaltest du die purpurrothe Brust
An dieser Sonn'? O Liebling der Pomone!
O Proserpinens Apfel! Die mit Lust
Und Wollust deine goldnen Körner
Im Reich des Höllengottes aß,
Und allen Nektar ferner
Und den Olymp vergaß.

Der Erdball ändert sich: das Meer entfliehet,
Und macht dem Pfluge Raum; der Fels sinkt ein;
Und, o Berlin! dein dürrer Boden blühet;
Pomona füllt ihr Horn in dir allein,
In dir kann Flora, nach Begehren,
Sich tausendfache Kränze drehn,
Und ganz verdeckt in Aehren
Die blonde Ceres gehen.

Dem angesehenen Schweizer Professor Sulzer, der zunächst einen idyllischen Stadtgarten auf der heutigen Museumsinsel kultivierte, hatte König Friedrich, um ihn als bedeutenden Mann in Berlin zu halten, 1765 ein großes Grundstück am Spreebogen in Moabit geschenkt. Hier entstand unter Verwendung von aus aller Welt eingeführten seltenen Gewächsen und Samen Sulzers Plantage, an Sichtachsen ausgerichtet, die »fünf sehr lange von Morgen gegen Abend streichende Alleen« durchzogen: »Nirgends standen zwei Bäume von einerlei Art nebeneinander. Nordwärts standen die höchsten und dicksten, so daß in der Richtung von Norden nach Süden, erstlich Bäume von ohngefähr 70, in der nächsten von 25 bis 30 u.s.w. amphitheatralisch standen, so daß sie sämmtlich, wenigstens Theilweise die Sonne hatten und die schwächsten von den stärkeren gedeckt waren.« Wie das genau oder jedenfalls die Vorstellung einer vollkommenen Gartenordnung ungefähr in Sulzers Kopf ausgesehen haben könnte, zeigt in dessen »Allgemeiner Theorie der schönen Künste« eine Illustration zum Thema »Perspektiv«. Da ist ein massives Haus zu sehen, samt ummauerten Rasenflächen, einem Turm, Baumreihen, einem Fluß mit Boot, sowie ein kleiner Wald mit Hügel am Horizont.

Sulzer spricht von seiner »ländlichen Hütte« im Garten am Rande der Hugenottensiedlung: »Es ist der letzte von den Plantationen des Moabiter Landes ... Aus der Statt kann ich also entweder zu Waßer. Oder durch den Park oder durch den schönen Wald des Moabiter Landes dahin kommen.« Mehrere Gärtner und Gehilfen sind dort im Sommer bis zu sechzehn Stunden am Tag zugange. Es gibt eine Meierei, viele Beete, den Lust- und den Küchengarten und eine Pflanzung ausgefallener »schönster und rarster wilder Bäume« aus Nordamerika, »meine Virginische Jugend«[3]. Einmal gesteht der Gelehrte, »dieser ziemlich schlechte Sommer« habe ihm »neue Kräffte gegeben: Kräffte,

3 Sulzer an F. v. Veltheim am 27. März 1767

nicht nur im Schatten der von mir gepflanzten Bäume zu wandeln, sondern so gar einige Garten Arbeit zu verrichten. Nur zu Arbeiten des Geistes bin ich noch zu träge, und finde ungleich mehr Geschmack daran mich mit Pflanzen und Blumen, als mit Büchern zu beschäfftigen.«[4]

Mendelssohn hat die spektakuläre Pflanzung später erwähnt und dabei bemerkt, daß dieser Ort schwer zu erreichen sei; Gondelverkehr vom Vergnügungsareal der Zelte im Tiergarten über die Spree sollte erst am Ende des Jahrhunderts in Gang kommen. Moses selbst wurde von Sulzer hochgeschätzt, beide beschäftigten sich mit angrenzenden philosophischen Themenfeldern. Durch Sulzer, den Präsidenten der Königlichen Akademie der Wissenschaften, ist der Jude dann sogar (erfolglos) als Mitglied dieser ehrwürdigen Institution vorgeschlagen worden. Die botanische Sehenswürdigkeit des befreundeten Kollegen am nördlichen Spreeufer dürfte er trotz der Verkehrsprobleme besucht haben.

Wenn sein Mitstreiter Friedrich Nicolai 1786 in »Beschreibung der Königlichen Residenzstädte Berlin und Potsdam« den aktuell erreichten Stand lokaler Gartenentwicklung umreißen wird, entschuldigt der sich, »nur die vorzüglichsten« nennen zu können: es seien mittlerweile, »besonders in den weitläufigen Vorstädten Berlins, sehr viele«. Das Moabiter Gartenreich Sulzers, der einige Jahre zuvor gestorben war, erwähnt dieses dicke Buch nicht mehr; aber dessen erste wunderbar gelegene Oase in der Mitte der Stadt, zwischen Daniel Itzigs Palais und dem Neuen Packhof am Lustgarten, ist zum aktuellen Zeitpunkt offenbar noch in Erinnerung und zu besichtigen. Besonders rühmt der Chronist den vorzüglichen Garten »Ihro

4 Sulzer an Johann Jacob Bodmer am 23. März/10. Juni 1766 und am 3. September 1765

Königl. Hoheit der Prinzessinn Amalia« an der Wilhelmstraße/Ecke Kochstraße in der Friedrichstadt. »Er ist weitläufig und seit 10 Jahren wieder neu nach Engländischer Art angelegt worden.« Auch der große schönen Garten des Freiherrn von Reck an der Leipziger Straße, neben der Königlichen Porzellanfabrik (heute ehemaliges Preußisches Herrenhaus bzw. Bundesrat), ist ihm die Erwähnung wert: »Er ist auch wohl angelegt. In demselben sind zwey große Salons von hohen Kastanienbäumen, und ein angenehmes Labyrinth.« Knapp 40 Jahre später erwirbt dann Abraham Mendelssohn Bartholdy dieses Anwesen. Sein ältester Sohn, Moses' Enkel, der Musiker Felix, soll bald darauf im wunderbaren Park hinter dem Reckschen Palais unter märkischem Mückengesumm die Ouvertüre zum »Sommernachtstraum« komponieren.

Spazierrunde Nr. 2 hat gezeigt, daß Moses Mendelssohn von Gartentrends, Gartenprojekten, Gartenfreunden umgeben ist. Daß aber manche Aufklärer unter den Gärtnern seiner Zeit sich längst noch nicht im klaren sind: wie schön ordentlich eine Pflanzung sein müßte. Oder was einen wunderbaren Garten wirklich ausmacht.

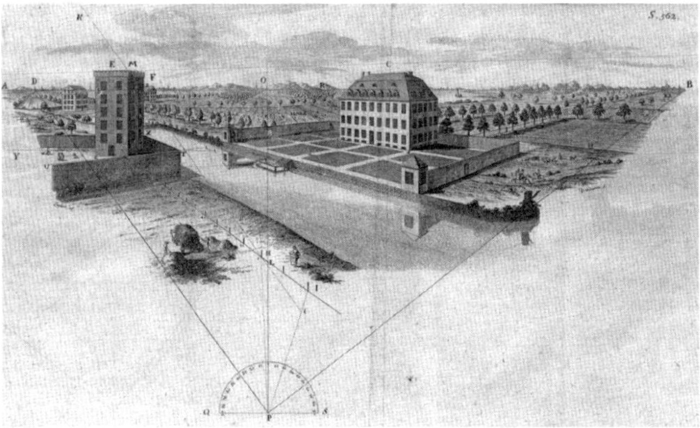
S. 362.

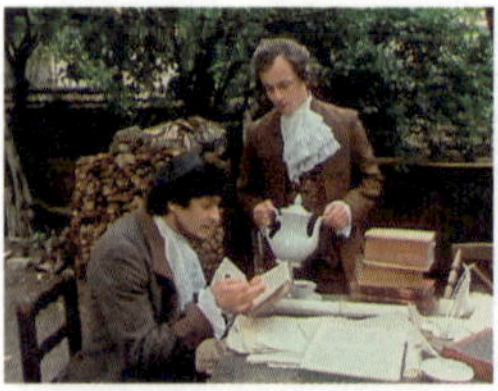
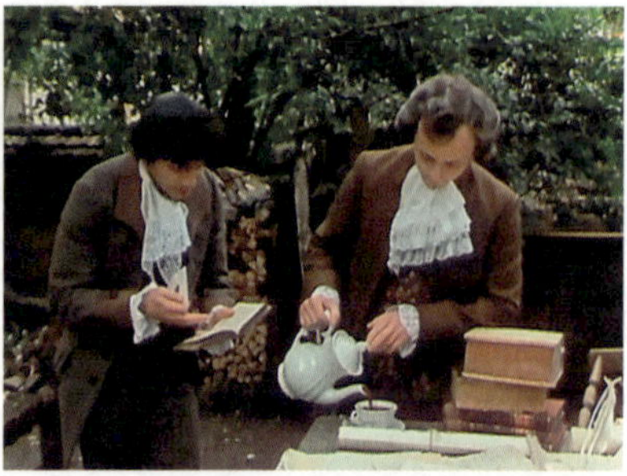
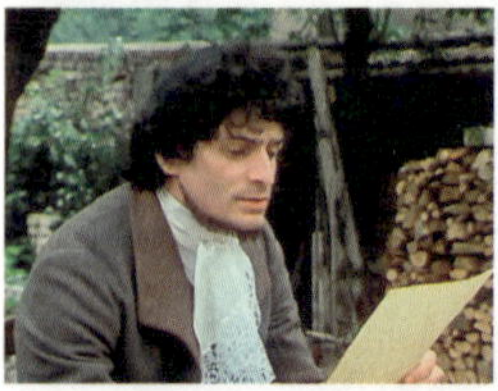
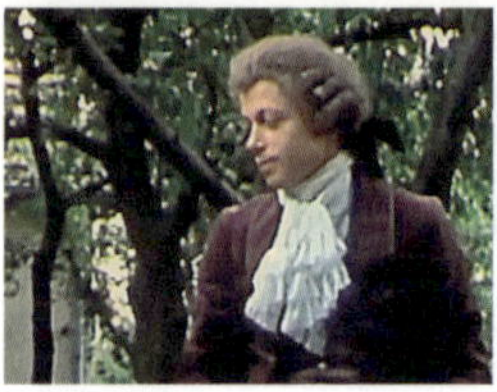
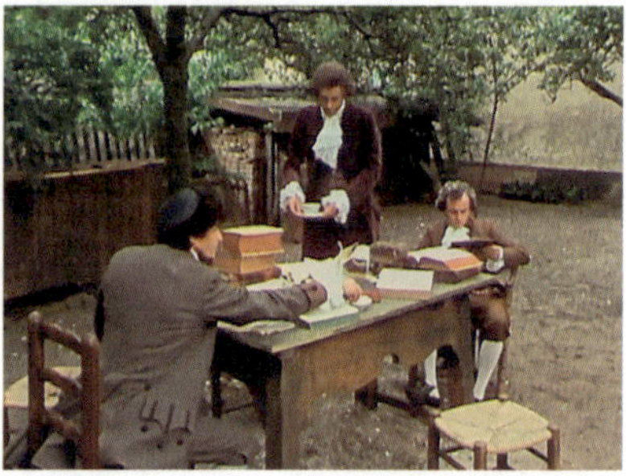
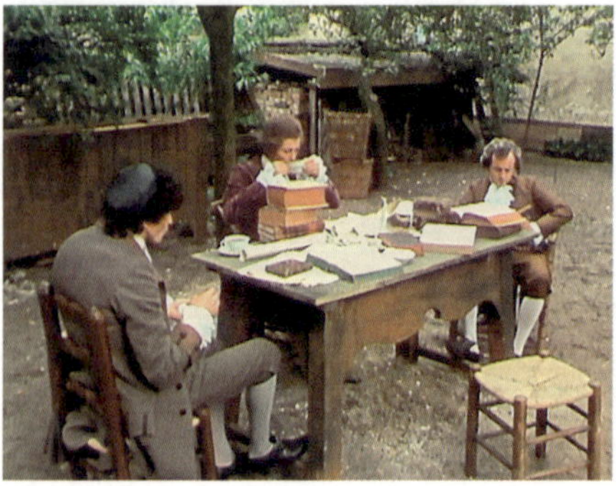
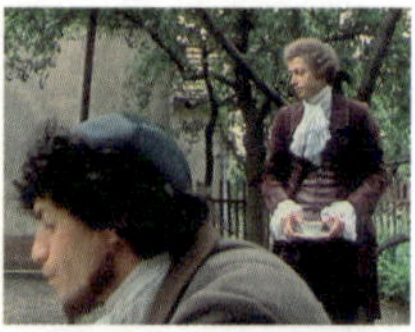
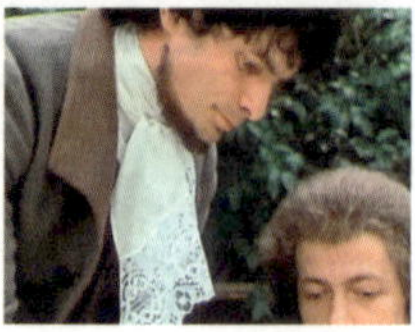

Gärten der Weisheit

Dritter Spazierflug: vom biblischen Eden zum Hain der Toleranzgöttin Minerva, über die Kriegspublikation Mendelssohns und seine Arbeitslauben bis zum Frischischen Garten beim Spandauer Tor

Der Garten Eden nach Erschaffung der Welt, so lassen sich die biblischen Erzählungen verstehen, war ein Ort, an dem unterschiedlichste Bewohner und Nutzer gut miteinander auskamen, sich glücklich verständigen konnten: Mensch und Gott, Tier und Mensch, Mann und Frau, Schmuckpflanze und Nutzgewächs. Im Garten der Weisheit ist das Spektrum der Verständigungspartner nicht ganz so groß, aber ein utopischer Markenkern läßt sich auch hier erkennen. In den Weisheitsgärten des 18. Jahrhunderts, bei denen es sich um feudale Parkanlagen oder unscheinbare Vorstadtlauben handeln kann, geht es um die Vermehrung des Wissens, den Wettstreit der Wissenden, die Suche nach Wahrheit und die Überführung der Meinungsgegensätze in intellektuell produktive Harmonie.

Als Patronin der Aufklärung und der Weisheitsgärten für Aufklärer – und für alle, die es werden sollen – hat man im Verlauf des 18. Jahrhunderts eine klassische Dame entdeckt und beim intellektuellen Marketing eingespannt: Athene, die Tochter des Zeus; im römischen Pantheon Minerva, Tochter des Jupiter. Von ihr ist Moses Mendelssohn, obwohl er mit Vielgötterei (und dem christlichen Trinitätsdogma) als gläubiger Jude nichts anfangen kann, fasziniert. Das hat auch mit seiner Begeisterung fürs griechisch-römische Altertum zu tun. Die Antike lernt er während seiner ersten Berliner Schülerjahre kennen, als er sich – zunächst nur des Jiddischen und des Hebräischen mächtig – Europas alte und neue Sprachen samt dem abendländischen Bildungskanon autodidaktisch erobert.

Frau Minervas Rezeptionskarriere, zu erkennen an dem wachsenden Spektrum ihrer Zuständigkeiten, hatte sich längst vielfältig entwickelt, als die Aufklärer sie vereinnahmten: um mit Hilfe dieser mythologischen Figur eigene Erzählungen bildkräftig zu transportieren. Zu Minervas etruskisch-römischem Beruf als Beschützerin des Handwerks, des Schiffsbaus und der Künste waren – aus der Verschmelzung mit dem griechischen Athene-Kult – die Ressorts »Wissen«, »Weisheit« und »Gerechtigkeit« hinzugekommen. Außerdem taktische Kriegsführung, Siegverleihung und Staatslenkung. Mit diesem umfangreichen Portefeuille wird sie zur populär-potenten, androgynen Frontfrau für die heraufziehende Zeit der Umbrüche. Einer Minerva Medica war bereits im alten Rom der Heilquellen-Tempel als Teil einer Gartenanlage geweiht. Im sizilianischen Salerno gibt es seit dem Mittelalter den Giardino del Minerva, in dem das Wissen über zahlreiche Heilpflanzen erforscht und überliefert wird, gerühmt als Vorläufer aller botanischen Gärten. So zum Beispiel könnte ein Garten der Weisheit aussehen: In der ältesten Beschreibung dieses Viridariums immergrüner Pflanzen aus dem 17. Jahrhundert ist eine Loggia erwähnt, teilweise von Säulen getragen und überdacht, teilweise unbedeckt, rundherum gepflastert. Von dort betrachtet man das Meer und die Berge. In der Stützmauer führt eine Tür zu einem Abstieg über sieben Terrassen hinab: zu einem Fischteich, zu Feigenbäumen und einem Brunnen, der den darunter liegenden Teich speist. Der Giardino della Minerva vereint das Potential der Natur und den therapeutischen Fundus des Wissens – in Harmonie.

Wo es um die vielfältigen Interessen der Jupiter-Tochter geht, passen in der Perspektive der Aufklärer die Ressorts Weisheit und Kampf, Strategie und Dialog, die Vernunft und die Künste, Gerechtigkeit und Toleranz auf einmal gut zusammen. Mit dem gebündelten Strauß all dieser Kompetenzen agiert Minerva als Jupiters Exekutive zur klugen Vervollkommnung der Welt. Vor allem gilt sie nun, dazu mag die strategische Weisheit sie geführt haben, als Patronin der Menschenduldung. Fortschrittliche Fürsten ehren die Göttin programmatisch durch Tempel oder Statuen in ihren Schloßgärten; auch im Berliner Tiergarten – erwähnt ein Gedicht von 1761 – soll ein Minervatempel gestanden haben. Was freilich dem Gartenexperten Hirschfeld grundsätzlich mißfällt, der nicht begreift, »was die Bildsäulen des Jupiters, Neptun, Mars, Herkules, der Juno, Minerva oder verschiedener andern, deren ausführlichste Mythologie noch immer in einer weiten Entfernung von der Natur und der Bestimmung eines Gartens liegen bleibt, an einem solchen Orte bedeuten sollen«.

Im Schwetzinger Schloßgarten, angelegt zwischen 1767 und 1773 für den Fürsten und Freimaurer-Sympathisanten Carl Theodor, war so eine Bedeutung durchaus zu erkennen: Hier hat der lothringische Gartenarchitekt Nicolas de Pigage in dem »Garten der Vernunft« neben einer Moschee inmitten eines Waldlabyrinthes samt Laubengängen einen Minervatempel errichtet. Auf dem Giebel der Vorhalle genehmigt die Patronin der Toleranz den Entwurf dieser berühmten barocken Gartenanlage. Im Inneren des Tempels steht eine 1716 geschaffene Minervastatue, die Weisheitseule zu ihren Füßen. Auf der Rückseite des Baus symbolisiert – über der Pforte zum Keller – eine

Faunsmaske die triebhafte Untergrundseite der minervischen Rationalität. So könnten wir uns einen Weisheitsgarten ebenfalls vorstellen.

Auch etliche Logen der Freimaurer, die sich als geheimer Orden den Aufklärungsidealen verschreiben, sind nach der olympischen Diva benannt; beispielsweise eine Loge in Potsdam, der Friedrich II. angehört. Und wenn die Aufklärer ihr schwer darstellbares Projekt künstlerisch visualisieren wollen, kommt bevorzugt Minerva mit Helm und Lanze zum Einsatz, von einer Erleuchtungssonne überglänzt – umgeben von Vertretern der Religionen, von den Musen oder von Repräsentanten aller Sparten der Zivilisation.

Moses Mendelssohn begegnet dieser Bewohnerin des antiken Pantheons während seines dreijährigen Griechischunterrichts, den er zunächst gemeinsam mit dem Freund Nicolai in dessen Wohnung zweimal wöchentlich beim Rektor des Köllnischen Gymnasiums, Christian Tobias Damm erhält. Zwei Jahre lang sind die Lektionen der »Odyssee« und der »Ilias« gewidmet. Er begeistert sich für das Werk Homers und belustigt sich, gemeinsam mit dem Freund, über die Wunderlichkeit des liebenswürdigen Altphilologen: der für Poesie gar keinen Sinn hat, akribisch den richtigen Wortlaut auslotet und die dramatischen Konflikt-Geschichten – Herrschsucht (Göttin Juno) kämpft gegen Weisheit (Göttin Minerva) – vor allem allegorisch verstehen möchte. Als Literaturrezensent wird der Griechischstudent Moses Übersetzungen der klassischen Epen untersuchen und Sekundärliteratur besprechen, die den charakterlichen Widersprüchen der Helden nachgeht. Mit Homers Lieblingsgöttin Minerva operiert er selbst spielerisch vergnügt in einigen seiner Texte so, als sei diese eine in der Wirklichkeit agierende Superheldin. Und vermutlich denkt der Verliebte an die homerische Beschreibung der blauäugigen = scharfsichtigen Göttin, wenn er seine Partnerin Fromet vorstellt: »Ein blauäugiges Mädchen, das ich nunmehr meine Frau nenne, hat das eiskalte Herz Ihres Freundes in Empfindungen zerlassen, und seinen Geist in tausend Zerstreuungen verwickelt«[1].

»Ob ihr gleich nur Würmer auf einem Stäublein seyd«

Einmal schildert er satirisch, wie Minerva eine Universität an der Weser, wo sein Freund Thomas Abbt als Professor gestrandet ist, unter Millionen Sternen des Universums fixiert und in ihrem Weltverbesserungsplan ausgerechnet aus diesem Kaff ein Neu-Athen machen will. Ein andermal phantasiert er eine Himmelsaudienz an der Seite seines philosophischen Übervaters Leibniz, bei der die Schöpferische aus dem Nähkästchen ihrer Weltmodelle plaudert: »Aufruhr, Menschenschlachten, Verfolgung, Unsinn und Schandtaten verhindern nicht, daß alle die darin umkommen oder umbringen, Sittlichkeit und vernünftige Erkenntniß auf Erden erworben hätten. [...] Weißt du denn, o Mensch! wie viel zu einem vernünftigen Begriffe gehöret? Vom dunkeln Fühlen im Mutterleibe bis zum geistigen Begreifen, was für ein Schwung! [...] Die Blüthe, die ein Nordwind herabwürft, das Saamenkörnlein, so nicht zum Gedeihen kommt, zerstieben, werden aufgelöset, ihre Theile nehmen eine andere Bildung an, und erfüllen in ihrer neuern Organisation Absichten Gottes. Würden sie es thun, wenn jene nicht vorher Blüthe, dieses Saamenkörnlein gewesen wäre? [...]« Alle Schöpfungspartikel hängen zusammen, belehrt »die blauäugige Tochter Jupiters« ihre beiden Erdlinge: »ob ihr gleich nur Würmer auf einem Stäublein seyd, das im unermeßlichen Welt-

1 4. 7. 1762 an Lessing

all herumschwimmet.« Des Leibniz Formel von der »besten aller Welten« bekräftigt sie mit gelindem Spott: Der Philosoph meine wohl, »es sey in keiner Ordnung etwas verrückt. Alles sey wohl eingerichtet, und bedürfe keiner ferneren Entwickelung«. Doch könne eine Entwicklung durchaus auch darin bestehen, daß man erst im jenseitigen Leben verstehen werde, was auf Erden scheinbar verrückt gewesen sei. Sie bekräftigt, daß im großen Masterplan eben doch trotz alledem Tugend, Moral und »Sehnsucht nach der Erfüllung der Gerechtigkeit« sinnstiftend funktionieren.[2]

Eine metaphysische Vision: Hier verwandelt sich die göttliche Bastelbank des Weltenbaus in den kosmischen Evolutionspark der Vervollkommnung. Samenkörnlein-Puzzelei und Schrebergarten-Glück (denn jeder Gärtner ist ja doch sein eigener creator mundi) – etwas größer gedacht.

Spielwiesen für den temperamentvollen Diskurs

Vervollkommnung allerdings ist für Mendelssohn nicht nur eine metaphysische, sondern zugleich eine politische, gesellschaftliche Aufgabe, wofür die Aufklärer samt ihrer Patronin durchaus zuständig sind. So rühmt er in einem Stammbucheintrag, betitelt »Geschichte der Menschenduldung«, seine in Wien für ihre überkonfessionell ausgerichtete Wohltätigkeit anerkannte, bei Hof einflußreiche Verwandte Fanny Arnstein als Minervas irdische Verkörperung – und sich selbst als deren Geschichtsschreiber. Er gilt ja bereits als weiser Moderator, wird bewundert als gewitzter Profi für konstruktive intellektuelle Auseinandersetzungen und bekennt sich passenderweise in dieser verspielten

2 Ebd.

Widmung als Verehrer und Gefolgsmann des imaginierten Idols. Streitbarer Dialog, für den die Weisheitsgöttin steht, findet an Treffpunkten statt, die er mit seinen Freunden aufsucht; dazu gehören gerade die von uns hier zur funktionalen Einordnung so bezeichneten Arbeitslauben. Prächtige feudale Weisheitsgärten Minervas sind, wie wir sahen, an Tempeln in der demonstrativ tolerierten Nachbarschaft einer Moschee und an Statuen der intelligenten Kämpferin zu erkennen; Berlins bürgerliche, kleine, unauffällige Dialogwerkstätten im Grünen definieren wir hiermit ebenso als ihr Terrain. Diese Weisheitsgärten interessieren uns besonders. Hier werden Konflikte – das ist die zivilisatorische Inspiration, die man der Schirmherrin zuschreibt – im rationalen Wortgefecht ausgetragen. Die Meinung des anderen aushalten: eben auch eine Übung in Menschenduldung.

Minerva, von der es heißt, sie sei in voller Rüstung zur Welt gekommen, ist keine Pazifistin. Sie kämpft aber bevorzugt mit Mitteln der Vernunft. Auf berühmten Bildern des Aufklärungsjahrhunderts ist sie in Konfrontation mit Mars zu sehen, dem ideologischen Kontrahenten, der durch rohe Gewalt siegen will; ihre Waffe ist der Intellekt. Beide Figuren, deren Statuen ursprünglich am Rande des Tiergartens in der Frontalansicht des Brandenburger Tores zwischen Tor und Flügelbauten plaziert waren, verkörpern jeweils ein anderes Grundprinzip. Gleichwohl geht es ihr ebenso wie dem Mars ums Gewinnen. Ihre etwas andere Art, eine gerechte Kriegerin zu sein, mag auch mit der Verarbeitung ihrer mythologischen Herkunftsgeschichte zusammenhängen: einer blutigen, kosmologischen Familienschlacht. Die griechische Athene war eine Tochter der Göttin Metis, in der das Wissen der Welt versammelt war. Papa Zeus verschlang seine schwangere Metis, da er fürchtete, von seinem Nachwuchs entthront zu werden. Da er in der Folge aber unter Kopfschmerzen litt, schlug der Vulkangott Hephaistos mit dem Hammer gegen sein Haupt, heraus sprang Pallas (= Kriegerin) Athene – die bewaffnete Kopfgeburt. In einer anderen Episode des brutalen Psychoromans hilft Athene ihrem Verwandten Perseus, die Gruselfrau Medusa mit dem Schlangenhaar, eine gefallene Weisheits-Priesterin, zu enthaupten. Deren Rumpf entspringt Pegasus, das geflügelte Pferd aller Dichter – die nunmehr wiederum den Schrecken in Poesie verwandeln. Medusas Haupt imprägniert fortan als Defensivzauber Athenes Schild. So verkörpert sie nun auch, in einem Online-Lexikon des 21. Jahrhunderts politisch korrekt als »Göttin des Verteidigungskrieges« charakterisiert, den heilenden Prozeß der Sublimierung und Verwandlung, der Veredelung von Aggression zum temperamentvollen Diskurs.

Die Gärten der Weisheit werden für solche Erfahrungen zur Spielwiese.

*

Aber: Ist nicht auch die Natur ein Kriegsschauplatz, auf dem jeder gegen jeden kämpft? Oder findet man in ihr irgendwo jenes Traumland der Schäferszenen, Arkadien, wo das friedliche Blumenkinder-Leben aller Geschöpfe miteinander gelingt? Dient Gartenkunst etwa doch nur der gewaltsamen Zähmung des paradiesischen Wildwuchses, ist sie eine Zwangsjacke der Zivilisation? Oder ordnet sie einschränkend und optimierend die Schöpfungen von Menschenhand zu einer scheinbar ursprünglichen Landschaftsinszenierung?

Mendelssohn jedenfalls plädiert (wenn an dieser Stelle der Garten metaphorisch als Modell des Zusammenlebens betrachtet werden darf) für unbedingte Mannigfaltigkeit: in der Gesellschaft wie in der Geisteswelt. So mißtraut er den ökumenischen Vereinigungsprogrammen der »Wölfe, die sich mit den

Schafen so sehr zu vereinigen wunschen, daß sie aus Schaf- und Lammfleisch gern Wolfsfleisch machen möchten«.[3] Er mißtraut jeder Uniformierung. Sein Zauberwort heißt Harmonie.

Wie läßt sich Mannigfaltigkeit der Arten und Interessen erhalten und harmonisieren, wenn Wölfe die Agenda bestimmen?

In der Arbeitslaube wird Kaffee ausgeschenkt

Der Dreißigjährige Krieg als Epoche der Wölfe ist den Nachgeborenen des 18. Jahrhunderts noch sehr nah. Das Marodieren und Blutvergießen in der ersten Hälfte des 17. Jahrhunderts mitsamt seinen religiös markierten Lagerbildungen hat Generationen traumatisiert, Wahrheitsmonopole verwirrt, konfessionell zugeschnittene Territorien aufgemischt und auch dazu geführt, daß sich hundert Jahre später die Zweifel der Aufklärungsepoche in der Gesellschaft verbreiten.

Als Mendelssohn und Lessing sich 1754 kennenlernen, herrscht aufs neue Krieg. Der zum deutsch-deutschen Preußenjubiläum inszenierte DEFA/ZDF-Film »Freunde in Preußen« (ein Biopic über den Herrn Moses) zeigte 1981 die frühen Freundschaftsjahre der beiden noch jungen Männer. Außenaufnahmen dafür fanden damals in Görlitz statt, wo Drehorte vor Kulissen des 18. Jahrhunderts wohl noch leichter zu finden waren. Da hält das ungleiche Paar Moses und Gotthold Ephraim mit Friedrich Nicolai in einer Laube die Redaktionssitzung ab für ihre Zeitschrift »Briefe, die neueste Litteratur betreffend«, in einem Weisheitsheitsgarten der bürgerlichen Art, wie wir ihn im Folgenden bevorzugt vor Augen haben: ein Schuppen, Brennholz und Sträuchergewuschel im Hintergrund, vorne ein

3 22. September 1783 an Herz Homberg

Tisch mit Bücherstapeln. Beim Diskutieren über den kriegerischen Monarchen geht man hier mit der Porzellankanne umher, schenkt sich Kaffee ein. Zuvor war der Auftakt dieser besonderen Freundschaft, die beim Schachspiel begonnen haben soll, im Café-Ambiente inszeniert worden. Da hocken die Spieler recht behaglich bei Kerzenschein. Vor dem Fenster ist zu sehen, wie auf der Straße widerspenstige Soldaten von Feldjägern zusammengeschlagen werden. Die zwei reden über Politik und Persönliches und versuchen zugleich, sich gegenseitig matt zu setzen. Lust am strategischen Wettstreit, beim Billard, beim Kartenspiel und auf dem Schlachtbrett der Könige und Bauern, hat diese beiden ungleichen Mittzwanziger – spielsüchtiger Pfarrerssohn der eine, mathematisch begeisterter Sohn eines Synagogenschreibers der andere – beim gemeinsamen Vergnügen verbunden. Kräftemessen, intellektuelles Fingerhakeln, das Aufknüpfen gordischer Gedankenknoten und das rivalisierende Gefecht zur Entdeckung analytischer Lösungsversuche wird von nun an immer wieder ihren brieflichen oder leibhaftigen Austausch über Gott und Welt bestimmen. Komplettiert wird dieses »Dreigestirn« der Berliner Aufklärung durch den Verlagsbuchhändler Nicolai, einen energiegeladenen Praktiker auf dem Feld der Printmedien.

Ein Präventivkrieg, der ein Angriff war

Nicolais Laube (über die später mehr berichtet werden soll) bietet sich als ungestörter Diskussionsort und tröstliche Zuflucht an, sogar mitten im Winter –, wie ein lockender Appell des Moses an Lessing aus dem ersten Jahr des Siebenjährigen (Welt-)Kriegs belegt. Friedrich II. hatte zuvor Sachsen ohne Kriegserklärung überfallen aus »Vorsorge« gegenüber einer sich abzeichnenden österreichisch-russischen-französisch-sachsischen Allianz. Der Brief aus Berlin erreicht den Freund im seit Ende August preußisch besetzten, ausgeplünderten Leipzig, das sofort eine erste Kontribution über 587 167 Thaler entrichten muß. Leipzigs Besatzungsalltag wird später ein Chronist so zusammenfassen: »Einquartierungen, Durchmärsche, Erpressungen und unmässige Forderungen; öftere Gefangenhaltung der angesehensten Rathsmitglieder und Kaufleute; Verbot freier Rede- und Mittheilung, aller und jeder Versammlungen; Erbrechung der Privat- und Handelsbriefe; Beschlagnahme der Handelsbücher; Demüthigungen, Gewaltthätigkeiten und sonstige Quälereien feindlicher Seits ...«

Die Einladung Mendelssohns an Lessing, der nach dem Start zu einer großen Reise in der Messestadt gestrandet war, klingt so, als seien die sächsischen Zustände den Berlinern bereits bekannt: »Ich bin mit meiner Jahrrechnung zu Stande, und könnte nunmehr vollkommen ruhen und zufrieden leben, wenn ich nicht gewissermaßen für Ihre Ruhe besorgt wäre. Warum fliehen Sie diesen Ort der Unruhe, der Betrübnis und der allgemeinen Verzweiflung nicht? Kommen Sie zu uns, wir wollen in unserm einsamen Gartenhause vergessen, daß die Leidenschaften der Menschen den Erdball verwüsten. Wie leicht wird es uns sein, die nichtswürdigen Streitigkeiten der Habsucht zu vergessen, wenn wir unsern Streit über die wichtigsten Materien, die wir schriftlich angefangen, mündlich fortsetzen werden! Sie sehen, wie weit ich es zu treiben gedenke. Ich sage, wir hätten den Streit erst angefangen, da Sie ihn vielleicht schon geendigt zu haben glauben ...«[4]

Ziviler Meinungsstreit als Gegenentwurf: zur mörderischen Konfrontation der Armeen, die von Regenten aller abendländi-

4 An Lessing, Januar 1757

schen Großmächte auf Schlachtfelder in Europa, Amerika, Afrika und Asien geschickt werden – für kolonialen oder nachbarschaftlichen Landgewinn, für die Eroberung von Einflußsphären oder als verkaufte Söldner zugunsten der eigenen Staatskasse. Von den beteiligten Soldaten allein aus Preußen, Österreich und Rußland werden dabei mehr als 440 000 ihr Leben verlieren.

Moses Mendelssohn, der preußische Untertan, hätte sich selbst vermutlich kaum als Pazifist bezeichnet. Seine Biographie des großen Vorbildes Sokrates, die den Athener als kämpferischen Bürger der Polis und soldatischen Teilnehmer dreier Feldzüge, als abgehärteten, barfuß das Eis überquerenden Marschierer, als Lebensretter des Politikers Alkibiades aus dem Gefecht und starken Sanitäter für den verwundeten Historiker Xenophon schildert, läßt keinen Zweifel an seiner persönlichen Gesinnung: Die »höheren Aussichten des Weltbürgers« hätten den griechischen Philosophen nicht abgehalten, »die gemeineren Pflichten gegen sein Vaterland zu erfüllen«.[5]

Aber 1756 befürchtet er durchaus, daß die wirtschaftsfeindliche Schlachtenpolitik ihm und Nicolai bald allzuviel freie Zeit für die Fortführung ihres Streits um die »theatralische Illusion« und die »deutliche Erkenntnis« verschaffen wird: »... so bald der Krieg die Handlung so sehr zu Grunde gerichtet haben wird, daß sowohl Herr Nicolai als ich einige Stunden zur Speculation übrig haben werden.«[6] Fünf Jahre später klingen seine Erwartungen kaum optimistischer: »In der wüsten Einsamkeit, in welcher ich jetzt lebe, sind Ihre freundschaftlichen Briefe der einzige Umgang, nach welchem ich mich sehne, und ohne welchen ich unmöglich zufrieden leben kann. Unsere

5 Aus dem »Phädon«-Vorwort »Leben und Charakter des Sokrates«, 1767

6 23. November 1756 an Lessing

Correspondenz wird nur gar zu bald, und wer weiß auf wie lange? unterbrochen werden. Lassen Sie mich der kurzen Zeit geniessen, die uns der wütende Krieg noch gönnt.«[7]

»Im Kriege ist der Menschen Arbeit vergebens«

Öffentlich kann sich Mendelssohn kaum als Gegner der königlichen Kriegsführung positionieren. Während er auf dem intellektuellen Feld den fruchtbaren Dialog als Mittel der Auseinandersetzung praktiziert, akzeptiert er zugleich – im Einklang mit der Obrigkeitstheologie der bedrängten jüdischen Minderheit und der Mehrheitsgesellschaft – die gottgegebene Autorität des Monarchen. Grundsätzliche Kritik an dieser Verfassung und ihren politischen Auswirkungen würde ihn am Rande der Rechts- und Hackordnung und mit ihm seine jüdische Gemeinschaft existentiell gefährden. Auf Bitten seiner Gemeindeleiter unterstützt er sogar deren Reputation bei den Behörden durch die Verfertigung patriotischer Texte.

Seine in diesem Zusammenhang entstandenen Predigten lassen keinen Zweifel daran, daß der Verfasser Gott und das Recht auf Seiten des preußischen Königs sieht, welcher sich vorbeugend habe gegen die feindliche Allianz zur Wehr setzen müssen. Einerseits stellt er Friedrich II. als begnadeten, gehorsamen Diener des Allerhöchsten dar; andererseits beschreibt er die zerstörerische Perversität des Krieges als Vernichter aller Ordnungen. Gegen die Verteufelung der Gegner beschwört er den Universalismus des Menschengeschlechtes. Diese Positionen stehen in seinen Texten über Krieg und Frieden einander gegenüber, ohne harmonisiert zu werden.

7 11. Februar 1761 an Lessing

»Wir sind alle Kinder des einzigen lebendigen Gottes. Auch diejenige, die sich unsere Feinde nennen, sind das Werk seiner Hände und lieben und fürchten ihn. Wir würden sie lieben wie unsre Brüder, wenn sie nicht von einer verkehrten Leidenschaft verführt worden wären, die Ruhe unseres vielgeliebten Monarchen zu stöhren. Wollen wir also jauchzen, wollen wir uns einer wilden ungezähmten Freude überlassen, wenn das Werk der Hände Gottes untergehe? [...]Es sey ferne, daß uns der Anblick der Erschlagenen belustigen, und die Ströme von Menschenblute, die zur Schande des menschlichen Geschlechts unaufhörlich fließen, eine Augenweide für uns seyn sollte. [...] Herr der Heerscharen, Gott Zebaoth! Du hast deinen Knecht Friederich herrlich gemacht und um seinetwillen solche große Dinge gethan. [...] Laß das Schwerdt des Verderbens in die Scheide zurückkehren und sage zum Todes-Engel: Laß ab. Laß die Fürsten der Erde, die Hirten deines Volcks, in Frieden und Eintracht vor dir leben und Wahrheit und Erkenntniß die Erde anfüllen, wie Wasser das Meer bedecken. [...]«[8]

In seiner Predigt zum Hubertusburger Frieden von 1763 blickt Mendelssohn zwar noch einmal kritisch zurück auf die sieben schrecklichen Jahre: auf den Krieg als einen Zustand, in welchem »die heilige Regierung Gottes die Welt verlassen zu haben scheint«. Im Kriege, der die Gesellschaft mit Haß, Zwietracht und Unmenschlichkeiten kaputt mache, sei »der Menschen Arbeit vergebens«. Städte würden eingeäschert, wohltätige Stiftungen vernichtet, Gesetze mit Füßen getreten, die Künste mißachtet.[9] Der religionspolitische Mendelssohn muß eben, wo er öffentlich Wahrheiten in Staatsräson verpackt, lavieren. Daß ihm als politisches Modell eine republikanische

8 Dankpredigt über den Sieg bei Leuthen, 1757
9 Friedenspredigt zum Hubertusburger Frieden, 1763

Polis wie die der Athener letztlich sympathischer wäre als eine absolutistische Monarchie, hat er an anderer Stelle durchaus erkennen lassen. Und gegenüber Lessing bekennt er dann auch, wie peinlich ihm solche royalistischen Gefälligkeitstexte sind: »Ich will nunmehr für nichts in der Welt mehr schwören, da es schon so weit gekommen, daß ich eine Predigt schreibe, und einen König lobe.«[10]

Als Philosoph jedoch kultiviert er nicht die Propaganda, sondern den Dialog. Streitbarer Diskurs ermöglicht die zivile Verwandlung von Dissens in fruchtbaren Austausch, die Verwandlung des Chaos in Ordnung. Gärten, die er für solche Zusammenkünfte mietet oder besucht, sind seine Laboratorien.

Die Dialog-Werkstatt

Während des Siebenjährigen Krieges entsteht aus den brieflichen Diskussionen des »Dreigestirns« Lessing, Mendelssohn, Nicolai sowie aus Arbeitstreffen zu zweit oder zu dritt sowie aus gewissermaßen hybriden Zusammenkünften gemeinsamer Brieflektüre und -beantwortung eine Sammlung von Debatten- und Thesenschriften, die das kollektive Kunstwerk des produktiven intellektuellen Dialogs auf einzigartige Weise dokumentieren. Der »Briefwechsel über das Trauerspiel« und Lessings im Folgejahrzehnt publizierte Schrift »Laokoon. Oder über die Grenzen der Malerei und Poesie« sind erhalten als berühmte ästhetische Resultate aus diesem »Dreigestirn«-Diskurs, der häufig im privaten Schutzraum der Laube stattgefunden hat.

Im Sommer 1756, als der Siebenjährige Krieg mit der »Präventiv«-Attacke des preußischen Königs begann, wurde

10 25. November 1757 an Lessing

Lessing, der Dritte im Bunde, gleich aus der Ferne in diese Sitzungen einbezogen: »Ich bin der grübelnden Metaphysik auf einige Zeit ungetreu geworden. Ich besuche Hrn. Nicolai sehr oft in seinem Garten. (Ich liebe ihn wirklich, theuerster Freund! Und ich glaube, daß unsere Freundschaft noch dabei gewinnen muß, weil ich in ihm Ihren wahren Freund liebe.) Wir lesen Gedichte; Herr Nicolai liest mir seine eigenen Ausarbeitungen vor; ich sitze auf meinem kritischen Richterstuhl, bewundere, lache, billige, tadele, bis der Abend hereinbricht. Dann denken wir noch einmal an Sie, und gehen, mit unsrer heutigen Verpflichtung zufrieden, von einander. Ich bekomme einen ziemlichen Ansatz zu einem Belesprit. Wer weiß, ob ich nicht einst Verse mache?«[11] Nicolai bestätigt die Beschreibung ein paar Wochen später, bei ihm liegt der Schwerpunkt auf der Entspannung: »Ich habe den Sommer im Garten, mit der Bibliothek, mit gelehrten Neuigkeiten nach Frankreich, mit Hrn. Moses, mit Musik, mit Faulheit, und wer weiß womit mehr, zugebracht. Gestern habe ich den Garten verlassen, und heute fällt mir ein, daß ich ein Buchhändler bin, und daß ein Buchhändler seine Briefe beantworten muß [...] «.[12] Lessing findet aus der Ferne Gefallen an der Bezeichnung der Gartenmöbel, auf denen über »Schrecken« und »Bewunderung« diskutiert wird: »Setzen Sie sich auf Ihre Richterstühle, meine Herren, Nikolai und Moses. Ich will es sagen, was ich mir unter beyden vorstelle.«[13]

Aus dem Briefwechsel, der den Gang des Diskurses protokolliert und manchmal Szenarien der Begegnung sowie die Stimmung beim Schlagabtausch skizziert, lassen sich Regeln für

11 Anfang August 1756 an Lessing
12 Nicolai an Lessing, Ende August 1756
13 Lessing an Nicolai und Mendelssohn, November 1756

das Dialog-Kunstwerk der Aufklärer ableiten. Für Herrn Moses hatte die Erziehung zum Dialog-Profi schon vor seiner Berliner Zeit, in der Dessauer Talmudschule beim Rabbiner David Fränkel begonnen. Dieser Gelehrte war zum Spiritus rector der Jessnitzer Druckerei bei Dessau geworden, wo er den lange Zeit nicht publizierten Jerusalemer Talmud und Werke des mittelalterlichen Religionsphilosophen Maimonides neu herausgab, der jüdischen und auch christlichen Öffentlichkeit wieder zugänglich machte. Das Studium des Maimonides legte damals bereits bei Mausche, dem Talmudschüler, die Basis für vernunftorientierte Argumentation. Mit dem Torastudium lernte er schon als Kind, in der Bibel den Urtext samt allen verschiedensten Kommentaren aus jahrhundertelanger Tradition gemeinsam zu rezipieren, konträre Meinungen gegeneinander bestehen zu lassen – und darüber zu argumentieren.

Die Dialog- und Trialog-Erfahrung des »Dreigestirns«, wie sie am »Briefwechsel über das Trauerspiel« nachzuvollziehen ist, verstärkt und verfeinert solche Lernerlebnisse: im Sinne der Aufklärer und ihres Programms von Vervollkommnung. Durch die Einbringung und Ausbildung sozialer Tugenden, dazu gehören: Höflichkeit, Offenheit, Herzlichkeit, Witz und Ironie, Interesse und Neugierde, Mut zur scharfen Kritik und Bereitschaft, solche einzustecken. Außerdem: das Formulieren der Argumente des anderen besser als dieser selber. Ferner: Engagement, Lust am spielerischen Gefecht, Sachlichkeit, Gründlichkeit, Leidenschaft. Gefordert sind das Zuhören und Hinterfragen, das Einfordern der Gegenmeinung, Suche nach Übereinstimmung. Es kommt dabei an auf den Einsatz fürs eigene Argument, auf Mut zum Dissens. Das heißt: Zwischenresümees ziehen bezüglich der Differenzen und der Konsenspunkte. Freundschaft bewahren trotz der Differenzen. Dialog ist schön, macht aber viel Arbeit.

Es paßt zu Mendelssohns ganzheitlicher Anthropologie der Empfindsamkeit, zu seinen Reflexionen über das Zusammenspiel von Kopf und Bauch, Gefühl und Verstand, Sinnlichkeit und Geist, daß günstige Labor-Bedingungen für solche Erfahrungen im Garten der Weisheit eher gegeben sind als in der »Baumannshöhle«.

»Finde ich mich stark genug, alle Ihre Zweifel abzuschlachten«

Wenn sich der friedfertige Moderator bei der Beschreibung intellektueller Debatten gern militärisch-spielerischer, manchmal brachialer Ausdrücke bedient, verrät das sein Temperament und seine Einstellung. Die Weisheits-Laube ist kein Kindergarten. Es geht ums Ganze. Dialog bedeutet für Mendelssohn keine Schmusepartie, sondern, unter Einsatz aller kommunikativen Phantasie, anspruchsvolles Ringen um Fakten, Wahrheit, Verständigung. Aber seine gelegentlich ungestüm-ironische Wortwahl läßt auch ahnen, wie dieser Menschenfreund das eigene Aggressionspotential mit disziplinierender Zivilisierungsarbeit kompensiert – und vernünftigen Regeln unterwirft.

In der »Trauerspiel«-Debatte kritisiert er die Qualität der Argumente Lessings, welche ihn aufgrund der Wahl »so schlechter Waffen« offenbar als »kleinen Gegner« demütigen sollen; später heißt es, mit solchen »metaphysischen Streitigkeiten« und »logischen Fechterstreichen« führe man »Kriege, lieber Lessing, die ohne Ihren Schaden für mich sehr vortheilhaft sind. Wir wollen sehen, ob die streitenden Mächte so viel reellen Nutzen von ihrem kostbaren Kriege haben werden.«[14]

14 Im Dezember 1756, im Januar 1757 und im März 1757 an Lessing

Angesichts einer Konkurrenzsituation mit dem Philosophenfreund Abbt bewegt sich sein Vokabular zunächst im Bereich des klassischen Duells: »Der Begriff, daß meine Ausarbeitung mit der Ihrigen ringen sollte, macht mich schüchtern. Jedoch der Rath unseres Freundes, und meine reifere Ueberlegung bewogen mich, diesen Entschluß zu ändern. Ich gestehe es, daß ich den Helden lieber nicht gekannt hätte, mit dem ich zu kämpfen habe. Da er sich aber einmal zu erkennen gegeben; so erfordern die ritterlichen Gesetze, daß ich auch meinen Helm aus den Augen rücke, und meinen Freund vor dem Zweykampfe noch einmal umarme. – Zu Anfang des künftigen Jahres wollen wir unsere Waffen vertauschen. [...] Unterliege ich, so ist es doch mein Freund, der den Sieg davon trägt.«[15] Intellektueller Streit um existentielle Themen ist für ihn eben ohne Dramatik kaum denkbar: Den Sparringspartner, der ihm – es geht um den Tod seiner einjährigen Tochter und um die Unsterblichkeit ihrer Seele! – seine eigene Meinung »entreißen will«, bezeichnet er als »den grausamen Feind«.[16] Und vergleicht die folgende Debatte zur »Bestimmung des Menschen« mit der biblischen Gewaltorgie israelitischer Monotheisten gegen die Baalspriester: »Nunmehr mein Freund! Finde ich mich stark genug alle Ihre Zweifel, wie Elias die falschen Propheten, abzuschlachten.«[17]

15 4. Juli 1762 an Lessing
16 1. März 1764 an Thomas Abbt
17 An Thomas Abbt in »Orakel, die Bestimmung des Menschen betreffend«, 1764

»Einmal umarmt, satt gesprochen, vergnügt weggegangen«

Diskussionsfreudige Gartentreffen des »Dreigestirns«, erweitert durch Thomas Abbt, haben sich während der Zeit des Siebenjähriges Krieges und darüber hinaus fortgesetzt. Wenn Lessing oder Abbt in Berlin weilen, kommen sie dazu. Sonst treffen sich Nicolai und Mendelssohn dort zu zweit oder auch mit weiteren Freunden.

»Wir leben in einer düstern, schwermütigen Zeit«, schreibt Mendelssohn fünf Monate nach seiner Hochzeit an Thomas Abbt: »Freunde vergessen einander, Brüder kennen sich nicht mehr. Zu Wasser und zu Lande, vom Aufgange bis zum Niedergange ist ein Menschenwürgen; Könige gehen zu Fusse, Geldwechsler fahren mit Sechsen, Dichter belagern Festungen, und Weltweise heirathen. Alles ist in der größten Unordnung ...«[18] Dann meldet Abbt, den sein Lehrstuhl für Philosophie und Mathematik an das Städtchen Rinteln im Weserbergland bindet, fälschlich und hoffnungsvoll nach Berlin (zwei Wochen vor dem durch Sachsen vermittelten preußisch-österreichischen Waffenstillstand): »Hier hat man eine Nachricht, daß der Friede gezeichnet sey. Amen!« Tatsächlich soll es dann bis zum Frieden von Hubertusburg noch zweieinhalb Monate dauern. »Willkommen, liebster Freund, nach einer so langen Abwesenheit«, hatte sein Sehnsuchtsbrief begonnen: »Denn nur Ihr Stillschweigen rechne ich für eine gänzliche Abwesenheit. Ich habe wirklich die Ursachen von jenem nicht mehr ergrübeln können, weil ich wußte, daß Ihnen das Schreiben an einige Freunde, worunter ich mich rechne, Vergnügen machte [...] Desiderium

18 Am 2. November 1762

amicorum! werde ich diese Worte immer mit nagender Empfindung hinsetzen müssen? Nicolais Garten, Sonnabends um 2 Uhr der kleine Mann in der Entfernung; dann einmal umarmt, satt gesprochen, vergnügt und besser von ihm weggegangen. Sollen dieses meine Freunde nur vom Jahr 1761 von mir erzählen?«[19]

Ein Jahr vor dem frühen Tod des jungen Professors im Alter von 27 Jahren erreicht diesen dann ein Brief Friedrich Nicolais aus Berlin. Der Verleger nimmt an, daß Abbt, den es endlich in Rinteln nicht mehr hält, eine der zwei angesehenen Universitäten Marburg und Halle, die ihn rufen, wählen wird, wahrscheinlich den Lehrstuhl an der Saale; er ahnt nicht, daß der Freund sich doch für Sicherheit und eine dritte Option, die Ratsstelle am Hof seines Grafen von Schaumburg-Lippe in Bückeburg entscheiden wird (bereits im folgenden Brief wird er Abbt gemeinsam mit Mendelssohn vor der Abhängigkeit vom Bückeburger Hof warnen): »Sie halten mich vielleicht für todt, weil ich seit einigen Monaten mich mit keinem Schreiben gemeldet habe; aber Sie sollen wissen, daß ich lebe, und so denke ich doch viel öfter an Sie, als ich an Sie schreiben kann. [...].«

Der Berliner Medienprofi empfiehlt seinem Mitstreiter bei den Großprojekten »Briefe, die neueste Literatur betreffend« und der »Allgemeinen deutschen Bibliothek«, auf Kritik von Lesern doch etwas souveräner zu reagieren: »Warum finden Sie es unrecht, daß wir in den Göttingschen Zeitungen sind angeschnarcht worden? Sollen wir etwa immer tadeln und niemals wieder getadelt werden?« Er wünscht ihm Glück, »ob gleich ich im Grunde Ihre Veränderung der Universität Rinteln mit der Universität Halle nicht viel anders betrachten kann, als die Veränderung des Sklaven in tausend und einer Nacht, der erst bey einem armen Schneider gedienet hatte, und hernach an ei-

19 Thomas Abbt am 10. November 1762 an Mendelssohn

nen Janitscharenaga verkauft wird. Das einzige Glück das ich dabey sehe, ist auf meiner Seite« – weil man dann wenigstens zu Leipziger Messezeiten aufgrund der geographischen Nähe den Weg zu einander finden werde. »Übrigens werden Sie freilich in Halle einige Bequemlichkeiten mehr haben, und wenigstens unter Menschen leben können; ich hätte doch aber immer lieber gewünscht, Sie in Berlin zu sehen. O! wann werden die lieben Stunden, die wir mit M. auf der runden Rasenbank, an dem kühlen Brunnen im Frischischen Garten verschwatzt haben, wiederkommen!«[20]

Unter Maulbeerbäumen

Dieser idyllische Treffpunkt in der sogenannten Spandauer Vorstadt hat der Adresse Heydereutergasse – heute Joachimstraße, nicht zu verwechseln mit der Heidereutergasse bei der Spandauer Straße –, an der Ecke Hospitalstraße (heute: Auguststraße), über Jahrzehnte zur Benennung »Frischensgäßchen« verholfen. Die private Grünanlage war zwar keine feudale Parklandschaft, aber berühmt. In allen drei Auflagen des monumentalen Stadtführers »Beschreibung …« von Nicolai aus den Jahren 1769, 1776 und 1786 wird dieser »Frischische Maulbeergarten« erwähnt. Sein Gründer »pflanzte hier 1708 bis 1714 in Berlin die ersten Maulbeerbäume, welche hernach zum Behuf der Seidenmanufakturen sehr vermehrt worden sind«.

Johann Leonhard Frisch, der vielgereiste Direktor des Gymnasiums Graues Kloster, war nebenbei zum Wegbahner preußischer Seidenmanufakturen geworden; er hatte französische und lateinische Wörterbücher geschrieben (letzteres besaß auch

20 Thomas Abbt an Friedrich Nicolai im Wintermonat 1765

Mendelssohn), verfaßte eine dreizehnbändige Broschüre über mehr als 300 Insektenarten Deutschlands, wirkte außerdem als Naturillustrator von Vögeln und Fischen und gilt als Miterfinder der Farbe Berliner Blau. Als Russischlehrer für den Universalgelehrten Leibniz war er auf dessen Anregung zum Mitglied der Königlich Preußischen Sozietät der Wissenschaften geworden und schrieb auch über Maulbeerbäume und Seidenproduktion, wozu ihn der Philosoph im Briefwechsel inspiriert hatte. Leibniz entwickelte aus dem fernen Hannover ein Konzept zur preußischen Seidenherstellung, erhielt ein königliches Privileg dafür und gewann vor Ort den Rektor Frisch als Berliner Kurator für die nötigen Maulbeerbaumpflanzungen. Deren massenhafte Verbreitung in vielen Gegenden Preußens wurde während der folgenden Jahrzehnte staatlicherseits nachdrücklich gefördert, weshalb die Maulbeerbäume im Frischischen Garten weniger aufgrund ihrer Seltenheit zur Sehenswürdigkeit avancierten als wegen ihres Alters und in Anbetracht ihrer Pionierfunktion.

Frisch, der Erste, war bereits 1743, in dem Jahr, als der 14jährige Mausche Dessau nach Berlin kam, gestorben; als Mendelssohn, im Brotberuf Seidenkaufmann, Nicolai und Abbt sich unter den Maulbeerbäumen trafen, lebte auch der Sohn des Rektors, der Kupferstecher Ferdinand Helfreich Frisch, nicht mehr. Aber dessen Sohn Johann Christoph, ein 27jähriger Historienmaler und Schüler jenes Künstlers Christian Bernard Rode, von dem ein frühes Mendelssohn-Porträt stammt, hatte seine mehrjährige Stipendiatsreise nach Italien vermutlich noch nicht angetreten. So liegt die Vorstellung nahe, daß er es war, der diese drei umtriebigen Aufklärer – den Seidenkaufmann, den Verleger, den Professor – in den Schatten der Familienoase eingeladen hat. Wie einen Schnappschuß skizziert hat Maler Frisch, so er denn dabei war, diese vor unsern Augen stehende Szene wohl nicht: die runde Rasenbank; den energischen Networker

Nicolai, der in der letzten Auflage seiner »Beschreibung ...« anmerkt, Frischs Garten habe »auch in seiner ländlichen natürlichen Anlage viel angenehmes«; den jugendlichen Überflieger Abbt; den verwachsenen, brillanten, freundlich-ironischen Mendelssohn; den Brunnen und die Bäume. 1765 existiert noch überhaupt kein Bild von Mendelssohn.

In einer seit 1750 immer wieder »auf Hohen Befehl« neu gedruckten Anleitung zur Pflege des Morus alba, den die Seidenraupe bevorzugt, heißt es: Auf »mittelmäßigen Sandböden« wachse er besser als »auf dem schönsten Weizenacker«. Zwischen 25 und 40 Fuß sollten die Bäume, sobald sie aus der Baumschule ins Freie gesetzt werden, von einander entfernt stehen: je besser das Land sei, desto distanzierter, »damit sie nicht zu sehr ineinander wachsen, sondern Luft behalten mögen«. Der Baum müsse »mehr in die Breite als in die Höhe gezogen werden, und alle Frühjahr vom Moos gereiniget und beschnitten werden [...] Wer seine Maulbeerbäume lieb hat, und sie gerne schön und ansehnlich haben, auch zum höchsten Alter bringen will, muß sie niemals pflücken laßen; sondern das Beschneiden nach diesen Regeln zu der Zeit, da er die Blätter für die Seidenwürmer braucht, verrichten laßen [...].« Der sommergrüne Morus alba trägt herz- oder eiförmige Blätter, er kann bis zu 16 Meter hoch werden, hat dann eine schmale Baumkrone. Seine Borke changiert zwischen rötlichbraun, grau, grün; bei älteren Exemplaren auch orangebraun.

Morgenstunden im letzten Gartensommer

Während Moses Lauben oder Frischs Maulbeer-Oase zunächst für Werkstattdispute und Redaktionskonferenzen der 1750er und 1760er Jahre genutzt hat, kommt in seinem sechsten Jahr-

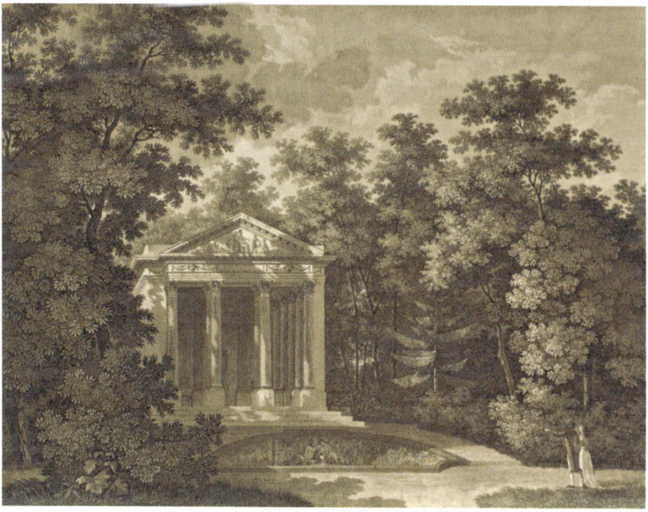

zehnt als Gartenformat die Seminarsitzung hinzu: bei den »Vorlesungen über das Daseyn Gottes«. Aus deren Niederschrift entsteht damals sein Abschlußwerk »Morgenstunden«. Er kündigt es als Resümée seiner Philosophie an, räumt aber ein, in langen Krankheitsjahren den Anschluß an die Metaphysik verloren zu haben. Diese werde mittlerweile verachtet, da man sich mehr für das sinnlich Erfahrbare interessiere als für »allgemeine Grundsätze«. Darum wolle er selbst nun seinen 15jährigen Joseph (den späteren Gründer der Mendelssohn-Bank) »frühzeitig zur vernünftigen Erkenntniß Gottes« anleiten. »Ich entschloß mich, die wenigen Stunden des Tages, in welchen ich noch heiter zu seyn pflege, die Morgenstunden, ihm zu diesem Behuf zu widmen.«

In der Frühe, vor dem Gang ins Fabrikkontor, darf sich der 55jährige nervenzehrende metaphysische Spekulation offenbar noch zumuten. Zum Vorlesungszirkel gehören auch der 31jährige Kaufmann Simon Veit, sein Schwiegersohn, und der 18jährige Carl Bernhard Wessely, Sohn eines Freundes im Tora-Übersetzerteam. Der junge Musiker wird kein Jahr später »Sulamith und Eusebia« vertonen, die Trauerkantate auf Mendelssohns Tod.

»Als ich den Laubengang hinaufkam, schient ihr mir, meine Lieben! in einem lebhaften Streite begriffen zu seyn«, beginnt das IV. »Morgenstunden«-Kapitel »Wahrheit und Täuschung«. Die Ortsangabe dürfte sich auf eine reale Szene beziehen. Bei jenem Streit, bemerkt Moses, sei es um das Thema des Vortages, »Wahrheit« und »Naturerkenntnis«, gegangen. Zur Vorbereitung der Treffen habe sein Sohn Bücher und Ideen zusammengetragen. In der Runde sprach man dann über »Wahrheiten der natürlichen Religion«. Wenn ihm, Moses, danach war, habe er eine Vorlesung gehalten, »ohne allen Schulzwang. Sie hatten die Freyheit, mich zu unterbrechen, Einwürfe vorzubringen, sie unter sich zu beantworten, und ich brach zuweilen meinen

Diskurs ab, um sie unter sich streiten zu lassen.« Aus dieser Beschreibung entsteht ein Bild, das leider kein Maler festgehalten hat: wie so ein Weisheitsgarten funktioniert.
Johann Christoph Frisch, der Enkel, über den sein Kollege Chodowiecki später verbreiten soll, er sei »der Mahler der Juden« und habe »mehrerentheils nur umgang mit ihnen«, hat nach seiner Rückkehr aus Italien 1778 und 1783 zwei sehr verschiedene Mendelssohn-Porträts geschaffen. Der Porträtierte sah Darstellungen seiner Person eher kritisch, unterstellte den Künstlern gelegentlich, sie hätten seinem »Bilde alles wiedergegeben, was die Natur dem Originale versagt hat«; er bedauere »die undankbare Mühe, [...] so viele Unschicklichkeiten mit so vieler Kunst zu verbergen«. So witzelt er im Brief an den Kupferstecher Johann Friedrich Bause, der ihm als Mitglied der Leipziger Loge »Minerva zu den drei Palmen« bezüglich Aufklärung und Kunstanspruch vielleicht nahestand. Zur Abbildung durch Frisch sind Reflexionen Mendelssohns nicht bekannt. Aber drei Monate vor seinem Tod formuliert der 56jährige einen Aphorismus über Minervas Thema, die Koordination von Schöpfung und Weltgestaltung, als Widmung: »An Herrn Hofmaler Frisch. Natur, von Vernunft geleitet, begeistert den weisen Künstler, wenn er arbeitet; Vernunft, von Natur geleitet, ergötzt ihn, wenn er ruhet. Berlin den 8. Oct. 1785 Bey Ueberreichung seiner Morgenstunden Moses Mendelssohn.« Wir lesen das als Kommentar zu jener Schnappschuß-Skizze an der runden Rasenbank, die zwanzig Jahre zuvor leider versäumt worden war.

Am Ende der dritten Spazierroute erkennen wir: Der Schreibtischhocker Mendelssohn schafft es offenbar, Natur und Ratio, das Angenehme mit Nützlichem zu kombinieren – also im Grün unterschiedlicher Weisheitsgärten seine Diskurswerkstatt zu erfinden.

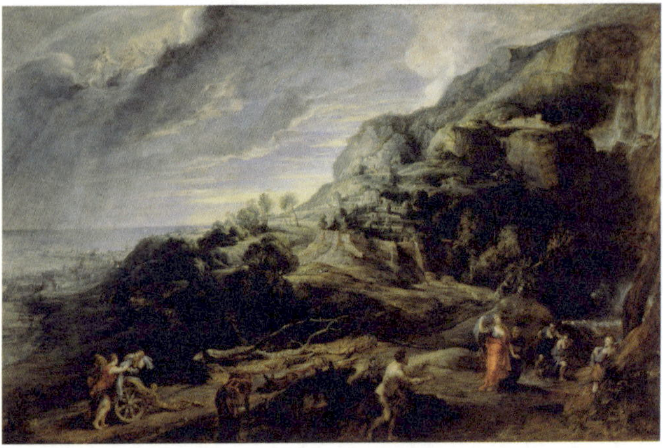

Wer hat das schönste Naturprojekt?

Vierter Spazierflug, mit sieben hortologischen Kollegen: von Berlins ältester Maulbeerpflanzung zu den Traumgärten der »Odyssee« und des 16., 17., 18. Jahrhunderts

Trotz zahlreicher Hinweise auf Mendelssohns Aufenthalte in Arbeitslauben fehlt uns bisher – abgesehen von der Frischischen Maulbeer-Oase – ein topographischer Beleg, wo nun genau diese Gärten eigentlich versteckt waren. Ebenso dürftig ist der Befund, wenn wir von ihm erfahren wollten, wie seine Refugien ungefähr ausgesehen haben. Auf welche Art hat er gestalterisch Hand angelegt? Da Mendelssohn, was angesichts seiner Rezensionen und seines über tausend Bände aufführenden Bibliotheksverzeichnisses gut nachzuvollziehen ist, ein weitgefächertes Interessenspektrum pflegte und selbst auf schräge, entlegene Themen der Naturwissenschaft, Historie oder Esoterik mit Neugierde und scharfer Kritik reagierte, fällt seine Ignoranz bezüglich der Gartentheorien auf. Offenbar reichte ihm als assimiliertem Berliner fürs eigene *jriene* Vergnügen der unreflektierte Genuß. Agierte er auf diesem Feld, aus heutiger Perspektive, etwa wie ein Nagelscheren-Aktivist im Stil des durchdesignten Barockgartens – analog zu jenem aufgeklärten Erziehungsideal, das projektiert, aus Zöglingen die perfekte Leistung durch Tugenddrill herauszuholen? Oder tendierte er zum Konzept eines floristischen Individualismus, zu inszenierter Ursprünglichkeit – vergleichbar der ebenfalls aufgeklärten Reformpädagogik, die dem gehegten Pflänzchen im Sinne Pestalozzis und Rousseaus authentische Selbstentfaltung gestatten will?

Als Reformpädagoge – Berater des Basedowschen Philanthropinums in Dessau, Spiritus rector der jüdischen Freischule in Berlin – hat Mendelssohn sich auf keine der Richtungen festgelegt. Als Vater hat er seine Kinder energisch zu Leistungen ermutigt, aber ebenso genau auf ihre Anlagen und Interessen geschaut. Wobei er unbedingt vermeiden wollte, den Willen eines Kindes zu brechen. Wenn es erlaubt wäre, daraus auf die Art seiner Gartenpflege rückzuschließen, hätte seine Lieblingslaube vermutlich weder wie romantisches Dschungelterrain ausgesehen noch einem pingeligen Kasernenhain geglichen; irgend etwas Gemütliches, Stilvolles, Erfreuliches dazwischen ...

Als Bücher-Mann hat er der ausgewiesenen Gartentheorie im häuslichen Regal und im eigenen Kopf offenbar keinen Platz eingeräumt. Aber Reflexionen zu diesem Modethema der Epoche ist er als Leser begegnet. Wie der Zufall es will, dürfen wir ihn an einem Spätsommernachmittag Anfang der 1780er Jahre beim philosophischen Spekulieren über grüne Gestaltungslust in den Frischischen Garten begleiten: wo er sich mit Friedrich Nicolai und anderen Bekannten verabredet hat. Das Hausmädchen bittet herein und – da der Hausherr im Atelier zugange ist – Platz zu nehmen auf der Rasenbank, am kühlen Brunnen vorm Spandauer Tor, unterm Maulbeerbaum. Der Tag hatte früh angefangen für den vielbeschäftigten Moses, den es erfrischt, vor der Dämmerung kurz mal wegzunicken. Da erscheinen die ersten Gesprächspartner auf der Bildfläche, Nicolai ist zunächst nicht dabei.

Offenbar soll Herr Moses hier mit Dichtern und intellektuellen Kollegen aus der Gelehrtenrepublik aufeinandertreffen. Nicht jeder unter den Berühmtheiten gehört zu seinen Zeitgenossen. Zwei sind ihm persönlich bekannt. Mit allen hat er sich – in Rezensionen oder zumindest als Leser – argumentativ befaßt; zu ihren Garten-Visionen, die jeder der Sieben in unterschiedlichen Kontexten veröffentlicht hat, gibt es keine Äußerungen von ihm. Eingefunden hat sich als Doyen der unsterbliche Homer, für dessen Dichtungen Mendelssohn bei seinem Griechischunterricht durch Rektor Damm im Hause Friedrich Nicolais leidenschaftlich entflammt war; dessen aktuelle Rezeption er als Literaturkritiker beobachtet. »Dieser Dichter ist außerordentlich nach Herrn Moses Geschmake«, berichtete sein Mit-Grieche Nicolai schon 1759.

Außerdem begeben sich nun hinzu: der Politiker-Philosoph Francis Bacon und der Politiker-Journalist Joseph Addison. Beide haben, wie Homer, vor Mendelssohns Geburt das Zeitliche gesegnet. Ihre Werke gehören zu seiner Bibliothek, werden bei seinen Rezensionen anderer Autoren häufig hinzugezogen. Einen Text Bacons über die ähnlichen Wirkungen von Naturkräften und Kunsteffekten hat der 29jährige einmal in seiner Sammelkladde lateinisch übersetzt und kommentiert; an Bacons Seite ist er selbst 1772 auf einem Fresko der Anhaltinischen Schloßbibliothek inmitten des Wörlitzer Landschaftsparks verewigt worden! Und mit der Sprachkunst Addisons ist sein lebendiger, verständlicher Stil, seine Veredelung des Hochdeutschen zur brillanten Rezensionssprache einmal verglichen worden. Er, der bucklig Mißgestaltete, sei innerlich eine Zierde, rühmt ihn eine Hommage aus dem Jahr 1764: Er schreibe »so schön als Addison«.

Die Lebenszeiten der anderen vier Gartengäste, die inzwischen auf der Rasenbank Platz genommen haben, überschneiden sich mehr oder weniger mit den seinen. Aber nur mit dem Ästhetik-Professor Johann Georg Sulzer und dem Philosophen Friedrich Heinrich Jacobi steht der »Berliner Sokrates« direkt in Kontakt. Von dem Dichter Alexander Pope und dem Aufklärer Jean-Jacques Rousseau finden sich Bände in seinen Regalen; Texte von ihnen überträgt er ins Deutsche, setzt sich in Aufsätzen mit ihnen auseinander.

Homers Phäaken-Pflanzung: »voll balsamischer Birnen«

Dem Vollbart Homer wird zum Auftakt der Gemeinschaftslektion respektvoll der Vortritt gelassen: Er steigt ein mit dem 7. Gesang seiner »Odyssee«, die in Rektor Damms Lektionen für Mendelssohn und Nicolai zum Übersetzungspensum gehört. Sechs humanistisch gebildete Kenner spitzen die Ohren. Der Dichter schildert mit heiserer Stimme das baumbestandene, wipfelüberdachte Grüngehege des Phäaken-Königs Alkinoos: »Voll balsamischer Birnen, Granaten und grüner Oliven, / oder voll süßer Feigen, und rötlichgesprenkelter Äpfel.« Weder im Sommer noch im Winter fehle es da an »lieblichem Obst«. Moses kommt in diesem Moment abschweifend der Nachschub für Fromets Einmachproduktion in den Sinn; vielleicht hat er sie gelegentlich bei der Herstellung von Birnen-Kompott unterstützt, für die ein zeitgenössisches Rezept »ein halb Schock Birnen, welche noch nicht ganz weich sind« verlangt, die in einer Kasserolle »mit 1 quart Weißwein, ½ Pfund Zucker und einem Stück Zimmt« weichgekocht werden sollen. Der balsamische Ertrag phäakischer Streuwiesen scheint dafür wie gemacht: »Birnen reifen auf Birnen, auf Äpfel röten sich Äpfel, / Trauben auf Trauben erdunkeln, und Feigen schrumpfen auf Feigen. / Allda prangt auch ein Feld, von edlen Reben beschattet.« In ihrer äußersten Ecke finden sich schließlich »immerduftende Beete / Voll balsamischer Kräuter und tausendfarbiger Blumen. / Auch zwo Quellen sind dort: die eine durchschlängelt den Garten; / Und die andere gießt sich unter die Schwelle des Hofes / an den hohen Palast, allwo die Bürger sie schöpfen.« Mit der Schilderung dieser wasserspendenden Schnittstelle zwischen *hortus conclusus* und bürgerlicher Öffentlichkeit endet Homers Rezitation. Das räumliche Ausmaß des märchenhaften, aber bescheidenen mediterranen Anwesens hat mit dem Aufwand feudaler Barockanlagen wenig gemeinsam: Der Kontrast muß allen Zuhörern auffallen.

Schwungvoll meldet sich Alexander Pope zu Wort; er hat vor einiger Zeit, unterstützt von Ghostwritern, eine englische Übersetzung der »Odyssee« herausgegeben. Begegnet ist Moses diesem verwachsenen, kaum 140 Zentimeter großen Engländer nie. Doch intellektuell ist ihm Pope, der Dichter – nebenbei auch Gartenarchitekt eines mit Muscheln und Spiegeln ausgestatteten Grottentunnels –, sehr vertraut; gelegentlich übersetzt er seine Verse. Mendelssohn und Lessing gemeinsam hatten vor Jahren in einem anonymen Angriff die Königliche Akademie der Wissenschaften, das gelehrte Establishment, mit dem polemisch geführten Nachweis attackiert, daß Popes Lehrgedicht »Essay on Man« vor allem dem sinnlichen Duktus der Poesie folge: und deshalb nicht rationalistisch für das System Leibnizscher Philosophie vereinnahmt werden dürfe (welches die beiden zugleich gegen die Akademie verteidigen wollten).

Alexander Pope:
»Alle Kunst besteht im Studium der Natur«

Dem Vorlese-Zirkel, der offenbar zu einer hortologischen Blütenlese verabredet ist, präsentiert Pope seinen letzten Beitrag für die Anno 1713 sechs Monate lang existierende Zeitung »The Guardian«: »In der liebenswürdigen Einfachheit der ungeschmückten Natur liegt gewiss etwas, das unser Gemüt umspannt, eine edlere Art von Ruhe und ein Gefühl des Vergnügens, erhabener, als es von den schöneren Szenen der Kunst hervorgerufen werden kann. So war der Geschmack der Alten in ihren Gärten, wie wir aus erhaltenen Beschreibungen entnehmen können. Die beiden berühmtesten Geister der Welt haben uns jeweils ein bestimmtes Garten-Bild hinterlassen« – er nennt Vergil und Homer, wobei er sich in Richtung des Griechen verbeugt:

»Dieser Garten von Homer enthält alle angemessenen Regeln und Bestimmungen, die zur Gestaltung der besten Gärten beitragen können. Sein Umfang betrug vier Morgen, was in jenen Zeiten der Einfachheit selbst für einen Prinzen als groß angesehen wurde. Er war zur Verteidigung rundherum eingezäunt und aus Gründen der Bequemlichkeit nahe an den Toren des Palastes angelegt.« Es gebe dort Bäume, schwärmt Pope, die »zu ihrer vollen Höhe heranwachsen durften. Die schöne Beschreibung der Früchte, die niemals ausfielen, und des ewigen Zephyrs [des Frühlingswindes] ist nur eine edle und poetische Art, die kontinuierliche Aufeinanderfolge einer Fruchtreife nach der anderen während des ganzen Jahres auszudrücken.« Sein Resümee lautet, nach weiterer Beschreibung des Weinbergs, des Küchengartens und der bürgerfreundlichen Bewässerung: »Wie konträr zu dieser Einfachheit verhält sich die moderne Praxis der Gartenpflege! Wir scheinen es uns zur Aufgabe zu machen, uns von der Natur zu entfernen, und zwar nicht nur bei den verschiedenen Tonsuren des Grüns auf äußerst gleichmäßige und formalisierte Weise, sondern sogar mit monströsen Experimenten, welche selbst über die Möglichkeiten der Kunst hinausgehen: Wir verrennen uns ins Skulpturen-Aufstellen und erfreuen uns eher an Bäumen, die den plumpesten Figuren von Menschen und Tieren ähnlicher sehen als ihrem eigenen gewohnten Erscheinungsbild.«

Der kleine Mann holt noch einmal Luft, bevor er feststellt: Es sei wohl »keine falsche Beobachtung, dass geniale Menschen und diejenigen, die am meisten zur Kunst fähig sind, immer die Natur am meisten lieben; denn sie haben größte Sensibilität dafür, dass alle Kunst in der Nachahmung und dem Studium der Natur besteht«.

Kein Applaus, aber zustimmendes Brummen. Die Anwesenden fühlen sich gewissermaßen als Genies bestätigt. Mendelssohn reicht Pope einen Becher mit Wein. Da räuspert sich Johann Georg Sulzer, in aller Bescheidenheit. Er und Homer tragen als einzige in der Runde keine Perücke. Dagegen imponieren die Kunstfrisuren der beteiligten Engländer durch langlockig gewagte, floristischen Wildwuchs simulierende Fülle.

Johann Georg Sulzer: »Man macht den Lieblingsort so schön, wie man kann«

Sulzer, der Feinsinnige, könnte weit ausholen, da er laut seiner eigenen Lebensbeschreibung schon als Kind »den starken und unauslöschlichen Hang zur Gartenliebhaberey und zum Pflanzen der Bäume« verspürte und beispielsweise ausprobierte, »Weinreben auf Rosenstöcke zu pflanzen, in der Meinung, die Weintrauben sollten den Geruch der Rosen annehmen«. Mitverantwortlich für Berlins Botanische Gärten, hat er sich auf diesem Feld auch beruflich betätigt, ist vor dem Wissenschaftlermilieu bisweilen in seine privaten oder amtlichen Gartenwelten geflüchtet. Deutschlands Gartenpapst von Hirschfeld hat den Schweizer in seinem Standardwerk als wichtigsten Wegbereiter der Gartentheorie gewürdigt: Dessen Enzyklopädie habe die Gartenkunst erstmals anderen Künsten gleichgestellt. Das Vorläufer-Buch dieser Enzyklopädie (»Kurzer Begriff aller Wissenschaften und anderer Theile der Gelehrsamkeit, worinnen jeder nach seinem Inhalt, Nutzen und Vollkommenheit kürzlich beschrieben wird«, 1745) ließ ein solches Lob der Gartenkunst noch weg, auch die von Mendelssohn 1759 rezensierte Auflage. Bahnbrechend für die Emanzipation der Gartenkunst wirkte eben vor allem Sulzers große Enzyklopädie, selbstverständlich vertreten in Mendelssohns Bibliothek. Ohne Pathos, im Singsang seiner Heimatmundart, rezitiert der Autor daraus den Artikel »Gartenkunst«:

Diese müsse analog zur Baukunst anerkannt werden! »Sie stammt unmittelbar von der Natur ab, die selbst die vollkommenste Gärtnerin ist. So wie also die zeichnenden Künste die von der Natur gebildeten schönen Formen zum Behuf der Kunst nachahmen, so macht es auch die Gartenkunst, die mit

Geschmak und Ueberlegung jede Schönheit der leblosen Natur nachahmet, und das, was sie einzeln findet, mit Geschmak in einen Lustgarten vereiniget.« Es sei vernünftig, daß der Mensch sich seine bevorzugten Aufenthaltsorte »so schön macht, als er kann«.

Neben Exkursen zur chinesischen Tradition und den Weltwunder-Terrassen der Semiramis konzentriert sich Sulzer auf die Balance zwischen Natur und Gestaltung: »Das Wesen dieser Kunst besteht also darin, daß sie aus einem gegebenen Platz, nach Maaßgebung seiner Größe und Lage, eine so angenehme und zugleich so natürliche Gegend mache, als es die besondern Umstände erlauben. Sie hat keine andre Grundsätze, als ein gesundes Urtheil und Geschmak, auf die Betrachtung dessen angewendet, was in Gegenden, Landschaften und einzeln Theilen derselben angenehm ist. Man studiret diese Kunst blos in der Natur selbst, bey Spaziergängen, bald in offenen Gegenden, bald in Wäldern, bald in Büschen, oder auf einsamen Fluhren, auf Hügeln und in Thälern. Jede Schönheit, die die Natur an solchen Oertern anzubringen gewußt hat, muß einem verständigen Gärtner fühlbar seyn.«

Wie im Traum verschwimmen die Gartenbilder für Moses und seine Kollegen nach und nach ineinander. Ähnliche und gleiche Elemente werden neu angeordnet, dargestellt, gedeutet, gewertet. Sulzer fordert: Wo der Gestalter wie ein Historienmaler »Gegenden« und »Scenen« einbaue, müsse er seine Phantasie geschmackvoll einsetzen. »Das Offene und das Verschlossene, das Ordentliche oder Regelmäßige und das Wilde, das Helle und Dunkele, muß in einer angenehmen Abwechslung in einem Lustgarten vereiniget seyn.« Es sei angenehmer, wenn der Plan der Anlage nicht ersichtlich sei, wenn die Symmetrie eines Baumeisters vermieden würde. Keine geraden Gänge und Hecken, keine Wasserbecken in Spiegelform, keine Bäume,

»die nach den Formen der Thiere ausgeschnitten sind!« Hier wirft er seinem Vorredner Pope einen Einverständnis fordernden Blick zu: »Man ist in keiner Kunst mehr von den wahren Grundsätzen, auf denen sie beruhet, abgewicchen, als in dieser. Mancher Eigenthümer oder Gärtner glaubt einen um so viel schönern Garten zu haben, um so mehr es ihm gelungen ist, die Natur daraus zu verdrängen.« Daß sein eigener erster Garten in der Berliner Mitte solchen lauschigen Vorstellungen entsprach, ist überliefert; sein zweiter Moabiter Garten, voller exotischer Bäumchen in Reih und Glied, genügt dem Ideal freilaufender Pflänzchen vielleicht weniger. Das erkennt jedenfalls Moses, der einzige Berliner in der Runde.

Francis Bacon:
»Blumengeruch in Wellenbewegung, wie Töne der Musik«

Die Sonne sinkt. In dieser Phase läßt die hortologische Konzentration bereits nach. Berühmten Männern, die auf andere Platzhirsche stoßen (im 21. Jahrhundert gern auch »Tagungsbestäuber« genannt), fällt es manchmal schwer, den Gedanken anderer Raum zu gewähren. Die Versammelten erwarten kaum das Ende der vorangehenden Ausführung; sie nutzen Pausen des Konkurrenten, beginnen sogleich, ihre Vision zu skizzieren. Moses sucht vergeblich zu moderieren. Er bietet von dem Feigenkuchen an, den seine Frau ihm mitgegeben hat. So einen hatte er schon mal dem Maler Chodowiecki geschenkt, das war gut angekommen. Momentan greift lediglich Homer zum Kuchen, während Sulzer lieber am Wein nippt. Rousseau sitzt, offenbar beleidigt aufgrund gefühlter Mißachtung, am Rand der Rasenbank und starrt ins Gebüsch.

»Gott der Allmächtige hat zuerst einen Garten gepflanzet«,

deklamiert der Bariton Bacon, bei Adam und Eva beginnend, aus seinem Essay »Von den Gärten«. Der Text war als Teil des Sammelbandes »Franz Bacons, des Großkanzlers von England, moralische, politische und ökonomische Versuche« in Mendelssohns Hochzeitsjahr 1762, übersetzt aus dem Lateinischen, erschienen: »Und in der That, ist unter allen menschlichen Vergnügungen dasjenige, welches uns ein Garten verschafft das reinste. Denn er erquicket und ergötzet vorzüglich den Geist des Menschen ...«

Für einen Staatsmann geht Bacon erstaunlich ins Detail. Während der Jahrhunderte, in denen die zivilisatorischen Sitten des Menschen noch sehr verbesserungswürdig gewesen seien, habe es mehr schöne Gebäude gegeben als »zierliche und anmuthige Gärten«: gerade so »als wenn jene Schönheit der Gärten etwas vollkommeneres wäre«. Konkret wünscht er sich für seinen »königlichen Garten«: ein Rasenstück am Eingang als Augenweide, eine Wildnis am Ausgang und den ordentlichen großen Hauptgarten mit zwei Alleen dazwischen in der Mitte. Er beschreibt, wie man zur Erzeugung eines »immerwährenden Frühlings« bestimmte Pflanzen und Früchte ansetzt, und zählt Dutzende monatsweise auf, welche übers Jahr verteilt blühen werden: Man solle sie nicht pflücken oder abbrechen, sondern ihren Geruch in der Luft verbreiten lassen, »wo er eben so eine wellenförmige Bewegung verursacht, als die Töne der Musik«. In der Mitte des Geheges, das den eigentlichen Garten ausmache, könne man durch »bedeckte Gänge von Holz« jederzeit Schatten finden. Der Baumbeschnitt solle nicht zu künstlich sein. Es solle an beiden Enden des Gartens kleine Aussichtshügel geben, außerdem in der Mitte Wasserbecken und Fontänen – das Wasser müsse ständig in Bewegung sein. Vogelhecken müßten groß genug für grünen Rasen, kleine Bäume und Gebüsch sein, »damit die Vögel frey herumfliegen, und sich an verschiednen ergötzen, und mit einander erlustigen können ...«

Offenbar liebt Bacon, dessen Gartentheorie nach seiner Verbannung vom englischen Hof erschien, nicht nur die Kontrolle, sondern auch Kontraste: »Der Platz, welcher aus Gebüschen bestehet, und den dritten Theil des ganzen Gartens ausmacht, muß an Aehnlichkeit einer natürlichen Wüsteney sehr nahe kommen. Es dürfen also keine Bäume in demselben gepflanzt werden, ausgenommen an einigen Orten, wo man eine Reihe von Bäumen setzen kann, an deren Gipfeln Lauben angebracht werden, die mit den Aesten der Bäume bedeckt und mit Fenstern versehen sind. Der Theil des Bodens aber, welcher unter diesen Lauben ist, muß mit wohlriechenden Blumen häufig besäet seyn, damit der Duft von denselben hinaufsteige: sonst muß der mit Gebüschen verwachsene Theil des Gartens frey und ohne Bäume seyn. Doch halte ich es vor gut, daß man hin und wieder Gebüsche von wohlriechenden Brombeeren, Geißblättern und wilden Wein anlege. Der Boden aber muß allenthalben mit Violen, besonders mit Erdbeeren und Schlüsselblumen besäet seyn. Denn diese Pflanzen duften einen angenehmen Geruch von sich, und kommen im Schatten sehr gut fort.«

Joseph Addison:
»dieser herrliche Ort der Genien und Göttinnen«

Jetzt räuspert sich unüberhörbar Joseph Addison. Er wirkt zwar zuerst noch schüchtern im Vergleich zum Machtmenschen Bacon. Aber als Dichter gerät er in Fahrt, während er aus einem seiner Artikel für »The Spectator« vorträgt – eine seiner drei Zeitungsgründungen. Moses besitzt selbst nur Addisons 1752 auf deutsch erschienenes Werk »Anmerkungen über verschiedene Theile von Italien«, das ist gartentheoretisch eher unergiebig. Seine Traumoase beschreibt dieser Engländer, dem kein eigener Garten gehört, jedoch in einem »Spectator«-Beitrag. Der erscheint als fingierte Leserbrief-Reaktion auf seinen eigenen Essay »Pleasure of Imagination«: »Es ist ein Gemisch von Küchen- und Parterre-, Baum– und Bluhmengarten, welches alles so verflochten durch einander liegt, daß ein Fremder, der von unserem Lande noch nichts gesehen hätte, und gleich bey seiner Ankunft in meinen Garten käme, ihn für eine natürliche Wildniß, und für einen von den unkultivierten Plätzen unsers Landes halten würde. Verschiedene Theile meines Gartens sind in schwelgerischem Ueberfluß mit Bluhmen bedeckt.«

Und dann phantasiert er ein Panorama, erhebt sich mit selbstansteckender Begeisterung: »Führe ich [...] einen Fremden hinein, so erstaunt er, verschiedne große Plätze mit zehntausend abwechselnden Farben überzogen zu sehen; und mancher hat sich schon Bluhmen, als die schönsten von allen, bey mir ausgesucht, die er unter einer gemeinen Hecke, in einem Felde, oder einer Wiese, eben so gut hätte finden können.« Für ihn als Möchtegern-Gärtner sei ein Küchengarten »immer ein reizenderer Anblick gewesen, als die schönste Orangerie, oder das künstlichste Gewächshaus. Ich sehe jedes Ding gern in seiner Vollkommenheit, und es macht mir mehr Vergnügen, die langen Reihen meiner Kohl- und Krautköpfe zu betrachten, die alle in ihrem vollen natürlichen Grün und Wohlgeruch aufschießen, als die zarten Pflanzen fremder Länder durch künstliche Hitze mühsam am Leben erhalten zu sehen [...].«

Sein Garten, schwelgt Addison, locke von ringsum alle Vögel an: »Weil er ihnen Wasser und Schatten, Einsamkeit und Schutz darbeut, so leide ich nicht, daß jemand ihre Nester im Frühlinge zerstöhrt, oder sie, wenn die Früchte reifen, aus ihren gewöhnlichen Schlupfwinkeln verjagt. Ich liebe meinen Garten mehr, weil er voller Amseln, als weil er voller Kirschen ist, und gebe gern einen Theil meines Obstes für ihre Lieder hin. Auf diese Weise habe ich die Musik der Jahreszeit immer in ihrer Vollkommenheit, und es macht mir ein ausnehmendes Vergnügen, wenn ich den Häher oder die Drossel in meinen Baumplätzen herumhüpfen [...] sehe.« Auch er beruft sich auf Adam und Eva: »Ein Garten war der Wohnsitz unsrer ersten Aeltern vor dem Fall. [...] Er gibt uns Gelegenheit, die Künstlichen Anordnungen und die Weisheit der Vorsehung kennen zu lernen, und biethet uns unzählige Gegenstände zum Nachdenken und zur Betrachtung dar.«

Moses macht sich Notizen. Addison – dem man nachsagt, er habe die Theorie des Landschaftsgartens erfunden – redet sich weiter in Fahrt, während er sein im »Tatler« von 1710 dargelegtes Konzept ausbreitet: Natur solle imitiert werden, ohne die Kunst und das Künstliche der Gärtnerei zu verleugnen. In seinem allegorisch aufgeladenen Landschaftsszenario der moralischen Orientierung gibt es ein den Jünglingen verderbliches Labyrinth betörender Frauen, einen Tempel der Lust und einen der Ehe, einen der Tugend und einen der Ehre, auch die Tempel der Eitelkeit und der Habgier. Eine andere »Tatler«-Allegorie versetzt den Untertan des Vereinigten Königreichs in die verklärte Schweizer Republik: »Ich war sehr erfreut, diesen herrlichen Ort zu durchstreifen, und das umso mehr, als er nicht mit Zäunen und Einfriedungen versperrt war.« Hier entspringt die Rhone, ergießt sich durch Regionen freier Nationen und staut ihr Wasser zu einem großen See, bevor sic das Land der Sklaverei durchströmt. In einem idealen grünen Staatswesen thronen Genien und Göttinnen: Sie symbolisieren Monarchie und Gemeinwohl = Commonwealth, die Freiheit in Begleitung der Musen und die Beredsamkeit sowie die Fülle und auch den Handel, durch dessen Mobilität die zuvor ausgesprochene Fixierung auf lokale Flora wieder überwunden und eine universale Botanikschau propagiert wird: »Die erste stand auf einem Hügel, auf dem alle Pflanzen wuchsen, die der Boden von Natur aus hervorzubringen imstande war. Die andere befand sich auf einer kleinen Insel, die mit Gewürz-, Oliven- und Orangenbäumen bewachsen war, mit einem Wort, mit den Erzeugnissen aller fremden Länder.«

Friedrich Heinrich Jacobi: *»die nachgemachte, in tausend Fesseln sich windende Natur«*

Die Teilnehmer der unwirklichen Dämmerungs-Konferenz stimmen bezüglich ihrer Weltanschauungen kaum überein. Für Addison, den Sohn eines anglikanischen Dompfarrers, spielen Werte der Aufklärung bei seiner Gartenvorstellung eine wichtige Rolle. Für Bacon, der im Lauf seiner Karriere geadelt wurde und einem puritanischen, englisch-calvinistischen Elternhaus entstammt, scheint es auch bei seiner Gartengestaltung darum zu gehen, daß Vermehrung des Wissens Macht verleiht. Der Schweizer Calvinist Sulzer dagegen wird – orienticrt an seinen Zürcher Theologiestudien und am Aufklärungsphilosophen

Wolff – wie Bacon von enzyklopädischem Eifer angetrieben: Sein Garten ist eine Welt, die erforscht und durchdrungen werden soll. Aber für ihn bildet nicht Wissensmacht, sondern die Macht der Musen und der Empfindungen das Zentrum der Erkenntnis. Auch dem Dichter Pope, der in der protestantischen Mehrheitsgesellschaft katholisch aufgewachsen war und Freimaurer wurde, geht es vordringlich um Kunst und Poesie – in Harmonie mit der Natur.

Als Friedrich Heinrich Jacobi sich räuspert, scheint es Rousseau immer schwerer zu fallen, still zuzuhören. Vielleicht ist dem Bestseller-Philosophen zu sehr bewußt, daß eigentlich er der berühmteste Intellektuelle in dieser Runde ist; sein Buch »Julie ou la Nouvelle Heloise«, das seine Aussteiger-Sicht auf Natur und Zivilisation darlegt, gilt als das meistgelesene des Jahrhunderts. In seiner Jugend war dieser Genfer Philosoph Katholik, aber kein Verteidiger kirchlicher Dogmen geworden. Jacobi wiederum, der nebenbei ebenfalls den Freimaurern angehört, schwankt in seinem Werk zwischen Aufklärung und Vernebelung, analytischer Philosophie und einer auf höheres Wissen, Gefühl und Glauben ausgerichteten »Unphilosophie«. Auch Moses muß sich anstrengen, diesem Mann zuzuhören.

Jacobi zückt sein Buch und liest nun vor aus »Der Kunstgarten. Ein philosophisches Gespräch«: Hier wird der Romanheld Woldemar, dem Grünanlagen trotz seiner Naturliebe wenig zusagen, mit seines Schwagers Garten konfrontiert: »... sechs Tritte von Marmor an den vorspringenden Seiten, dann eine Terrasse von Oranienbäumen besetzt, die sich längst den beyden Flügeln hinzog: so giengs hinab. Unten verbreitete sich ein großes Parterr, mit einem Springbrunnen, und Sitzen und Gängen von Bindwerk, das die feinsten Gewächse durchflochten, – Flor an Flor auf Beeten von grünen Gewölben beschattet; – aus großen Körben von Latten ein Wald von Blumengewächsen, – lieblich beschirmte Amphitheater von Aurikeln und Nelken, – prächtige Stauden, – Rasenausschnitte, – und von allerhand fremdem Gehölz die niedlichsten Arten. Es war ein entzückender Platz, wunderbar angelegt, um das Auge zu öfnen, und ihm von dem hohen Buschwerk und den Alleen des Gartens den rechten Abstand zu geben.«

Die ablehnende Haltung des Enthusiasten Woldemar verweigert sich solchem Entzücken, er provoziert: »Dergleichen Szene will die offene weite Welt zum Gerüst. Ich kenne nichts armseligeres als die nachgemachte, in tausend Fesseln sich windende freie Natur. Gewiß weiß der gar nicht was er will, der so etwas auf die Welt sezt. Wo Nachahmung, da muß sich Kunst zeigen, schaffende Menschenhand; da muß wenigstens von Einer Seite gethan sein, was kunstlose Natur nicht vermag; denn was kunstlose Natur ganz und allein vermag, daran wird alle Nachahmung zu Schanden. In meinem Garten will ich daher scharf unter der Schere gehaltene Hecken und Bogen; gerad gezogene und regelmäßig geschnittene Bäume; Gebüsche, wo möglich von lauter ausländischen Arten, und so geordnet, daß Eine Pflanze sich vor der andern auszeichne; Blumen, Oranienbäume, Bindwerk, – und was mehr! – Kurz, mein Garten soll ein Garten sein, das in hohem Grade ...«

Gegen die Gartenideen Rousseaus, der sich gerade zur Gegenrede aufzupumpen scheint, formuliert Jacobi immer heftiger seine Angriffe. »Ihr wolt nun zu einer ganz einfachen Lebensart durchaus herabsteigen, und seht nicht, daß Ihr noch weit mehr aus Eurer Sphäre heraus schweift, als daß Ihr Euch zu hoch hinauf zu winden bemühet waret. Liebe Freunde, man muß sich dem Stande und dem Jahrhunderte, in dem man sich befindet, gemäß verhalten. Wenn Ihr gegenwärtig in die Lebensart der Patriarchen treten woltet, so würdet Ihr nichts als eine todte Komödie spielen, als ein Schattenspiel an der Wand sein ...«

Jean-Jacques Rousseau:
»das elysische Gebüsch am Ende der Welt«

Die Zuhörer haben verstanden: Da wird jemand attackiert, der noch gar nichts gesagt hat. Moses nimmt Rousseau beiseite, redet liebenswürdig auf ihn ein; daß er selbst seinerzeit bei Erscheinen der berühmten Heloise-Briefe Anno 1761, dem letzten Schrei am Büchermarkt, seiner Braut Fromet diese Lektüre zugleich nahegelegt und madig gemacht hatte (»Ich habe Ihnen die Briefe von Rousseau geschickt. Sie werden Ihnen aber nit gefallen. Damahls habe ich sie noch nit gelesen gehabt.«[1]), verschweigt er diplomatisch. Homer und Pope testen währenddessen mit Kennermine den Feigenkuchen und diskutieren: wie man so ein Backwerk in Berlin denn ohne frische Feigen herstellen könne? Mendelssohns Publizisten-Freund Friedrich Nicolai, der gerade unauffällig hinzutritt, mischt sich ein: Feigenkuchen aus Fromet Mendelssohns Küche hat er selbst öfter genossen, der werde vermutlich mit ihrer Feigenkonfitüre hergestellt; man finde aber in Berlin auch eine Produktion frischer Feigen in Gewächshäusern großer Privatgärten, wo die Bäume durch den Winter gebracht werden. Moses unterbricht den Diskurs und beginnt, gestreßt von der gespannten Stimmung und leicht stotternd, Rousseaus Positionen darzustellen. Er ist in der unangenehmen Lage, vermitteln zu wollen, aber selbst wenig Sympathien für den Vorredner Jacobi aufzubringen. Ein paar Jahre später wird ihm dieser Philosoph aus Pempelfort bei Düsseldorf noch das Leben schwermachen und eine strapaziöse Debatte über Lessings angeblichen Atheismus aufzwingen.

1 23. Juni 1761 an Fromet Gugenheim

Hausherr Johann Christoph Frisch stellt ein paar Fackeln auf und zieht sich schnell wieder zu seiner Arbeit zurück.

Monsieur Rousseau, der berühmte, verehrte, hebt Moses an, stellt unseren Träumen von Ordnung einerseits und Ursprünglichkeit andererseits das »elysische Gebüsch« einer scheinbar ungezähmten Schöpfung gegenüber: »das frische lebhafte Grün«, »das Rieseln eines Gewässers«, den »Gesang von tausend Vögeln« am »wildesten, einsamsten Ort der Natur«, einen Platz wie am »Ende der Welt« – zugänglich nur durch einen überdachten Laubengang und durch eine Tür, die hinter Erlen und Haselsträuchern versteckt bleibt. So betörend sei der Garteneindruck, von dem in den »Briefen der neuen Heloise« zunächst die Rede ist. Doch dann klärt dort die Gartenfreundin und »Oberaufseherin« Julie ihren Besucher auf: daß es sich auch in diesem Fall um künstliche Wildnis handelt. Deren Natürlichkeit werde durch Illusionen vorgetäuscht: »Die Natur hat alles gethan; aber unter meiner Anleitung, und da ist nichts, das ich nicht angeordnet hätte.«

Unser Lehrer Rousseau, sagt Moses mit höflicher Verbeugung, lehnt allerdings nicht nur den Barockgarten ab, sondern auch den Landschaftspark. Sein Ideal sei der einfache, private, ohne den Zweck einer eitlen gesellschaftlichen Darstellung realisierte Garten: für die Öffentlichkeit komplett verschlossen, kostengünstig zu realisieren. Er zitiert einen Satz, der ihm gefällt: »Der Irrtum sogenannter Leute von Geschmack ist der, daß sie überall Kunst fordern und nie zufrieden sind, wenn sie nicht in Erscheinung tritt, während hingegen wahrer Geschmack darin besteht, die Kunst zu verbergen, zumal wenn es sich um Werke der Natur handelt.«

An dieser Stelle schaltet sich nun doch der zitierte Autor persönlich ein, dankt Monsieur Moisé für das Entrée und ergänzt aus dem vierten Band der »Neuen Heloise« sein Konzept von

Natürlichkeit und Gestaltung: »Die Wände sind überkleidet worden, nicht durch Spaliere, sondern durch dichte Sträucher, welche machen, daß man die Gränzen eines Ortes für den Anfang eines Gebüsches ansieht. Um die beyden andern Seiten ziehen sich starke, lebendige Hecken, mit Ahorn, Weißdorn, Stechpalmen, Reinweide, und andern vermischten Gesträuchen stark versetzt, die ihnen das Ansinnen von Hecken benehmen, und die Gestalt eines jungen, gehauenen Gehölzes geben. Sie sehen nichts gekünstelt, nichts nach der Schnur gezogen; niemals kam die Schnur an diesen Ort; die Natur pflanzt nichts nach der Schnur. Die Krümmungen mit ihrer verstellten Unregelmäßigkeit sind mit Kunst angebracht, um den Spaziergang zu verlängern, das Ufer der Insel zu verbergen ...« Im oberen Abschnitt der Anlage gebe es alte Obstbäume; im unteren fließe ein Bach, dort tummeln sich die Vogelscharen. Weiden umrahmen einen Teich. Dahinter schließe ein Hügel das Anwesen ab, auf dem eine Baumreihe den Horizont begrenzt. Statt exotischer Pflanzen will Rousseau duftende Kräuter, Garten- und Feldblumen und wildes blühendes Strauchwerk: Rosen, Himbeeren, Haselnüsse, Ginster. Solch wilde Wildnis sei sorgfältig konzipiert, sie solle aber keineswegs irgend jemanden beeindrucken: vielmehr den Besucher zur Meditation der Natur einladen.

Mendelssohn: »Nimm jenes von dem Schäfer, und dieses von dem Weisen«

Überraschend erhebt sich in diesem Moment Nicolai, stellt sich vor als Freund des allzu bescheidenen Herrn Moses, für den er nun das Wort ergreifen wolle. In einer moralischen Wochenschrift habe Mendelssohn schon früh Naturverklärung, Zivilisationsablehnung und Schäferidyllen, wie sie Rousseaus Ideen entspringen, satirisch kritisiert. »Man läßt sein Gemüth von allen unruhigen Leidenschaften frey seyn, und dichtet ihm erhabene Gesinnungen an, die sich ohne Kunst und Erziehung bey ihm hervorgethan haben sollen.« Solch eine Zivilisationsflucht betrachte der Feuilletonist Mendelssohn als Ausrede, sagt Nicolai.

Die Aufmerksamkeit einiger Konferenzteilnehmer läßt trotz dieses konfrontativen Einwurfs nach. Alexander Pope lehnt seinen Kopf an Homers Schulter.

Es sei nicht gut, mit solchen Lockrufen junge Menschen auf falsche Gedanken zu bringen, faßt Nicolai die Stoßrichtung des Kritikers zusammen. Verherrlichung des natürlichen Genußlebens und des Schäferdaseins sei nach dessen Ansicht ein Irrtum: »Ein faules und unthätiges Leben ist zwar andern Menschen nicht schädlich, aber wir haben umsonst gelebet, wenn wir uns die Mühe haben verdrießen lassen, uns zu bessern. Die Poeten bedienen sich ihrer Freyheit zu lügen, und lassen die Schäfer die tugendhaften Gesinnungen unter Rosen und Lilien gleichsam mit dem Duft einsaugen.« Moses lehne es allerdings wohl ab, bei so vielen ähnlichen Elementen, mit denen verschiedenste Gartentheorien operieren, den jeweils anderen Ansatz zu verteufeln; er setze auf die Synergie unterschiedlicher Aspekte: »Uns gefällt ein Weiser in dem einfältigen Schäferkleide. Aber, Hylas! Man muß wirksam seyn, wenn man weise seyn will: man muß mehr als Bequemlichkeit und thierische Ruhe suchen, wenn unsere Gesinnungen edel, unsere Handlungen vernünftig, und unser Leben mit Nutzen angewendet seyn soll. Sey einfältig und unschuldig in dem Aeußerlichen, aber laß Deinen innern Werth edel und erhaben seyn. Nimm jenes von dem Schäfer, und dieses von dem Weisen. Entlehne von dem Hofmanne eine artige Sittsamkeit, die Dich bey andern beliebt macht. Wenn Du weise, einfältig und sittsam bist, so bist Du vollkommen.«

Die Fackeln sind dramatisch schnell heruntergebrannt. Nicolais Stimme tönt plötzlich aufdringlich. »Moses, sägen Se jetzt auch noch die andern Maulbeere um, Sie Barbar?« Alle Konferenzteilnehmer haben sich verflüchtigt, selbst der kleine Pope im Schatten des wuchtigen Homer. Statt dessen hat Moses den Kopf an Nicolais breite Schulter gelehnt. Kommen Sie, sagt Nicolai, verabschieden wir uns französisch. Sie schleichen einfältig und sittsam durch den Garten, vorbei am erleuchteten Fenster des Malerateliers. Maulbeerwäldchen samt residierender Nachtigall sind wieder unter sich.

Am Ende des vierten Spaziertrips wird uns klar, daß Moses Mendelssohn wenig Lust hat, sich auf ein spezifisches Naturgestaltungsprogramm festzulegen. Was ihn nicht hindert, sich für reflektierte Gärtner zu interessieren, an ihren Phantasiegärten verschiedenster Façon Vergnügen zu finden. Und sich aus dem Bouquet ihrer phantastischen Gehege herauszupflücken, was ihm gerade gefällt.

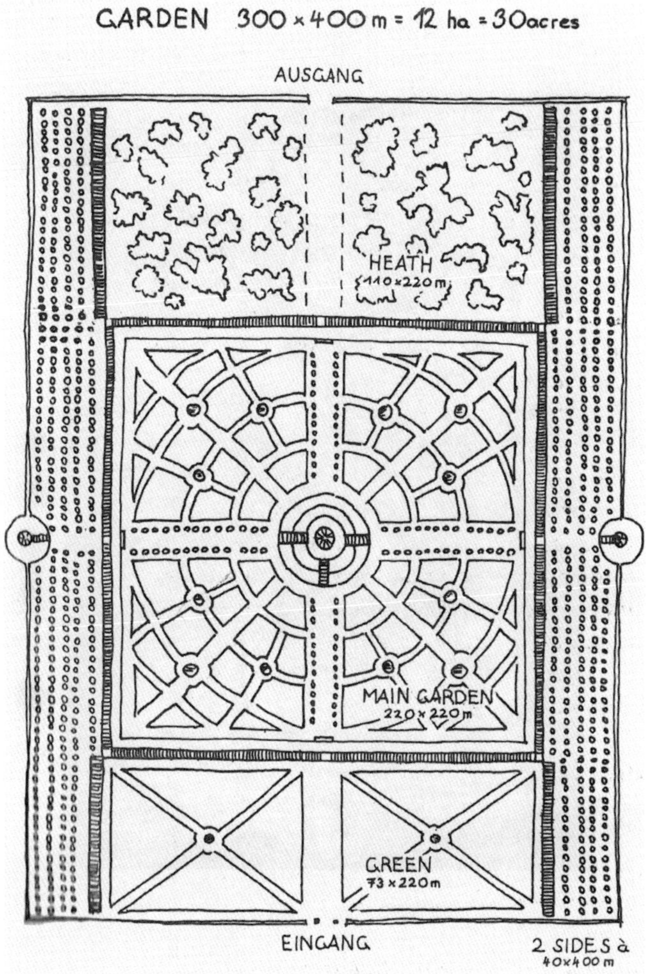
GARDEN 300×400m = 12 ha = 30acres
AUSGANG
HEATH
110×220m
MAIN GARDEN
220×220m
GREEN
73×220m
EINGANG
2 SIDES à
40×400m

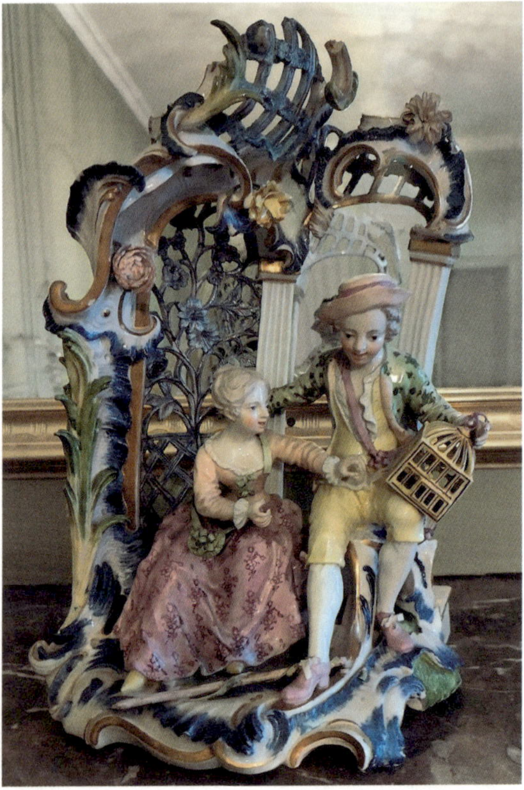

Von der Liebeslaube nach Moses' Ruh

Fünfter Spazierflug: vom Altonaer Gartenhaus
der Schwiegereltern zur Laubhütte in der Spandauer
Straße, über die Wiesencavel jenseits der Stadtmauer
bis zur sommerlichen Rosenlaube

Auch wenn Moses Mendelssohn auf keine Gartentheorie festzunageln ist, lassen sich doch im Rahmen seines Privatlebens als Berliner – genauer: zwischen 1761 und 1782 – vier unterschiedliche Sorten grüner / begrünter Privatorte oder naturorientierter Inszenierungen feststellen: die Altonaer Liebeslaube; die Sukka zum Laubhüttenfest für das Wohnhaus Spandauer Straße; die Wiesencavel vor den Toren Berlins; und wiederum seine Arbeitslaube, die schon in den 1750er Jahren eine wichtige Rolle gespielt hat.

Das »wüste Gartenhäuschen«

Auf die historische Bedeutung solch eines unaufgeräumten Schuppens, wie wir uns ein derart bezeichnetes Plätzchen wohl vorstellen dürfen, machen zwei Stellen in den wöchentlich versendeten Brautbriefen des Moses an seine Fromet Gugenheim aufmerksam: verfaßt im letzten Halbjahr vor beider Hochzeit am 22. Juni 1762. Zunächst erfahren wir hier die ansonsten nicht überlieferte ungefähre Adresse der Kaufmannsfamilie Gugenheim in Altona, in Moses' zärtlicher Postille vom 15. Januar: Er könne, schreibt der verliebte Philosoph und Seidenhändler,

»wenn es hier unruhig werden sollte [...] nit beßer tuhn, als mich Ihnen zur Verwahrung geben. Beßer bin ich in der ganzen Welt nirgend geborgen. Die Zeit würde mir bey dem Müßiggang so lang nit währen, als hier bey der häufigen Arbeit. Denn wo man gern ist, da wird einem die Zeit nit lang, aber wissen Sie was? Lassen Sie uns Projekte in die Luft machen, wenn ich auch bey Ihnen bin, so muß unser Briefwechsel deswegen nit unterbrochen werden. Jeden Post-Tag wollen wir einander aus der Mühlen-Gaß nach dem Neuen Markt und wieder zurück Briefe schicken«. Die Mühlengasse befindet sich in Altona, der Neue Markt in Berlin.

Seine Phantasie, bei der Geliebten unterzuschlüpfen und zugleich sehnsüchtig zu korrespondieren, wird mit der realen Topographie verknüpft. Der 33jährige Moses prophezeit der 25jährigen: Ihre »kleine Schüchternheit«, die sie bislang davon abhält, auf Französisch zu korrespondieren, werde sie bald verlieren. Zumal sie jetzt schon so dreist geworden sei, »den Postsekretär Ihre Adreße sehen zu lassen«. Er selbst kennt die Anschrift natürlich, hatte Fromet seinerzeit in ihrem Elternhaus kennengelernt. Was Ende Mai 1761 dort passiert war, thematisiert er etliche Brautbriefe später: Damals habe er sich während eines längeren Geschäftsaufenthaltes in Altona und Hamburg nach vier Wochen des allabendlichen Anhimmelns beim Familienessen schließlich am Abreisetag zur Offenbarung seiner Gefühle durchgerungen: »Sie werden finden, daß mein Herz noch immer so beschaffen ist, wie im vorigen Jahr, als ich Ihnen solches in dem wüsten Garten-Häuschen zu erkennen gegeben.«[1] Um, nachdem Fromet offenbar auf diese Erinnerung reagiert hat (ihre Briefe sind verschollen), im Folgebrief das Thema mit Selbstironie fortzusetzen:

1 20. April 1762

»Was das Garten-Häusche betrifft? Vergessen Sie es auf ewig. Ich kann Ihnen nit beschreiben, wie unruhig mein Herz damahls gewesen. Die Küsse selbst, die ich von Ihren Lippen gestohlen, waren mit einiger Bitterkeit vermischt, denn die nahe Trennung machte mich schwermütig, und unfähig, ein reines Vergnügen zu genießen. Ich ärgerte mich überdem über meine Dummheit, daß ich Sie ganzer vier Wochen habe lieben können, ohne mich mit Ihnen tête à tête zu unterhalten. Was für angenehme Stunden habe ich nit verscherzt! ganz ungebraucht verschwinden lassen. Jetzt, dachte ich, da alle Augen-Blick der Postillon dich abrufen soll, ergreifst du die erste Gelegenheit, deiner Geliebten dich zu erkennen zu geben. Das schien mir überaus törigt. Kurz, unter diesen unangenehmen Reflexionen ist endlich auch die lezte Stunde verschwunden, die ich in Hamburg zugebracht, und ich sahe mich auf dem Post-Wagen neben R. Izik Eisenstatt. Verdient ein so halb genossenes Vergnügen, daß wir daran gedenken?«[2]

Die Mühlengasse haben wir auf dem Altonaer Stadtplan von 1745 zwar nicht gefunden, wohl aber nahe bei St. Trinitatis, auf der Hafenseite, eine Kleine und eine Große Mühlenstraße. (Parallel zu beiden verläuft nördlich die Königsgasse, später Königstraße, an der heute noch in Sichtweite der lutherischen Hauptkirche der portugiesische und askenasische Judenfriedhof zu finden sind, auf dem Fromet Mendelssohn, gestorben 1812, sowie der Familienfreund Nathan Meyer und der Moses-Mentor Aaron Gumperz begraben wurden.) Da Jahrzehnte nach der Verliebtheitsgeschichte ihrer Eltern Fromets Lieblingstochter Recha in der Kleinen Mühlenstraße ein Pensionat für höhere Töchter führen wird, könnte diese Nutzung der Nachkommen auch als Hinweis auf die Ortung des vormals Gugenheimschen

2 27. April 1762

Hauses verstanden werden: auf die Identität von Kleiner Mühlenstraße und Mühlengaß. Der Stadtplan deutet in diesem Bereich hinter den Wohnhäusern und auf den Höfen Bepflanzung an. Falls Fromet, deren leibliche Mutter früh verstorben war, bei ihrer Stiefmutter Vogel Gugenheim in Altona die Konfitürenherstellung gelernt hat, könnte das Obst dafür im Garten an der Kleinen Mühlenstraße geerntet worden sein. Oder in den Gärten der Nachbarn?

Eine Verwandte Fromets, die Hamburger Kauffrau Glikl bas Judah Leib (bekannt als Glückel von Hameln), erwähnt zwei Generationen zuvor in ihrer Autobiographie, wie sie einmal hochschwanger, auf dem Weg zu einem Geschäftstermin, von der großen Lust auf Mispeln überwältigt wurde, als sie am Haus einer Frau vorbeikam, die solche Früchte verkaufte. Und wie sie über dem Termin die Mispeln vergaß, daraufhin die halbe Nacht, bis zur Niederkunft, vom Verlangen nach dem verpaßten Lieblingsobst gequält wurde. Um an Früchte zu kommen, die auch fürs Einwecken gebraucht würden, gibt es also neben dem eigenen Gärtlein und dem Gang zum Markt etliche andere Möglichkeiten. Verheiratet worden war jene Glikl übrigens bereits mit 14 Jahren, von ihren 14 Kindern erreichten 12 das Erwachsenenalter. Von Fromets zehn Kindern werden sechs die Eltern überleben; sie selbst hatte sich erst als 25jähriges, vergleichsweise spätes Mädchen in einer nicht arrangierten, damals ungewöhnlichen Liebesheirat mit ihrem Berliner Bräutigam verbunden.

Ob das hierfür so wichtige »wüste Gartenhäuschen« ein Schuppen voller Geräte, ein verwahrloster Wintergarten oder ein efeuumrankter Spalierwinkel mit Kuschelbank war? Die genaue Vorstellung des Raumes, der dem jungen Paar noch deutlich genug vor Augen stand, bleibt dem indiskreten Leser der Nachwelt überlassen. Seine historische Funktion als Knutsch-

und Geständnis-Ecke ist kaum zu überschätzen: Ohne diesen verborgenen Winkel wäre die Geschichte der Familie Mendelssohn seinerzeit nicht in Gang gekommen. Insofern ließe sich von der Mühlengaß der Bogen schlagen zu einem ganz anderen grünen Ort der Mendelssohn-Genealogie in Altona, eine Generation später – zu Martens Mühle am Elbufer bei Neumühlen. Wo der damals in Hamburg lebende Bankier Abraham und seine Frau Lea Mendelssohn zwischen 1805 und 1811 den Sommer verbrachten. In diesem Mühlenwohnhaus samt Balkon, erbaut auf saftigem Grund mit Blick über die breite Elbe und passierende Schiffe, soll der spätere Komponist Felix im Sommer 1808 gezeugt worden sein. So jedenfalls wird ein vor väterlichem Stolz schier platzender Brief Abraham Mendelssohn Bartholdys beim Düsseldorfer Musikfest im Frühsommer 1833 von Mendelssohn-Forschern interpretiert: »Martens Mühle soll leben!«

Die Sukka an der Spandauer Straße

Auf die Idee, das wüste Altonaer Gartenhaus als gerade ungenutzte rituelle Laube (hebr. Sukka) zu identifizieren, ist aus gutem Grund noch niemand gekommen: Eine Sukka soll ein Provisorium sein, keine feste Installation. Die Gugenheim-Familie in Altona lebte gesetzestreu, Sukka-Baumaterial war bestimmt im Haushalt vorhanden. Es scheint unwahrscheinlich, daß von dem Talmudgelehrten Moses die Fragwürdigkeit einer Sukka im Wartestand – 1761 fiel das Laubhüttenfest in den Oktober – übersehen und nicht zumindest erwähnt worden wäre.

Genaueres wissen wir jedoch über die Sukkot-Ausstattung seines Berliner Hauses Spandauer Straße 68, das die Eheleute Mendelssohn mit ihrer Hochzeit 1762, spätestens aber 1765 als Mieter bezogen hatten.

Das heißt allerdings nicht, daß nun doch Belege über einen Vor- oder Hofgarten der Mendelssohns an diesem Ort im dichtbebauten Altberliner Zentrum zu finden wären. Die Frau des Philosophen, eine gebildete und praktisch begabte Kaufmannstochter aus Altona, hat zwar Gartenobst für ihre große Familie eingekocht, das wurde bereits erwähnt und ist überliefert – doch woher sie die Früchte bekam, können wir nur vermuten. Der Neue Markt im Marienviertel Alt-Berlins, wo Madame Mendelssohn Einweck-Erzeugnisse reichlich hätte einkaufen können, lag für sie fast vor der Tür ihrer Wohnung. Aber Fromet, die strapazierte Gastgeberin, führte das offene Haus ihres großherzigen Gatten sparsam. Den Gästen, so hat man berichtet, wurden ihre obligatorischen Snacks, Mandeln und Rosinen, manchmal abgezählt serviert. Das besagt wenig über die Knauserigkeit der Hausherrin, die den großen Freundeskreis genoß, verweist eher auf ihre ökonomische Bodenhaftung. Was man selbst – woher auch immer – einbringen kann an lokalen Produkten, wird verwendet und aufgegessen. Ein Garten am Haus wäre dafür prima gewesen, war aber nun mal nicht vorhanden.

Exotische Deko fürs Laubhüttenfest muß dagegen auswärts bestellt werden: Das ist der Job ihres Ehemannes mit seinen Geschäftskontakten in alle Welt.

Im Haus Spandauer Straße 68 gehören zur offiziellen Ausstattung der Immobilie erwiesenermaßen Laubhütten-Bretter: Vier Jahrzehnte später werden beim Verkauf des mittlerweile im Besitz des ältesten Sohnes Joseph befindlichen Gebäudes an die verwandte Familie Veit eben diese Bretter im Vertragstext aufgeführt. Auch ohne dieses Dokument gäbe es keinen Zweifel daran, daß Moses und Fromet – die bei solchen Anlässen als Kuchenbäckerin erwähnt wird – mit der Familie Sukkot gefeiert haben. Das Fest war zu biblischer Zeit aus kanaanäischen Fruchtbarkeitsfeiern entstanden. Bei den Israeliten wurde es der

Erinnerung an ihre Nomadenzeit während der langen Wüstenwanderung gewidmet, die dem Exodus aus Ägypten folgte. Leben, Essen und Trinken in der Sukka während des siebentägigen Laubhüttenfestes versetzte sie in die historische und existentielle Ausgangssituation, mit Gott unterwegs zu sein. Das Dach der Sukka soll zum Sternenhimmel durchsichtig sein, um die Wanderungsanmutung zu verstärken.

Unterschiedlichste Spielarten ihrer Konstruktion und Ausstattung haben sich im Lauf der mehr als zweitausendjährigen jüdischen Tradition herausgebildet. Eine Darstellung des Hochmittelalters wirkt auf uns wie eine dunkle, wild umrankte Höhle; eine Abbildung vom Beginn des 20. Jahrhunderts imaginiert ein gemütliches Wohnzimmer mit Stoffbehängen, Blumen- und Blätterschmuck sowie dicken Zitronatzitronen über den Fenstern. Diese Etrogs (hebr.: Ethrogim, lat.: citrus medica cedra; jidd.: Essreg) symbolisieren nach talmudischer Auslegung den Adamsapfel des Paradiesbaumes Hadar. Sie bilden mit Palmwedeln, Myrthen und Bachweidenzweigen gemäß den Vorschriften im 3. Buch Mose 23,40 den Feststrauß dieser Überlieferung. Darüber hinaus werden der frommen wie auch der verspielten, poppigen Phantasie beim Collagieren von Sukka-Tapeten bis in die Gegenwart keine Grenzen gesetzt.

Im Vergleich mit Gartentheorien des 18. Jahrhunderts und auf dem Hintergrund damaliger Debatten um Kunst und Natürlichkeit geht es bei der Sukka-Tradition um eine ganz andere Art der Inszenierung als beispielsweise beim Landschaftspark. Hier überflügelt die religiöse Intention den ästhetischen Aspekt. Das Naturzitat funktioniert auch als karges Zeichen, ohne daß dabei eine perfekte Illusion verwirklicht werden soll. Spirituelle Assoziation und Euphorie der Geselligkeit sind wichtiger als die Anmutung konstruierter Ursprünglichkeit. Der Landschaftsgärtner erlebt sich im Gestaltungsrausch als Schöpfer; die Sukkot-

Community feiert – je nachdem, wie fromm sie das Ritual angeht – die Schöpfung, den göttlichen Urheber und das Erlebnis, selbst Geschöpf auf der Wanderung sein, im Bund mit seinem Schöpfer. Auf den siebten Sukkot-Tag folgt das Torafreudenfest.

Für Moses ist Sukkot keine Folklore, sondern Ausdruck seines religiösen Selbstverständnisses. Sein guter Bekannter Daniel Chodowiecki, der ihn so oft porträtieren wird wie kein anderer Künstler, hat ihn gerade deswegen in Begleitung seiner Kinder beim Laubhütten-Feiern besucht, gewissermaßen besichtigt.

Für den reformierten Maler war der Berliner Sokrates ein so herausragend edler Charakter, daß der Menschenfreund eigentlich konsequenterweise zum Christentum konvertieren müßte; eine Meinung, die Chodowiecki insgeheim mit seinem eifernden Konfessionsbruder Lavater teilte, der diese Ansicht dann sogar öffentlich herausposaunen sollte. Chodowiecki verhielt sich diskreter, führte allerdings der eigenen Familie gern bei passendem Anlaß authentische Juden inklusive Ambiente vor: Mendelssohns mit Laubhütte, zum Anfassen.

In seinen Tora-Kommentaren hat Moses der überkommenen Sukkot-Interpretation nichts Bemerkenswertes hinzugefügt. Für die Feiern der Jüdischen Gemeinden verbindet er aber religiöses Engagement mit seinen Kapazitäten als Geschäftsmann. Wir wissen nicht, wie seine Sukka im Haus Spandauer Straße 68 aussah, aber auf jeden Fall gehörten zu ihrer Dekoration Etrogim (hier genannt Eßerige) und Palmzweige! Und natürlich Granatäpfel, über deren günstigen Einkauf er mit dem verwandten Kaufmann Elkan Herz in Leipzig korrespondierte, um ein paar Tage später, im Vorfeld von Sukkot, an den Hamburger Kaufmann Joseph Meyer (Schmalkalden) eine große Kiste davon, 74 Stück, abzuschicken.[3] Daß auch

3 12. September 1770 an Elkan Herz, 25. September 1770 an Joseph Meyer Schmalkalden

in Berlins Gemeinde an dem exotischen Fruchtschmuck kein Mangel bestand, hat Mendelssohn höchstpersönlich organisiert.

Am 20. Mai 1768 schreibt er an die Firma Franz Curione u. Comp. in Leipzig:

Hochgeehrte Herren!
Da ich seit vielen Jahren die seidene Waaren Manufactur des H. Bernhard dirigire; so habe Gelegenheit gehabt Ew. Hoch-Edlen werthes Haus kennen zu lernen, und ich nehme mir die Freyheit hiermit eine Anfrage zu thun, worauf ich mit umkehrender Post mir Antwort ausbitte. Es wird Ew. Edlen vermuthlich bekannt seyn, was die Judenschaft zu ihrem Hüttenfeste für Früchte aus Italien brauchen, die sie Eßerige nennete, im gleichen die dazu erforderlichen Palmzweige. Wie nun Ew. Edlen in dergleichen Waaren etwas gethan, oder zu thun nicht abgeneigt sind; so bitte mir zu melden, ob sie mir 5 à 600 stük Eßerigen, von guter und tüchtiger Sorte, wie solches nach unsern Ritis gebräuchlich ist, wie nicht weniger 100 St. Palmzweige, circa in medio August a. c. hierher liefern können.
2) Um welche Preise?
3) Was für Conditionen sonst dabei sind?
Wenn Ew. Edlen mit mir entiren; so besorge die Rimessen zum voraus, also daß ich keinen Credit suche. Jedoch können ew. Edlen zum Überfluß bey dortigen Herrn Baruch Ahron Levy auf mich erkundigen.
Ich erwarte nächstens Ew. Edlen gütige Antwort, und wird es von den Preisen und übrigen Conditionen abhängen, ob ich die Lieferung werde übernehmen können, oder nicht?

Viele Gebräuche bei der Sondierung geeigneter Etrogim, die ab 70 n. Chr. – nach der Eroberung Jerusalems – von Flüchtlingen aus der unterworfenen römischen Provinz Judäa in Kalabrien, Sizilien, Griechenland und Spanien eingeführt worden waren und seitdem dort angebaut werden, sind inspiriert von kultisch orientierten Vollkommenheitsvorstellungen. Perfekte Produkte zur Sakralisierung der Welt, aus einer Gärtnerei göttlichen Ursprungs. Detaillierte Vorschriften zur Beschaffenheit besonders auserlesener Früchte entwickelten sich innerhalb verschiedener Traditionsgruppen. Der Anspruch an das Erscheinungsbild dieser Spezialzitrone ist von vornherein hoch: Keinesfalls darf sie beschädigt oder beschmutzt sein. Zugleich werden auffällige Exemplare mit einer seltenen Einkerbung, die man »Adamsbiß« nennt, als besonders wertvoll angesehen. Der imaginäre, rituelle Raum, in dem Moses' Etrogim baumeln, ist verknüpft mit biblischen Assoziationen. Er weitet sich zum phantastischen Land, wo die Zitronen blühen: zur Garten-Eden-Kulisse im Berliner Hinterhof.

Die Wiesencavel vorm Frankfurter Tor

Zu den Hausgrundstücken im mittelalterlich eng gedrängten Altberliner Marienviertel rund um den Neuen Markt gehörte von alters her ein Stück Land vor den Toren der Stadt.

Solche Grundbesitzstrukturen während des Übergangsprozesses vom Ackerbürger zum Großstädter gab es nicht nur in Europa. Der sephardische Reisende Benjamin de Tudela schildert im 12. Jahrhundert seine Eindrücke aus der Region von Bagdad, wo »von Pessach bis Rosch ha-Schana, den ganzen Sommer über, [...] niemand sein Haus wegen der Sonnenhitze« verlasse. Erst am Abend krieche man wieder heraus aus dem Haus, zünde die Lichter an und verrichte seine Arbeit. »Von den Bewohnern der Stadt kennt jeder ganz genau sein bepflanztes Stückchen Land. Die Pfefferstauden sind niedrig, der Pfeffer selbst ist weiß wie Schnee. Wenn sie ihn aber geerntet haben, schütten sie ihn in Schüsseln und gießen kochendes Wasser darüber, damit er richtig scharf wird. Danach nehmen sie ihn aus dem Wasser heraus und lassen ihn an der Sonne trocknen. Dabei wird der Pfeffer dann schwarz. Zimt, Ingwer und viele andere Gewürzarten gibt es ebenfalls in diesem Lande.«[4]

Im Berlin des 18. Jahrhunderts nutzten innerstädtische Hausbesitzer ihren Streifen Land vor der Stadtmauer in der Regel kaum: soweit sie nicht eigene Landwirtschaft betreiben. Sie verpachteten diese sogenannte Wiesencavel oft an Bauern der Umgebung. Der Grundbucheintrag des Mendelssohn-Wohnhauses Spandauer Straße 68 erwähnt die zugehörige Wiesencavel vor dem Frankfurter Tor, Nr. 177 im Wiesenregister »in der 2. Cavel

4 Aus: Die Reisen des Rabbi Benjamin bat Jona von Tudela. Zitiert nach »Ein jüdischer Garten« (2022)

der großen Freiheit«. Sie hat die Fläche von 32 Quadrat-Ruten, das sind umgerechnet rund 454 Quadratmeter, und ist erst 1832 von der damaligen Besitzerin Caroline Veit zugunsten eines Projektes »Höhere Bürgerschule« für 16 Reichsthaler an die Stadtgemeinde Berlin verkauft worden.

Als jüdischer Mieter des Hauses Spandauer Straße 68, dem ohne entsprechende Sondererlaubnis der Immobilienerwerb verwehrt ist, hat Moses Mendelssohn de jure mit dieser Wiesencavel nichts zu schaffen. Das Wohnhaus gehört von Januar 1762 bis Oktober 1765 noch dem königlichen Commissario und Waagemeister Johann Michael Hensel; eine Verwandtschaft mit dem Maler Wilhelm Hensel, der zwei Generationen später bei Mendelssohns einheiraten wird, liegt offenbar nicht vor. Rösel Meyer, die Tochter des Juweliers und Münzunternehmers Veitel Heine Ephraim, besitzt über ihren Vater seit April 1761 das Privileg für den Hausankauf: Sie erwirbt die Spandauer Straße 68, ist nun die Vermieterin Mendelssohns, der den guten und teilweise freundschaftlichen Kontakt zu den einflußreichen Ephraims pflegt, ohne sich für ihre anrüchige Münzproduktion einspannen zu lassen. Die Hausbesitzerin wird zur Freundin der Familie, sie begleitet Moses sogar einmal mit ihrem Bruder auf einer Kur-Reise nach Bad Pyrmont. Wie ein Hypothekenvertrag zeigt, den sie mit dem Ehepaar Mendelssohn abschließt, weiß sie Freundschaft und Geschäfte zu trennen. Insofern liegt es nahe, daß sie den Pächter der Wiesencavel Nr. 177 vom Vorbesitzer Hensel regulär übernimmt, die Pacht kassiert und Mendelssohns selbst caveltechnisch nicht tangiert werden.

Es könnte aber auch, da uns Dokumente zur Nutzung des Terrains nun mal nicht vorliegen, auch etwas anders gewesen sein. Angeregt wird unsere Spekulation durch das Zusammentreffen verschiedener topographischer Koordinaten. Innerhalb der Mauern hinterm Frankfurter Tor, in der Stralauer Vorstadt, lag das Quartier der Bouché-Gärtnereien, mit dem wir uns auf der Suche nach Mendelssohns Laube im nächsten Kapitel befassen. Außerhalb der Mauern, vor dem Frankfurter Tor, gab es nicht nur Wiesencavel, sondern beim übernächsten Dorf das Schloß Friedrichsfelde: eine Adresse, die Mendelssohn als Besucher einer adligen Verehrerin in seinen letzten Lebenswochen aufsuchen wird. Alles Zufall, gewiß: Die drei Bezugspunkte haben miteinander erst mal nichts zu tun. Zusammengenommen ergeben sie das Bild häufiger Bewegungen eines erstaunlich mobilen Moses zwischen dem Marienviertel und dem Ostrand der Stadt.

Deswegen wollen wir nicht ausschließen, daß es zwischen Rösel Meyer, den Mendelssohns und dem offiziell nutzungsberechtigten Pächter am Stadtrand ein Agreement gab, das den Historikern verborgen blieb. Die Bauern mähen das Heu oder lassen ihr Vieh weiden. Fromet kommt an einem sommerlichen Feiertag mit den Kindern vorbei, sammelt Beeren von den Büschen, Streuobst fürs häusliche Einkochen; zum Beispiel für ein Apfelgelee, bei dessen Zubereitung man nach einem Rezept der Zeit den »Griepsch« der Holzäpfel herausnimmt, »thut sie in einen Topf, gießet so viel Wasser darauf, daß es übersteht und läßet die Masse halb einkochen. Dann nimmt man die Masse, presset sie rein aus und läßet sie die Nacht zum Klähren stehen. Den anderen Morgen gießet man das Klahre ab, rechnet auf ein quart Saft 6 Loth Zucker, und dies läßet man wohl geschäumet einkochen.« Moses liegt, während gesammelt wird, im Gras und liest dabei wohl eher nicht das Kochbuch, überfliegt vielmehr die neuesten Gedichte der Saison. Die Patronin kriegt natürlich ihren bescheidenen Pachtzins und das leckerste Gelee.

Mendelssohns Arbeitsgarten, wie wir ihn als Treffpunkt der Freunde in den 1750er und 60er Jahren kennengelernt hatten, spielt auch für seine letzten Lebensjahre eine Rolle. Ein Billett seines Emanzipations-Mitstreiters Christian Dohm vom Juni 1782 zeigt, wie routiniert diese Freiluftverabredungen zustande kamen. Der Jurist, Geheime Kriegsrat im Außenministerium und Sekretär bei der Geheimen Staatskanzlei veröffentlichte von 1781 bis 1783 sein zweibändiges wegweisendes Werk »Über die bürgerliche Verbesserung der Juden« und anschließend die französische Übersetzung; Moses kooperierte bei diesen Editionen als Berater und steuerte einen Anhang bei, durch den das Bürgerrechts-Thema anhand einer bedrängten Gemeinde praktisch reflektiert wurde. Von dem permanenten Austausch beider Autoren in Phasen der Schlußredaktion, des Vertriebs und der Rezensionsauswertung zeugen viele Kurznachrichten Dohms (während die Gegengrüße des Juden offenbar von rigorosen Nachlaßverwaltern entsorgt worden sind). Dohms entspannte Selbsteinladung klingt in diesem Fall nicht mal nach Redaktionsarbeit; als Mitbesucher angekündigt wird der zu diesem Zeitpunkt noch für seriös gehaltene Franz Michael Leuchsenring – ein schillernder Literat, der sich an Mendelssohn (wie an weitere Prominente) herangemacht hatte, um bald darauf durch Schnorrerei und unlauteres Auftreten allerorten Vertrauen zu verspielen.

Dohm scheibt: »Wenn Sie, theuerster Herr Moses, diesen Nachmittag in Ihrem Garten sind, so werde ich mit meinem Schwager Sie daselbst besuchen. Es muss Sie aber auf keine Weise genieren, da wir der schönen Sommertage hoffentlich noch viele haben. Wenn Ihnen unser Besuch lieb ist, so bitte ich hierunten zu bemerken, und Ueberbringern damit an H. Leuchsenring zu schicken, welchen ich alsdann ersuche, um 5 Uhr uns bey mir abzuholen.«

»Recht herzlich lieb! Also mein theuerster Herr Hofrath! Um 5 Uhr holen sie den H Kriegsrath ab. [Moses Mendelssohn]«[5]

Die Arbeitslaube gibt es hier offensichtlich immer noch, nur wird uns nach wie vor ihre Adresse unterschlagen! Dafür erfahren wir in einem weiteren Brief, von Mendelssohn versandt an seinen Schwiegersohn Mendel Meyer, den Namen des Gartens. Dieser Brief hat allerdings, wenn man ihn richtig würdigt, eine Vor- und eine Nachgeschichte; beide sollen vorab verraten werden. Die Vorgeschichte besteht in dem Hinweis auf feudale Posen und auf herrschaftliche Namensgebungen fürstlicher Bauten, wie sie zum Stil der Epoche gehörten: z. B. Schloß Friedrichsfelde bei Berlin oder das von 1745 bis 1787 existierende Schloß Friedrichsruh bei Itzehoe oder Schloß Friedrichstein in Ostpreußen. Zur Vor-Erläuterung des Briefes gehört auch die Bemerkung, daß Mendelssohn sich seiner eigenen Herkunft aus bescheidensten Verhältnissen lebenslang bewußt blieb und auf herrschaftliche Attitüden ironisch und selbstironisch, mit einem klaren Bewußtsein für Komik und Fallhöhen reagierte.

Die Nachgeschichte besteht in einem Bericht des Moses-Urenkels Sebastian Hensel, der ungefähr hundert Jahre später eine Begegnung mit dem Grafen Dönhoff in Ostpreußen beschrieben hat. Hensel war aufgewachsen im Berliner Reckschen Palais der Mendelssohn Bartholdys, Leipziger Straße 3, wo sich nach dem Verkauf des Hauses an den Staat das Preußische Herrenhaus etablieren sollte. In Ostpreußen war er Gutsherr auf Groß-Barthen geworden, das früher zum Schloß Friedrichstein der

5 29. Juli 1782 Christian Dohm an Mendelssohn, mit dessen Kommentar

Dönhoffs gehört hatte. Der Graf, heißt es in Hensels »Lebensbild aus Deutschlands Lehrjahren«, »sagte mir herablassend: ›Nun, Herr Hensel, Sie sitzen in Barthen auf einem alten Wohnsitz meiner Väter.‹ Ja, Herr Graf, erwiderte ich, dafür sitzen Sie in Berlin auf einem alten Wohnsitz meiner Väter. ›Wieso?‹ fuhr er auf. Nun, Sie sind Mitglied des Herrenhauses, und das Grundstück hat uns früher gehört. – Das hat er mir nie vergeben. Namentlich ärgerte ihn, dass ich von ›Vätern‹ sprach. Ich hatte nur einen Vater. Väter kamen ihm zu.« Sebastian Hensels antifeudalistische Retourkutsche erging zu einem Zeitpunkt, als eine Nobilitierung der Berliner Mendelssohn-Bankiers noch nicht absehbar war.

Der hier folgende Brief Mendelssohns aus dem Juni 1784 wurde in hebräischen Buchstaben verfaßt und dürfte seinem Urenkel nicht bekannt gewesen sein. Wie Sebastian Hensel reagiert da auch Moses – für den Grundbesitz und Nobilitierung nicht in Frage kommen – spöttisch auf herrschaftliche Attitüden; aber souveräner, indem er sie, einschließlich des Pluralis majestatis, vergnügt persifliert und sich selbst auf die Schippe nimmt. Der adressierte Schwiegersohn lebt im mecklenburgischen Kleinfürstentum Strelitz: Er wird mit diesem zunehmend albernen Arbeitsbrief für ein wohltätiges Subskriptions-Projekt eingespannt:

7. Tamus 5544 An unsern liben Sohn Mendel Meier.
Unsern Väterlichen Seegen zum voraus. Besonders liber Getreuer!
Ihr empfangt hirin einige Exemplare einer wohlgemeinten Pränumerazions-Ankündigung, die von wohldenkenden Einwohnern hisiger Stat, zum besten einer guten Sache, auf gesezt, von wohldenkenden Menschen Kindern, wie Ihr unterstüzt und befödert zu werden verdihnt. Wir haben das Zu-

traun zu Euch gefasst, dass Ihr Euch der Sache ernstlich unterzihn, und Euch bei Eurem Landesvater des Herzogs Libden, oder bei Eurem Hausvater Durch Laucht, oder bei manchem andern, der einen preussischen Taler mehr in der Börse hat, als er zu verzehren meint, oder der einen Taler allenfals mehr schuldig sein will, zu verwenden, ihm solchen wohltätig abzunehmen, und dafür eine Stelle auf der Rolle der Gutdenkenden zu versichern.

Dises ist unser Wille. Verbleiben Euch in Gnaden zu gethan.

Auf unsern Garten, zu Moses Ruhe, den 26. des Rosenmonats, im Jahr, da noch keine Rose auf blühn wil.

Mauscheh aus Dessau.[6]

Ob es sich bei den Blumen, deren Blüte sehnlichst erwartet wird, um die auch »Gartenrose« genannte Sorte »Rosa Centifolia« handelt, deren Blätter bevorzugt zur Bereitung von Rosenkonfitüre dienen? Das Rezept dafür hat sich, ausgehend von den Arabern, über orientalische und russische Juden in Europa verbreitet. Dieser Aufstrich ist nicht nur lecker, er soll therapeutisch wirken gegen Bronchitis, lindert Magenkrämpfe und Zahnfleischbluten. Fromet Mendelssohn hätte dafür beispielsweise 500 Gramm Blütenblätter feingeschnitten, mit 500 Gramm Zucker gemischt, zwei Tage stehen lassen; dann ein Kilo Zucker mit Wasser und Zitronensaft zu Sirup gekocht, kandierte Rosenblätter dazugegeben und aufgekocht. Oder es wuchsen gar keine Centifolia auf Moses' Ruh, sondern doch nur Heckenröschen, deren Blüte tatsächlich im Juni ansteht. Jedenfalls müssen wir uns diesen selbstironischen Laubengenießer vielleicht nicht unbedingt als Rosenzüchter, aber als glücklichen Menschen vorstellen.

6 26. Juni 1784 an Mendel Meyer

Bei der fünften Spazierfahrt erleben wir Mendelssohn ziemlich mobil zwischen Altona und Berlin, der Stadtmitte und der Peripherie. Für seine unterschiedlichen Lebenssituationen – als Privatmann auf Brautschau, als Geschäftsmann, Gemeindeglied oder Publizist – bietet sich ihm zum Innehalten an den unterschiedlichen Orten das jeweils passende Gartenformat (wenn wir die Laubhütte ebenfalls so bezeichnen dürfen). Seine Verweilstationen: wo man hören kann, wie das Gras wächst, wenn einfach nur Gegenwart passiert.

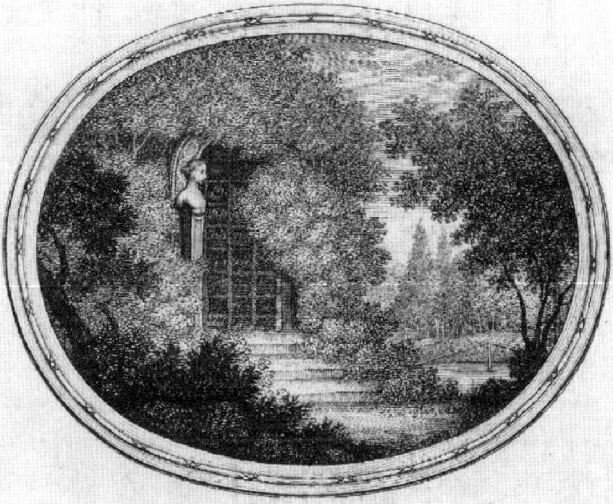

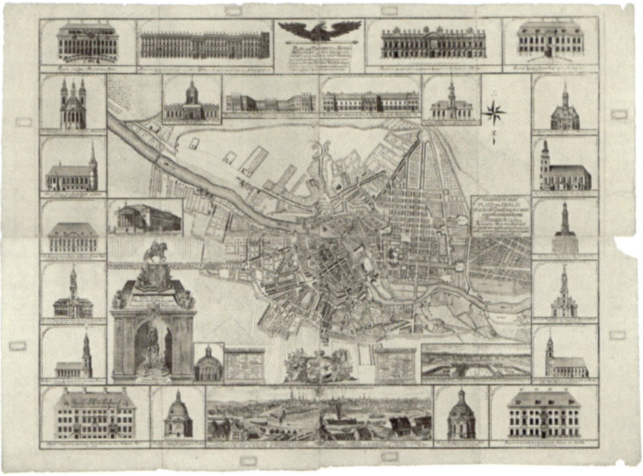

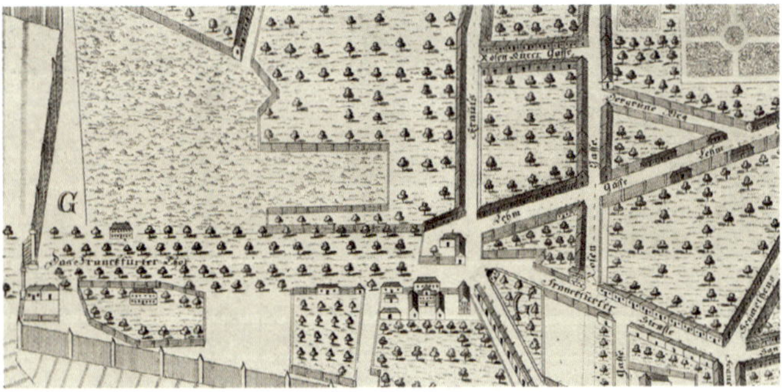
G

Das Paradies hinterm Frankfurter Tor

Sechster Spazierflug: durch das Quartier der Gärtnereien in der Stralauer Vorstadt zu den Schreber-Oasen zweier Aufklärer

In seiner Chronik »Die Familie Mendelssohn« von 1879 berichtet Sebastian Hensel, wie seine Urgroßeltern Moses und Fromet mit ihren Kindern im öffentlichen Raum als Juden beschimpft und angegriffen wurden, und folgert daraus die Notwendigkeit einer Zuflucht: »So mietete sich denn Mendelssohn einen Garten, wohin er in der guten Jahreszeit aus der Stadtwohnung immer ging. Letztere war in der Spandauer Straße und ist nach seinem Tode mit einer Gedenktafel versehen worden. – Jenes Gartens erwähnt er oft mit innigem Behagen in seinen Briefen; er lag ganz in der Nähe des Nicolaischen, und die Freunde weilten bald in diesem, bald in jenem.« Der Brief an Lessing, den der Chronist zur Illustration zitiert, nennt keine Adresse. Trotzdem verrät Hensels Überlieferung: daß beider Freunde Gärten benachbart lagen; daß die Frequenz der Nutzung hoch war; daß offenbar beide Lauben gleichermaßen anziehend, behaglich, insofern problemlos wechselweise aufzusuchen waren.

Belegt ist eine Anschrift von Nicolais Garten für die 1750er Jahre noch nicht, erst Jahrzehnte später. Sobald uns aber vor Augen steht, um was für einen Ort in welcher Umgebung es sich dabei gehandelt hat, dürfte uns klar werden: Eine bessere, andere Topographie wäre nie in Frage gekommen. Und: So was entsteht nicht über Nacht, das muß über Jahrzehnte gewachsen sein.

Ein Lehmschloß unter uralten Linden

Friedrich Nicolais »schönes Gartenhaus mit allem Zubehör« befand sich nach der Schilderung Gustav Partheys, seines Enkels, in der Stralauer Vorstadt, hinter dem Frankfurter Tor. Drüben auf dem linken Spreeufer erstreckt sich das Köpenicker Feld innerhalb der Stadtmauer vom Schlesischen bis zum Halleschen Tor: wo vor allem märkischer Sandboden in Nutzfläche für Korn- und Gemüseanbau verwandelt wird. Auf dem rechten Spreeufer, zwischen dem Stralauer, dem Frankfurter und dem Landsberger Tor, dominieren Gärten und Wiesen, auch hier stehen nur wenige Häuser. Hier liegt der Garten des Verlegers an der Lehmgasse, die nur teilweise gepflastert ist und in einer Moddersenke endet; erst 1809 soll dieser breite Pfad auf Drängen der Anwohner, unter Berücksichtigung blühender Nachbarschaften, in Blumenstraße umbenannt werden. Nicolais Gelände umfaßt nahezu fünf Morgen und grenzt an den sogenannten Grünen Weg: der zieht sich zwischen Bretterzäunen dahin, »im Sommer ein Staubstreifen, im Winter ein unpassirbarer Sumpf«. Beiderseits der Lehmgasse siedeln sich seit dem Beginn des Jahrhunderts zahlreiche Gärtnereien mit schlichten Gewerbebauten an. Von Nicolais Lehmschloß (später dann Blumenschloß genannt), welches im Lauf der Zeit ein zweites Stockwerk erhält, kann man aus Giebelfenstern bis zur Stadtmauer eine sich weithin erstreckende Gartenlandschaft überschauen: ostwärts erkennt man noch das Frankfurter Tor, westwärts Türme der Stadt.

Der Enkel Gustav beschreibt Nicolais Reich: einen »kühlen Gartensaal«, aus dem drei Glastüren auf die Steinterrasse herabführen, beschattet von »uralten Linden«. Den Blick auf eine »von Ahorn- und Akaziengängen umgebenen« Rasenfläche, heckenumkränzte Bäume, »Fliederlauben mit Bänken und steinerne Kinderfiguren auf Postamenten«. Hinzu komme »die Prosa des hinteren Gartentheiles« mit seinen Spargel-, Gemüse- und Erdbeerbeeten, das Weinspalier, ein Ananashaus, Beerensträucher und Obstbäume, Ställe für Hühner, Enten, Gänse. Der trinklustige Gärtner Couturier hält den Garten »in musterhafter Ordnung«. Kein Zentimeter scheint unbebaut, Blumen findet man überall, auf der Terrasse und vor den Fenstern. Respektable Einnahmen sind aus dem Verkauf von Spargel und Ananas zu erzielen.

»Machen Sie, daß Sie den Sommer noch herkommen«

Für Herbstabende verfügt das Lehmschloß über einen Kamin, der mit trockenem Strauchwerk befeuert wird, welches ebenfalls zur Heizung eines sensationellen Marmorbades an der Nordseite der fürstlichen Laube dient. Gebaut wurde die elegante Bequemlichkeit aus einer Lieferung grauen schlesischen Marmors für ein Berliner Grabdenkmal; das Projekt war storniert worden, schließlich erwirbt Nicolai das Material für einen Spottpreis.

Fürs Wochenende sei der Großvater oft herausgefahren, schreibt Gustav Parthey: »Sein Zimmer lag neben der Terrasse, hatte nicht allein grüne Tapeten, sondern auch grüne Möbel, und hohe Akazien vor dem Fenster verbreiteten darin eine ahnungsvolle Dämmerung. Am Fenster stand ein grüner Schreibtisch mit allem Zubehör«; der Wandschrank habe seine Gartenbibliothek enthalten – Bücher zu Botanik und Gärtnerei, darunter »Hirschfelds Gartenkunst, Dietrichs botanisches Lexikon«.

Mendelssohn hat keine Skrupel, den reisenden Lessing von dessen diversen Vergnügungsstationen in die Stralauer Vorstadt zu locken. »Sie lassen Ihren Witz mit der ganzen Welt buhlen, indeß Ihr keusches Herz nur wahren Freunden aufbehalten ist«, frotzelte er am 1. Juli 1757. »Eine Distinktion daraus man eben so leicht beweisen könnte, daß alle Frauenzimmer getreu und alle Liebhaber beständig wären.« Während der Leser noch grübelt, auf wessen Kosten hier gestichelt wird, kommt der stolze Laubenpieper auf den Punkt: »Machen Sie wenigstens, daß Sie noch diesen Sommer herkommen. Ich habe einen überaus schönen Garten, darin Sie logiren können. Er ist von Herrn Nicolai seinem nicht weit abgelegen; und Sie können alle Bequemlichkeiten darin haben, die Sie nur wünschen. Ich komme alle Abende um 6 Uhr heraus, und werde bloß von einigen meiner Freunde begleitet, die Sie bestimmt nicht stören werden. Wie angenehm könnten wir die Abende zubringen, wenn Sie sich hierzu verstehen wollten!«

Manche dieser Einladungen bleiben unbeantwortet. Daß Mendelssohn solche Gartentreffen wichtig bleiben, zeigt ein Brief an Lessing vom Februar des Folgejahres: In die dringende Planung für den kommenden Sommer werden mögliche Besuche des Freundes schon mal einbezogen. Zugleich wird hier deutlich, daß Moses keine Laube de jure besitzt: »Wenn Sie auf den Sommer gewiß zu uns kommen, so wollte ich zum voraus einen Garten für uns miethen. Sie müssen mir aber versprechen, ihn fleißiger zu besuchen, als sie den letzten besucht haben.«[1]

1 17. Februar 1758

Eine halbe Stunde Fußweg liegt zwischen Mendelssohns Wohnung an der Spandauer Straße und den Gärten des Freundespaares in der Stralauer Vorstadt. Lauben-Verabredungen zur gemeinsamen Arbeit werden jede Tages- und Nachtzeit anberaumt. Eine Sitzung im August 1757 muß besonders dringend sein, vielleicht durch Redaktionsschluß bei der Zeitschriftenproduktion bestimmt. Anders ist es kaum zu erklären, daß Moses um halb sechs Uhr morgens aus Mitte losmarschiert, um nach einer Frühkonferenz mit Nicolai bereits zur Kontorzeit wieder zurück in der Bernhardschen Manufaktur zu sein: »Ich muß jetzt aufhören. Es ist halb 2 in der Nacht, und morgen früh um 6 Uhr muß ich Hrn Nikolai in seinem Garten besuchen, wenn ich zu rechter Zeit wieder zu Hause sein will. Ist das nicht lächerlich: ich bringe eine Nacht schlaflos zu, um Sie vielleicht durch einen langweiligen Brief desto sanfter einzuschläfern? Schlafen Sie wohl!«[2]

»Morgen nachmittag will ich im Garten auf Sie warten«

An einem komplizierten Wochenende will sich Moses mit einem russischen Gast und Nicolai bei dem aufgeklärten Prediger Johann August Eberhard in »Scharlottenburg« treffen. Aber der Verleger ist schon mit Karl, dem jüngeren Lessing-Bruder, begleitet von »Braunschweigischen Damen« im Tiergarten verabredet und bietet Mendelssohn ersatzweise ein Zeitfenster an: »Morgen nachmittag will ich im Garten sein und auf Sie warten«[3] – am besten gleich nach Tisch vor zwei Uhr; zumal

2 4. August 1757 an Lessing
3 6. Juni 1777 an Nicolai

danach mit Madame Nicolai ein Anschlußtermin für ihn anstehe.

Bei anderer Gelegenheit unterstreicht Nicolai, wie wichtig ihm der Besuch des Redaktionskollegen ist, dem er es ausdrücklich gestattet, ihn – gerade von einer schweren Krankheit genesen – beim Fertigstellen seines Manuskriptes für die monumentale Berlin-Enzyklopädie zu stören (und bei der Gelegenheit die Darstellung der Seidenfabriken fachmännisch zu optimieren): »Mein liebster Freund, so sollen Sie morgen Nachmittag um 3 Uhr herzlich im Garten willkommen seyn. Ich will für keinen Menschen zu Hause seyn als für Sie, selbst wenn Albrecht der Bär käme. [...] Hier haben sie von ganzem Herzen meine, oder vielmehr Jacobsohns Beschreibung von Manufakturen. Wenn Sie Fehler finden, so zeigen Sie sie mir an, ich muß doch addenda machen.«[4]

Während uns viele Details über Nicolais Garten bekannt sind, liegt uns zur benachbarten Moses-Laube nur dessen eigene Beschreibung vor: »überaus schön« und ausgestattet mit »allen Bequemlichkeiten«, außerdem ein Hinweis auf die Rosenblüte. Da es ein Miet-Garten war, ist die saisonal wechselnde Nutzung unterschiedlicher Adressen ebenso denkbar wie das Abonnement auf ein vertrautes Nest. Die Konstante liegt im Festhalten an diesem Quartier in der einzigartigen Umgebung. Nicolais »Beschreibung der Königlichen Residenzstädte Berlin und Potsdam« zählt an mehreren Stellen des dicken Bandes die Fülle floristischer und botanischer Aktivitäten rund um seine Lehmgasse auf, ohne den privaten Bezug zum Ort zu erwähnen.

Für die Stralauer Vorstadt erwähnt er an der Kontreskarpe (heute Alexanderstraße) den »schönen Schützischen Garten«, an der davon abgehenden Lehmgasse David Bouchés Obstgar-

4 4. September 1778 Nicolai an Mendelssohn

ten sowie den Holzeckerschen Garten; an der Magazinstraße den »Zietemannschen und andere Obstgärten«, an der Schillingsgasse den »Peter Boucherschen Obstgarten, der auch wegen der schönen darinn gezogenen Blumen bekannt ist«. (Den französischen Namen der Gärtnerdynastie berlinisiert er ohne Akzent.) Die Rosengasse gehe von der großen Frankfurterstraße ab, aus ihr entspringen: Grüner Weg, Lehmgasse und die Krautgasse. An welcher sich der Heilische Garten befindet – wo Konzerte, »Illuminationen«, Bälle, Gastgesellschaften stattfanden – sowie der »Krautische Kunst- und botanische Garten«.

»Ganz vortreffliche Obstsorten und schöne Floren«

Im Kapitel »Handlung und Gewerbe« rühmt die dritte Auflage (1786) der »Beschreibung ...« den »hohen Grad der Vollkommenheit«, welchen die regionale »Gärtnerey« jetzt erreiche. Im Verlauf von fünf Jahrzehnten habe man auf den drögen Sandböden der Umgebung die Aufzucht von »nicht allein Blumen und fremden raren Gewächsen« erreicht, sondern auch von Obst und »alle Arten Küchengewächse«; denen scheine der Sand »mehr Hitze und feineren Saft« für einen »treflichen Geschmack« zu geben. An erster Stelle unter den grünen Profis nennt Nicolai seine unmittelbaren Nachbarn David und Peter Bouché, Spezialität Obst und schöne Blumen. Er lobt Zietemanns Küchengewächse und die fremden raren Sorten des Kunstgärtners Wilhelm Krause in der Krautgasse: Letzterer habe »einen großen Vorrath von Gartensämereyen und Pflanzen aller Art, desgleichen jungen Obstbäumen, Sträuchen und jungen Bäumen [...], womit er einen beträchtlichen Handel treibt«.

Schließlich geht der Chronist unter den Überschriften »Gärten« und »Blumenflor« ins Detail: Er benotet die Pflanzungen. Der Schützische Garten sei geschmackvoll und angenehm; bei Zietemann und Mannteufel in der Magazinstraße seien die Gartenfrüchte schön, das Obst herrlich, letzterer biete eine »schöne Sammlung englischer Aurikeln«; beim Bankier Holzecker nahebei sei die Pflege der Anlage ausgezeichnet – »schöne Blumenforen, trefliche Treibhäuser zu Wein, Pfirsichen und anderen Gewächsen, die besondere Kultur erfordern«. Bei den beiden Bouchés an der Lehmgasse, Paul und David, finde man englische Aurikeln, Hyazinthen, Nelken, Ranunkeln. Der Betrieb David Bouchés, des Seniors, ragt da wieder hervor: »Die ganz vortreflichen Obstsorten, die hier in großer Menge und mit ungemeinem Erfolge gezogen werden, machen ihn berühmt; desgleichen sind daselbst schöne Floren von allen Sorten von Blumen anzutreffen. In diesem Garten siehet man einen Theil einer ehemals von Eosandern gebauten Ehrenpforte, welche hieher gebracht worden.« Der Jüngere, Peter Bouché, eifere dem Bruder mit Nelken, Hyazinthen, Ranunkeln, anderen Blumen und »gutem Erfolge nach«. Krauses Kunstgarten – aufgrund der Exotika »für Kenner sehr merkwürdig« – biete Aurikeln, Nelken, Ranunkeln, Terzetten, Iris, Tulpen und Sämereien. Bei Johannes Bouché nebenan gebe es ein ähnliches »schönes Sortiment«, außerdem gefüllte und einfache Hyazinthen, Anemonen und Staudengewächse.

»Weit die Spree herunter nichts als ländliche Szenen«

Zur Stralauer Vorstadt gehören ferner Gärten flußwärts rechts der Holzmarktstraße, bei deren Darstellung der nüchterne Nicolai in die Harfe greift: mit »vortreflicher Aussicht auf die Spree, welche hier ziemlich breit, und beständig theils mit Fischerkähnen und Flössen, theils mit besegelten Fahrzeugen bedeckt ist, die von Schlesien kommen und dahin gehen. Es ist ein romantischer Anblick von einem etwas erhöhten Balkon, rechts über der Blocksbrücke, das ganze Getümmel der Stadt, und die Ansicht der Häuser zu sehen, welche die Thürme des Waisenhauses und der Parochialkirche nebst der Zuckersiederey in Neukölln zum Vorgrunde dienen; und sobald man sich links wendet, weit die Spree herunter nichts als lauter ländliche Szenen zu sehen, besäete Felder, Wiesen, Büsche, den Wald nach Köpenik, und den zwei Meilen entfernten Miggelberg, der am Ende des Horizonts seine Spitze in den Wolken zu verbergen scheint.«

Ein großer Teil der Gärtnerfamilien, die seit Beginn des 18. Jahrhunderts in Berlin und Brandenburg die Zivilisation beförderten, waren hugenottische Einwanderer: fleißige, gut ausgebildete Glaubensflüchtlinge aus Frankreich, die Kurfürst Friedrich Wilhelm mit seinem Potsdamer Toleranz-Edikt von 1685 eingeladen hatte. In einer »Kolonieliste« von 1700 werden für Brandenburg bereits 44, für Berlin einschließlich Köpenick und Spandau 29 Gärtnerfamilien erwähnt. Die Zugereisten wußten Gewächshäuser zu bauen und Mistbeete anzulegen, sie veränderten mit ihrem Anbau von Salat, Bohnen, Erbsen, Blumenkohl, Spargel und Artischocken eintönige Eßgewohnheiten der Einheimischen. Und beeinflußten durch neue Gartenwirtschaften, in denen der Spaziergänger sich erfrischen konnte, die Entwicklung der Gastronomie. Auch hier sollte die

Familie Bouché mit der Gastfreundschaft in ihren Betrieben den Anfang machen.

1704 hatte der Stammvater der Gartendynastie, David Bouché aus Bonney in der Champagne, das erste, zunächst sieben Morgen große Stück Land an der Lehmgasse erworben. Er beginnt auch mit der Anpflanzung fremdländischer Arten, wozu eine mediterrane Zwergpalme gehört, die einzige in Europa wildwachsende dieser Spezies. Nach ihm wird sein Sohn Pierre Chef der »Gemüse- und Obsttreiberei«. Dessen 18 Kinder verbinden sich außerdem mit anderen Gärtnerfamilien zu einem grünen Clan der Blumen-, Obst- und Gemüsezüchter, über die Stralauer Vorstadt hinaus. Mit Jean David Bouché, der auch Kaffeestauden und erstmals Hyazinthen und Blumenzwiebeln in deutschen Ländern anbaut, folgt 1781 die dritte Generation. Bouchés Blumenfelder expandieren nun bis vor das Schlesische Tor, die Bouchéstraße in Treptow erinnert heute noch daran. Nachfolgende Bouché-Generationen werden Berlins botanische Entwicklung weiter prägen und Mitte des folgenden Jahrhunderts rund 9000 Nutz- und Zierpflanzen-Sorten zum Verkauf anbieten.

Jüdische Zuwanderer gab es zunächst wenige in dieser Vorstadt. Die meisten konnten wie Mendelssohn keinen Grundbesitz erwerben, aber privilegierte Schutzjuden profitieren von Ausnahmeregelungen. Erwähnt wird in Nicolais großem Stadtführer der Kauf des Weissischen Kaffeegartens durch einen Judenältesten namens Abraham Meyer Jakob. Zu dieser Grünfläche, die bereits 1684 durch Staatsminister Franz von Meinders an der Holzmarktstraße angelegt worden war, gehörte, hinten an der Rosengasse gelegen, ein Lusthaus mit steinernen Brustbildern des Großen Kurfürsten und seiner Gattin. Spätere Besitzer verschuldeten sich; schließlich fiel das Anwesen an Jakob, der vier Gärten daraus machte und verkaufte.

»Der Geruch Bouchéscher Hyazinthen wallt durch die bewegte Luft«

Die Erinnerung an diese blühende Vorstadtlandschaft, in der Mendelssohn und Nicolai gute Zeiten verbracht haben, war hundert Jahre später noch nicht ganz verflogen. Der Flaneur Julius Rodenberg stellt 1880 aber fest, daß mittlerweile die Gärten dem Häuserbau weichen mußten. »Hier herum, in dieser damals ganz ländlichen Gegend, hatten vor hundert Jahren viele Berliner ihre Sommerwohnungen. Nicht weit von hier, nach dem Frankfurter Tore hin, in dem, was zu Ende des vorigen Jahrhunderts die Lehmgasse war und heute die Blumenstraße heißt, hatte Lessings Freund, Friedrich Nicolai, sein Landhaus [...]« Die vielen Gärtnereien, von denen diese Benennung herrührt, seien »zu beiden Seiten hinter sehr primitiven Gartenzäunen in kleinen, bescheidenen Häusern angelegt« worden; »noch in den zwanziger Jahren war es hier so still und einsam, daß man nach Sonnenuntergang kaum einen Menschen zwischen den dunkelen Hecken mehr antraf. Das holperige Steinpflaster und das Öllampenlicht reichten nur bis an den Grünen Weg – ›der sternenklare Himmel glänzte über den stillen Gartenbäumen, und der Geruch der Bouchéschen Hyazinthenbeete wallte durch die kaum bewegte Luft‹.« Allein die Bouchés seien hier mit fünf Betrieben präsent gewesen.

Ein halbes Jahrhundert später klingt die von Otto Zarek im Exil verfaßte Beschreibung der Szenerie für seinen Mendelssohn-Roman eher diffus. Der Berliner Zarek war als Jude und Homosexueller vor der Bedrohung durch das nationalsozialistische Regime nach Budapest geflüchtet. Im Amsterdamer Querido-Verlag veröffentlichte er 1936 eine literarisch ausgeschmückte Biographie, die das Leben des Moses der deutschen Juden

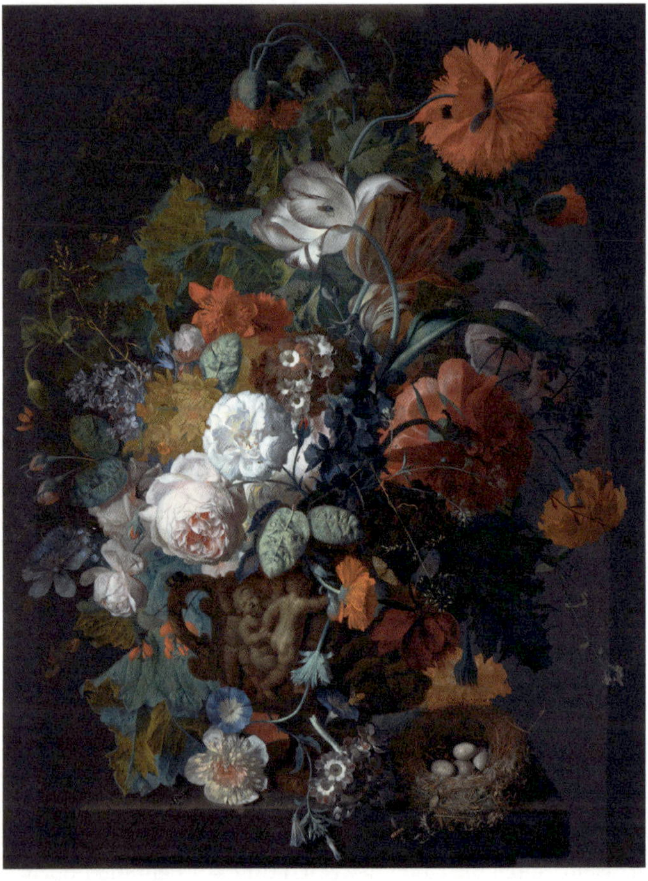

auch auf dem Hintergrund der politischen Aktualität reflektierte. Hier wird der Garten des Verlegers kurzerhand aus der Vorstadt auf die engen Parzellen der Berliner Mitte zurückversetzt. »Herr Nicolai besaß in seinem Hause einen schönen Garten. Die Sommertage in Berlin waren heiß und drückend. Dem Juden Mendelssohn war es nicht erlaubt, den Schatten des Tiergartens aufzusuchen; er hätte sich den Anwürfen der Bevölkerung ausgesetzt (und noch später, da er schon weltberühmt ist, wird er im Tiergarten angerempelt werden). Aber Nicolai lädt den neuen Freund zu sich; unter den dichtbelaubten Eichen seines Gartens ergehen sich die Freunde an den Abenden im ernsten Gespräch. Die Dienerschaft mochte staunen, wenn der kleine Jude mit dem gekrümmten Rücken ans Tor kam [...].«

Weitere dreizehn Jahre später haben das »Dritte Reich« und die Zerstörungen des Weltkriegs Berlin und seine Überlieferungen einschneidend verändert. In ihrem Lore-Roman »Schuldner« – über die Bouché-Familie und die Stadt von damals – schildert Meta Brix 1949 das verlorene Paradies der alten Zeit. Die Schriftstellerin war schon zu Beginn des Ersten Weltkriegs mit der während des Zweiten Weltkriegs neu aufgelegten Erzählung »Marie von Moltke: Eine Soldatenfrau« hervorgetreten. Nun schaut sie zurück auf eine entschwundene Welt – aber aus einem anderen Blickwinkel als der jüdische Autor Zarek: »Unsere Stadt Berlin war uns niemals so stark ans Herz gewachsen wie in dieser Zeit, da sie im größten Wandel begriffen ist, den je eine Stadt durchzustehen hatte. Wir verloren viel. [...] Wer genau hinhört, wird aus dem, was in Feuer und Schutt versank, eine leise Melodie vernehmen ... das Lied der Erinnerung. [...] Wer Berlin richtig kennt, nun, der kennt wohl auch den Osten der Stadt, den Alexanderplatz, die Blumen- und Magazinstraße, die Schilling- und Krautstraße.« Dort habe es in der Zeit, von der hier erzählt werden solle, völlig anders ausgesehen als heute.

Wenn man damals vom Paradeplatz durch die Contre escarpe bis zur Lehmgasse gegangen sei, habe sich ein prachtvoller Garten an den anderen gereiht.

Zerrissenheit unter zarten Blütenblättern

»Diesseits und jenseits der Lehmgasse hatten die Söhne aus dem Gärtnergeschlecht der Bouchés ihre Blumereien, Obstgärten und Gemüsezüchtereien, sehr weitläufig, mit langen gläsernen Gewächshäusern und wundervollen Alleen von Obstbäumen und Pfirsich- und Aprikosenspalieren. Diese Gärten gingen bis zur Schillingsgasse durch und am anderen Ende bis zur Rosengasse. In der Lehmgasse besaß auch der Buchhändler Friedrich Nicolai seinen Sommergarten [...]« Dann wird die Auflistung der zahlreichen Gärtner-Familien fortgesetzt. Aber eigentlich geht es um Liebes- und Familienkonflikte: »Lotte war am Winkel angekommen. Sie ging nicht durch die breite Auffahrt, sondern klinkte die kleine Gartenpforte auf und kam gleich in die Allee von Apfelbäumen, die in schönster Blüte standen, während die Pfirsichspaliere längs der Gartenmauer schon die zarten Blütenblätter abzuwerfen begannen.«

Die Landschaft der Bouchés dient dem Leser in seiner bedrückenden Gegenwart als nostalgische Projektionskulisse: »Und mit diesem schrecklichen Gefühl einer völligen inneren Zerrissenheit trat er in die heitere Ruhe des Gartens ein, in dem sich alles Laub schon rötlich zu färben begann. In den weiten Blumenfeldern leuchteten die Herbstastern und Georginen in vielen Farben.«

Mit dem sechsten Spaziergang ist es uns nun endlich doch gelungen, die Lauben Nicolais und Mendelssohns ungefähr zu lokalisieren. Und dabei eine Ahnung von den blühenden Herrlichkeiten des Quartiers zu entwickeln, in dem ihr eigenes Gartenglück so »überaus schön« verwurzelt war.

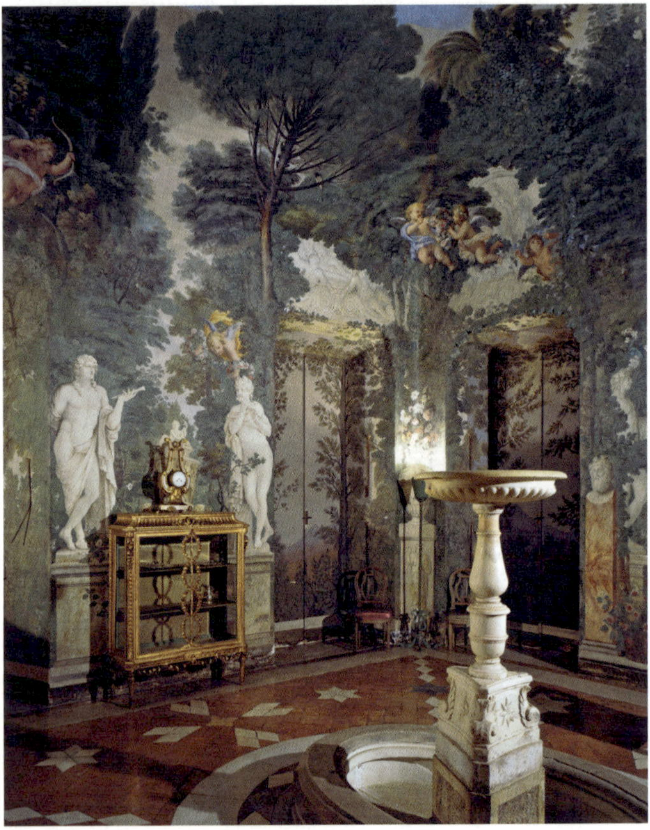

Luxusdatsche Sommerschloß

Siebenter Spazierflug: von einem Barockschloß
in den Albaner Bergen zum Pyrmonter Kurpark,
den Grünanlagen der Berliner Münzunternehmer
Ephraim und Itzig – und zurück

Bis Frascati war Moses Mendelssohn nie gekommen. Er pflegte Geschäftskontakte nach Italien, reiste mit der Phantasie des Lesers an historische und literarische Schauplätze der Antike. Aber leibhaftig besucht hat er kaum mehr als eine Handvoll Städte in Preußen und anderen deutschen Ländern. Eine Besichtigung der ältesten Barock-Villa in der bekanntesten Bischofsstadt der Castelli Romani, den Albaner Erholungsbergen des Kirchenstaates, und ein angenehmer Aufenthalt in diesem feudalen Umfeld wären für den kleinen Mausche Dessau schwer realisierbar gewesen. Wenn er auch die schönen Dinge des Lebens schätzte: Die Herkunft aus bescheidensten Verhältnissen hat er später, als bekannte Persönlichkeit der Gelehrtenrepublik, nie vergessen. Seine Eltern waren Mieter im kleinen Fachwerkhaus eines christlichen Seifensieders gewesen. Seltsam wäre es ihm erschienen, daß Frascatis Villa Falconieri – eine Schloßanlage auf römischem Fundament, gelegen in der tusculanischen Sommerfrische-Region von vormals Cicero und Company – gut 250 Jahre nach ihrer spektakulären künstlerischen Ausstattung zum Mendelssohn-Ort werden sollte.

Der Architekt Francesco Borromini war im 17. Jahrhundert beauftragt worden, dieses Sommerschloß zu renovieren. Damals entstand ein grandioser Park, viele Räume wurden mit Fresken ausgemalt. »Das sogenannte ›Frühlingszimmer‹ des Carlo Maratta ist so voller Anmut und Heiterkeit, daß es bei den Falconieri zur Sitte geworden war, darin für die Neuvermählten ihres Hauses das Brautbett aufzuschlagen«, schreibt der deutsche Schriftsteller Richard Voß, nachdem er lange an diesem inspirierenden Ort gelebt hat, gegen Ende des 19. Jahrhunderts. »In dem Hain der großen Göttin, der an die Wände hingezaubert ist«, sieht er »die Blumen immer noch blühen, die Vögel immer noch singen.« In den Wipfeln geflügelte Amoretten, »Hermenbilder mit Kränzen schmückend, weiße Tauben jagend und bunte Gewinde um die Pforte schlingend, durch welche die Neuvermählten eintreten werden, um ihr junges Glück in einem Heiligtum zu bergen. Und noch immer streut aus ihrem rosigen Gewölk, von Genien umschwebt, die gute, holde Frühlingsgöttin ihre duftenden Gaben auf die aufblühende Erde hernieder. An drei Seiten umläuft das Zimmer eine Galerie, auf welche hohe Glastüren hinausführen.«

Der gemalte Garten geht über in ein Panorama, das Voß ergriffen schildert: »O du heilige, du göttliche Schönheit der Erde! Meer und Gestade, Campagna und Alpen, Rom. [...] Wenn der Sturm die schwarzen Gewitterwolken über die Campagna hintrieb, Rom in Blitzen aufflammte; wenn am frühen Morgen die Campagna ein einziges wogendes Nebelmeer war, darauf nur die Peterskuppel schwebte; wenn die rote Mondsichel im aufleuchtenden Meere versank; wenn der Frühling die Steppe in ein Blütengefilde verwandelte, der Sommer sie braun brannte; wenn die Sabina [die Monti Sabini] wie ein azurblaues Wolkengebirge auf der violetten Erde ruhte, der Horizont über Rom in Purpurgluten entflammte [...].«

Park, Paradieszimmer und gemalte Illusionen gehören zum Lebensstil der Superreichen, zu ihren Inszenierungen und Macht-Optionen. Der Freskenraum, rundum geschmückt mit perfekter floristischer Akkuratesse, wird zum virtuellen, stets verfügbaren Garten: zur Simulation perfekt kontrollierter Natur. Der Kontrast zu den existentiell benötigten Hof- und Küchengärtlein bürgerlicher Selbstversorger und ihren bescheidenen Laubenfreuden erscheint hier extrem. Voß beschreibt auch, wie beim Blick aus dem Festsaal der offenbar über alle Elemente und unbegrenzte Mittel verfügenden Adligen Architektur, Natur und deren Überhöhung durch die Kunst sowie Stadt und Landschaft miteinander zur berauschenden Collage verschmelzen: »bei weit geöffneten Türen befanden wir uns wie in einer Theaterloge, von der aus wir eines erhabenen Schauspieles genossen«, und dann schildert er die Ebenen und Elemente des Panoramas: »Hier schauten wir durch die Säulenbogen auf den Hain und die tuskulanischen Höhen, auf Meer und Gestade; dort durch ein kleines, von holländischen Meistern ausgemaltes Gemach auf einen Balkon mit einem Brunnen – ein Werk des vortrefflichen Domenichino Fontana. Hinter dem braunen Becken, aus dem das Wasser über Nymphenfarnen herabrieselte, scheint eine der idealen Landschaften Poussins Wirklichkeit geworden zu sein. Oliven- und Pinienwälder mit einem hochgelegenen fast zu kolossalen Schloß und fabelhaften Terrassenbauten, zu denen sich lange Reihen von Cypressen emporziehen, eine schimmernde Alpenkette, noch spät im Frühling mit schneeigen Gipfeln; die Campagna mit dem Soracte ...« Das ist jener zu den Sabiner Bergen gehörende Mons Soracte, den Mendelssohn zwar nie selbst gesehen hat, zu dem er aber (wie wir eingangs sahen) als Übersetzer einer Horaz-Ode auf den Flügeln der Poesie hatte reisen können. Wie er dann aber trotzdem, wenn auch nicht zu Lebzeiten, doch noch im Garten Falconieri angekommen ist, wäre eine andere Geschichte ...

»Ich danke Gott, daß ich von den Münzen weggeblieben bin«

Er hält ja einerseits Distanz zum Ambiente von Adligen und Neureichen und genießt dennoch gelegentliche Einladungen der *High Society*. Seinen Freund Abbt wird er vor der Abhängigkeit von einem fürstlichen Arbeitgeber warnen.

Den korrumpierenden Umgang mit reichen Leuten hatte er schon in den Brautbriefen an Fromet Gugenheim problematisiert: Die Verlobte solle von seiner »so genannten Freundschaft« mit einem vornehmen jüdischen Herrn nicht unbedingt Beschleunigung bei der Erlangung der Niederlassungsrechte erwarten. Sie denke »zu edel«, um sich einen reichen Berliner realistisch vorstellen zu können. Falls sie beide ein gemeinsames Leben erreichen könnten, »so werden Sie alle Gesellschaften mit den hiesigen Reichen meiden müssen, weil Ihr Charakter sich mit jener Denkungsart gar nit vertragen will«.[1]

In eine Zwickmühle gerät der selbstbewußte Moses, als ihm kurz vor der Familiengründung von seiten der einflußreichsten Berliner Juden, Veitel Heine Ephraim und Daniel Itzig, ein vergiftetes Angebot gemacht wird. Er soll mit seiner Prominenz und dem integren Image das positive Aushängeschild ihrer Münzgeschäfte darstellen, deren enorme Profite – in Absprache mit dem König – auf der Produktion minderwertiger

1 7. Juli 1761

Geldstücke (»Ephraimiten«) beruhen. Für den Monarchen geht die Rechnung bei diesem Deal auf: Seine Kriegskasse füllt sich, der Haß der Bevölkerung trifft seine Münzjuden. Für diese soll nun Moses den Saubermann spielen. Daß seine potentiellen Partner Itzig und Ephraim zu den Gemeindeführern zählen und daß Ephraims Tochter Rösel Meyer bald darauf Mendelssohns Hauswirtin in der Spandauer Straße 68 werden soll, macht die Situation noch komplizierter.

»Ich sehe täglich mehr, daß mein Gemüth zu leicht nachgiebt, und danke Gott, daß ich von den Münzen weggeblieben bin, wie leicht wäre ich mit dem Strom fortgeschwommen«, wird er, nachdem die Würfel gefallen sind, an Fromet schreiben. »Ich kann mich gegen niemanden über diesen Punkt rechtfertigen. Alle Welt beschuldigt mich, ich hätte mir die Gelegenheit zu Nutz machen sollen, ein reicher Kerl zu werden. Aber ich kenne meine Schwachheit, und weis daß ich recht gethan habe.«[2] Die Frage, ob das der Fehler seines Lebens gewesen sein könnte, treibt ihn weiter um: »Es hat selten jemand Gelegenheiten ein reicher Kerl zu werden, so nachläßig vorbeygehen lassen, als ich, und da die Menschen über diesen Artikel so verschiedentlich denken, so gehört eine Art von Hartnäckigkeit dazu, auf seinem einmahl gefaßten Vorsatz zu verharren«, verteidigt er sich. »Wenn ein böses Thun glücklich ausgeht, so wünscht sich ein jeder Theil daran zu nehmen. Aber so denke ich nicht. Ich habe vorher überlegt, daß ich in einer Münzbedienung nicht glücklich seyn würde, und nunmehr gebe Gott allen guten Leuten, die daran Antheil haben, Glück und Gelingen, ich gönne es ihnen allen von Herzen.«[3]

Im Vorjahr, während der Phase des Umworbenwerdens, hatte

2 23. Februar 1762
3 2. März 1762 an Fromet Gugenheim

bei diesen Verführungsversuchen der berühmte Ephraimsche Garten Schiffbauerdamm 21/22 eine Rolle gespielt. Das Grundstück und benachbartes Terrain, ehemaliger Besitz des Grafen Alexander von Wartensleben, wollte der jüdische Kaufmann Ephraim schon lange kaufen, aber das ermöglichten erst zwei königliche Befehle vom 12. Januar und vom 22. April 1761: Damals wurde ihm als Juden eine der ersten Ausnahmegenehmigungen zum Immobilienerwerb in Preußen gewährt. Durch den Grafen war seinerzeit bereits ein Garten mit Rondellen, Pavillons, Figuren und Brunnen angelegt sowie durch den Architekten Eosander von Göthe ein dreiflügeliges Landschlößchen gebaut worden. Länge der Straßenfront: 147 Meter. Zu der vorhandenen Mühle baut Ephraim vermutlich eine weitere für Blasebalg-Kapazitäten hinzu und läßt auf dem angrenzenden Gelände eine Raffinerie errichten, mit der die »Ephraimiten« wieder in ihre Ursprungsmetalle geschieden werden. Auf P. Güldners Plan »Von der Gegend bey Berlin vor dem Oranienburger und Hamburger Thor«, der vor allem Grundstücke von zehn Gärtnereien und mögliche Flächen für 36 weitere Gärtnerfamilien verzeichnet, ist das Gelände des Münzunternehmers an der Spree mit einer imposanten Gebäudereihe und einem stattlichen Teich dargestellt, von weitläufigen Grünflächen umgeben.

Das »Hintertheil« des Ephraimschen Gartens, heißt es in Nicolais dickleibigem Stadtführer, »gränzt an den gräflich Reußischen Garten; die reizendste Partie desselben ist eine von den schattigten Spaziergängen umgebene Wiese«. Es gibt ein von Büschen gebildetes »Kabinett«, das ein Platanenbaum beschattet, dessen Zweige sich weit darüber ausbreiten. An der Wiese stehen zwei bis drei Meter große, vom Baumeister Schlüter entworfene Statuen des Merkur, der Juno, des Bacchus, der Flora, der Leda und der Venus, ursprünglich bestimmt für das Brustgeländer des Schlosses.

»Einen so vornehmen Bräutigam bekommen Sie!«

Dies ist der Ort, wo der frischgebackene Immobilienbesitzer stolz wie Oskar dem Herrn Moses Gastfreundschaft erweist: »Der hochzuehrende Herr R. Veitel hat sich nun mehr als meinen Patron erklärt. Er ligt auf seinem Lustgarten und ich mus bei ihm schlafen in einem prächtigen Zimer, das mir angewisen worden. Kann ich nit stolz hirauf sein? Sehn Sie einen so vornehmen Bräutigam bekomen Sie!« Sechs Wochen darauf findet dann am selben Ort mit dem auf diese Weise Verwöhnten ein *Business Lunch* statt: »Heute habe ich mit Bär Wessely bey Herrn Veitel auf dem Garten gespeist. Der Mann ist ein sehr braver Mann, bey dem mir aber Zeit und Weile und lang wird. Es gefällt ihm nichts, als was er selber sagt, doch hat er gewiße Annehmlichkeiten, um deren willen man ihm vieles verzeiht. Sie haben sehr wohl angemerkt, liebe Fromet! Der Mann hat die Gabe durch seine wichtige Miene seine Zuhörer aufmerksam zu machen. Man horcht, wird über seinen langsamen Vortrag ungeduldig, und findet zuletzt, daß er gar nichts hat sagen wollen.«[4]

Obwohl Mendelssohn den Münzdeal – die Rede ist von 18.000 Reichstalern sowie von einem hohen Jahresgehalt als Münzdisponent – schließlich ablehnt, bleibt er in guter Verbindung mit den Ephraims. Mit dem Sohn Zacharias, der bei gemeinsamen Reisen die bequeme, viersitzige Kutsche stellt, arrangiert er sich freundschaftlich; er kann dann wohl doch über die im Brief an Fromet erwähnten Beschränkungen der Persönlichkeit hinwegsehen. Im Sommer 1773 wird er sogar Lessing einladen, mit ihm und dem »nichts sagenden« Zacharias

4 3. Juli und 18. August 1761 an Fromet Gugenheim

nach Pyrmont zu reisen. Seine Briefe von den dortigen Aufenthalten berichten dann vor allem die brave Verrichtung aller vorgeschriebenen Anwendungen zwischen Bad und Brunnentrunk.

Im Aufklärungsjahrhundert hatte sich Pyrmont zur angesagten Adresse entwickelt, wo selbst der Zar, der englische König, der Philosoph Leibniz und Anno 1744/1746 der Preußenkönig eingekehrt sind. Barocke Alleen waren für den Kurpark angepflanzt worden, in deren Schnittpunkt ein Brunnenbecken die sieben Meter hohe Fontäne emporschleuderte – gespeist aus der kohlensäurehaltigen Bergsäuerlingsquelle. Später kamen weitere Alleen, unter anderem die Springbrunnenallee, eine Gondel zur Fortbewegung im Park, ein Ballhaus mit Theaterbühne, Casino und Restauration hinzu, und 1777 ein Badelogierhaus.

»Zu Mittage essen viele unter den grünen Bäumen«

Der seit 1775 praktizierende Brunnenarzt Heinrich Matthias Marcard preist das Bad in seinem mehrbändigen Kurführer: »Kunst und Natur haben in diesem Thale mit einander gewetteifert, um es zu einem schönen Orte zu machen«. Er rühmt als »Mittelpunkt von Allem«, als »Börse von Pyrmont, wo man jedermann findet« und »Versamlungsort bey gutem Wetter« die Große Allee, von der man »über den Springbrunnen hinweg in die tiefer gelegenen Theile des Thals, die grünen Wiesen und endlich gegen die blauen Berge im Hintergrunde« blikke. Mittlerweile sei diese zuvor komplett überwölbte Straße nur noch teilweise zugewachsen, was den Frischluftvorteil mit der Schattenspendung verbinde. 1732 war die bereits 1668 angelegte Hauptallee mit »starken und hohen Linden« vierreihig neu bepflanzt worden: 16,5 Meter Baumabstand in der Mitte, fünf zur Linken und zur Rechten. Ein Holzzaun trennt das

Kurterrain vom Städtchen. Zu beiden Seiten reihen sich saisonale Boutiquen auf, die Apotheke, der Buchladen und das Kaffeehaus samt Speise- und Tanzsälen in den oberen Stockwerken, wo Kaffee, Tee, Schokolade und Gefrorenes zum sofortigen Verzehr oder zur Lieferung außer Haus erhältlich sind. Nahebei liegen ebenfalls Säle für »Conversationszirkel« und »Lustbarkeiten« und das Brunnenhaus.

Der Tag beginnt auf der Großen Allee: »Früh spazieren die Curgäste in bunter Menge darin, während daß sie trinken, und eine geschickte Gesellschaft Hautboisten musicirt dabey, die allemal Morgens früh mit einem feyerlichen Choral anhebt.« Nach der Trinkzeit werde von vielen in der Allee gefrühstückt, jeweils einer aus der Gesellschaft lade größere Runden ein, auch »zu Mittage essen viele unter den grünen Bäumen«. Nachmittags wird hier Kaffee getrunken, Pharo gespielt, abends die Illumination oder das Feuerwerk genossen. Hauptallee sowie abzweigende Alleen (»von einem niedlichen Buschwerk umgeben, welches von Englischen Gängen durchschnitten wird«) und Promenaden gehören zum therapeutischen Programm, weil nach jedem Trunk ein Fußweg absolviert werden muß. Den Ausblick bei einem der gerühmten Spaziergänge beschreibt der Sturm-und-Drang-Dichter Friedrich Leopold zu Stolberg-Stolberg: »Wir saßen am Fuße eines schönen waldigen Berges, unter uns ein großes Thal, in welchem Pyrmont liegt [...]. Die untergehende Sonne verschönte die große Landschaft, zahllose Heerden weideten, auf großen Aeckern ward hier geerntet, dort eingefahren. Schafe wurden in die Hürde getrieben, großes Vieh ward gemolken, andere gingen zur Tränke an einen krummen Fluß.«

Idealerweise verbinde Pyrmont Vorteile des Hofes, der Stadt und des Landlebens, behaupten die Fans des Bades. Den *Upper Class*-Faktor und kursierende Berichte von der unhöflichen Behandlung einfacher Leute durch arrogante Aristokraten spielen sie herunter. Die Anwesenheit nichtadliger angesehener Gelehrter zählt dagegen als Qualitätsbeleg: Von denen habe der Ort, heißt es 1784, in den letzten Jahren »Mendelssohn, Zimmermann, Möser, Brandes, Michaelis, Meiners, Pütter, Büsch, Cramer, Hirschfeld, Herder, Stollberg, Mutzell, Garve, Spalding, manchen mehr als einmal, an seiner Quelle gesehn«. Viele in dieser Liste gehören zum Netzwerk Mendelssohns; auch Friedrich Nicolai soll es im Lauf seines Lebens ganze 17 Mal nach Pyrmont ziehen, angelockt durch den »Zirkel von schätzbaren Männern und geistreichen Frauenzimmern [...], deren Kenntnisse, feine Sitten, Anmuth, fröhliche Laune, Witz und Gutmüthigkeit, der Konversation jene Urbanität und Unbefangenheit gaben, die den Geist so sehr aufheitern und erhellen kann«. Bei Teegesellschaften und in temporären Wohngemeinschaften findet man zueinander.

»Jeden Morgen kränzen frisch aufgeblühte Rosen meinen Gesundbecher«

Als Mendelssohn das zweite Mal in Pyrmont weilt, ist auch sein Briefpartner Johann Gottfried Herder eingetroffen. Zwei Jahre zuvor hatte dieser noch von dort an seine Braut geschrieben: »Ich bin jetzt auf dem Lande, in der schönsten, Deutschesten, Romantischsten Gegend der Welt. Eben das Feld, wo Hermann focht, u. Varus geschlagen ward [...] Daß Pyrmont, was die Spieltische und die Alleenpuppen betrift, für mich weniger intereßant gewesen, als wieder seine große, schöne, heilsame Natur, können Sie auch leicht denken. Ein eigenes, düsteres, u. eingeschloßnes Thal [...] jeden Morgen sind frische Rosen aufgeblüht um meinen Gesundbecher zu kränzen«. Im Sommer

1774 wird der Kulturphilosoph deutlich mißgelaunter in Pyrmont erscheinen und sich zu Mendelssohn, der ihm erstmals gegenübersteht, kühl verhalten. Er habe, schreibt Herder dem Verleger Johann Friedrich Hartknoch, keine Anknüpfungspunkte mit jenem gefunden, den er als außerordentlich hellen, aber leidenschaftslosen, stolzen Fachphilosophen bezeichnet, »der sich nicht von der Stelle regt«. Mendelssohn wiederum teilt dem Dichter Johann Christian Brandes mit, er vermisse in Herder den Philosophen, könne ihm seine »rauhe Sprache« nicht verzeihen und daß er die Berliner angreife; »darum stimten sie nicht im Herzen, obgleich ich versichert bin, daß sie sich beiderseits hochschätzten«, berichtet wiederum, in der Klatschbörse der Gelehrten, Brandes an den Altertumswissenschaftler Johann Christian Heyne. Acht Jahre später wird sich Herder für sein distanziertes Verhalten entschuldigen. Worauf Mendelssohn antwortet, er habe seinerzeit in den Blicken des anderen die Bitte gelesen, ihn nicht zu begleiten, als wolle jener sagen: »Je näher in Lehre, desto entfernter im Leben. Sie kennen die Menschen, auf die ich jetzt wirken muß, wenn ich meinen Endzweck erreichen will.«[5] Das klingt, als habe Herder auf Kontakte zu wichtigen Kurgästen spekuliert, weshalb er mit dem Juden nicht gesehen werden wollte.

5 Mendelssohn aus Berlin, 15. 3. 1781. Er fügte hinzu: »Diese Sprache hat mir so mancher rechtschaffene Mann in Ihrer Lage zu verstehen gegeben, daß sie mich an Ihnen nicht mehr befremdete. Ich bin ohnehin gewohnt, so oft ein Freund seinen Stand verändert oder verändern will, ein wenig schüchtern zu werden.«

»Niemandem wird der Eingang zur besten Gesellschaft versagt«

Offiziell werden jüdische Händler, die ihre Waren anbieten, »Wucherjuden«, die das Glücksspiel suchen und zahlende jüdische Kurgäste in dem weltläufigen Bad toleriert; weder ist ihnen der Zutritt verboten, noch werden sie separiert wie manchmal an anderen Orten. Es kursieren auch Berichte von einem Kurbad, wo ein als Christ auftretender Jude, dessen wahre Identität den anderen Gästen bekannt war, stillschweigend toleriert wurde; von einem Ball, bei dem ein Jude, der mit einem adligen Fräulein tanzen wollte, einen Korb erhielt, sich beklagte – woraufhin die Dame von allen Tänzern boykottiert wurde, aber die Vornehmste der Gesellschaft mit dem Juden tanzte. In Pyrmont ist die Zahl jüdischer Gäste während des letzten Jahrhundertdrittels auf zwei Dutzend Namen angewachsen: vor allem Rabbiner, Hofjuweliere, Hof-Kammer- und Kriegsagenten mit Verwandtschaft. Jüdische Händler nächtigen in ihren Boutiquen, andere quartieren sich bei den jüdischen Anwohnern Beermann und Behrens ein. Oder in christlichen Pensionen, wie Zacharias Veitel Ephraim und Moses beim Kaufmann Schwarz.

In der ersten Hälfte der 1770er Jahre steigt unter den rund 400 Besuchern eines Jahres der Anteil adliger Gäste auf über ein Drittel und erreicht 1775 den Spitzenwert von 45 Prozent; eine finanzkräftige, prominente und deshalb wohl dominierende Gruppe. Trotzdem soll Standesdünkel keineswegs die Atmosphäre bestimmen: »Ohne Rücksicht auf Geburt pflegen anständige Leute aus allerley Ständen zur Fürstlichen Tafel gezogen zu werden«, stellt der Pyrmont-Verteidiger Marcard fest. Niemandem werde »der Eingang in die beste Gesellschaft versagt, der die nöthigen Eigenschaften dazu hat, folglich auch Vergnügen daran finden kann«. Der Schriftsteller Jens Immanuel Baggesen äußert sich ähnlich: »Nirgends habe ich allgemeiner allen adlichen Druck aus einem glänzenden Kreise entfernt gefunden, als hier, bey der großen Frühstückstafel und auf dem Balle. Reichtum, Stand und Rang, kommen wirklich so wenig als möglich in Betracht [...]«

Pyrmonts Ruf als Bad des Adels und einer der teuersten Kurorte setzt sich gleichwohl durch. Mindestens hundert Reichsthaler kostet ein Aufenthalt; ein Student lebte damals von 400 Reichsthalern im Jahr. Moses war als Fabrikgeschäftsführer nicht mehr arm, schuldete aber 1774, nach den ersten Krankheitsjahren, seinem Arzt Marcus Elieser Bloch 1400 Reichsthaler. Ohne Unterstützung Ephraims, der zumindest für die Reisekosten aufkommt, wäre diese teure, medizinisch motivierte Unternehmung nicht möglich gewesen.

Das Städtchen im Weserbergland wird für ihn auch zum Treffpunkt mit der Schriftsteller-Freundin Elise Reimarus, den Göttinger Professoren Johann David Michaelis, Johann Georg Heinrich Feder und Georg Ludwig Böhmer, seinem Arzt Johann Georg Zimmermann sowie den Dichtern Heinrich Christian Boie und Johann Christian Brandes. Doch als tiefsten Eindruck seiner Kuren 1773/74 wird Moses, den der Historiker Reinhold P. Kuhnert »das Pyrmonter Paradebeispiel jüdischer Integration« nennt[6], eine Zusammenkunft erinnern, bei der Standesgrenzen spektakulär überschritten wurden.

6 In: »Urbanität auf dem Lande. Badereisen nach Pyrmont im 18. Jahrhundert«, Göttingen 1984

»Zu weit getriebene Empfindsamkeit stört die Glückseligkeit«

Wilhelm zu Schaumburg-Lippe und Marie Barbara Eleonore zur Lippe-Biesterfeld, die kurz zuvor ihre kleine Tochter verloren hatten, wird Mendelssohn nach dem frühen Tod des Paares 1780 rückblickend charakterisieren: »Ich habe nach der Zeit Gelegenheit gehabt, diesen seltnen Grafen kennen zu lernen, und beim Brunnen zu Pyrmont seines persönlichen Umgangs zu genießen. [...] Ich sah einen Mann von langer Gestalt, stark von Gliedmaßen und abgehärtet; aber von innerm Harme; vielleicht auch zum Theil von zu harten Strapazen, äußerst abgezehrt.« Die Kontraste zwischen dessen »unsanftem Äußerlichen« und »menschenfreundlichem Wesen«, zwischen seinem »strengen Ernst« und der »Menschenliebe«, einer »feinsten griechischen Seele« und dem »rauhem, westphälischen Körper«, edler Gesinnung und Freude an Risiko-Sportarten wie ebenso an den Wissenschaften faszinieren, eine Schrift des Grafen über den Verteidigungskrieg beeindruckt ihn. »Tod für Freiheit und Gerechtigkeit, zukünftiges Leben und Vorsehung waren die Gegenstände seiner gewöhnlichen Unterredung. Ich habe nie einen Mann mit mehr Wärme von den Wahrheiten der natürlichen Religion reden hören. Frei von allen Vorurtheilen, die zu Zwiespalt und Menschenhaß führen ...« Die Gräfin beschreibt er als »von ungemeiner Schönheit und seltnen Gemüthsgaben«, mit den Ansichten des Grafen übereinstimmend, »aber im Umgange keines so hohen Ernstes, sondern voller jugendlicher Sanftmuth und Milde«. Sie habe, um mit ihren großen Kenntnissen nicht neben dem Gatten zu glänzen, bei gemeinsamen Unterredungen »allen Schein von Gelehrsamkeit« zu verbergen gesucht. Die Beziehung des Paares skizziert er so: »Obgleich von ungleichem Alter und dem Anscheine nach entgegenstehender Gemüthsart, liebten sie sich einander mit inniger, fast romanenhafter Zärtlichkeit; vielleicht zu sehr, um ein glückliches Ehepaar auszumachen.« Denn die »zu weit getriebene Empfindsamkeit«, bemerkt er als Psychologe, sei »in jedem Stande eine Störerinn der menschlichen Glückseligkeit«.[7]

»Seien Sie eifersüchtig auf die Gräfin von Bückeburg«

Ob Mendelssohn tatsächlich an den beliebten Pyrmonter Freilufttafeln teilgenommen hat, wissen wir nicht. In einem Bericht vom Ende des Jahrhunderts heißt es darüber: »Alle speisen dort zusammen an einem langen Tisch unter den Bäumen. Zwei ausgezeichnete Musikkapellen aus Hannover spielen dort die ganze Zeit, und in den Gebäuden gibt es Läden, die mit allem angefüllt sind, was man nur wünschen kann. In den Monaten Juni und Juli kommt dorthin eine große Anzahl von Prinzessinnen, Gräfinnen und Baroninnen, um sich von der Langeweile ihrer kleinen Höfe und traurigen Schlösser zu erholen.« Für den gesetzestreuen Juden war die Teilnahme an einer nicht koscheren Mahlzeit eigentlich unmöglich, Dauerbeschallung dürfte ihm eher mißfallen haben. Doch Verehrer-Einladungen, die ihn als berühmten Aufklärungsautor erreichen, nimmt er an, wie uns in einem Brief an Fromet Mendelssohn nach Berlin das Postscriptum seiner Hauswirtin Rösel Meyer, geborene Ephraim, verrät, die ihn und ihren Bruder Zacharias – vermutlich mit ihrer Tochter – auf dieser Reise begleitet: »Ich muß Ihnen sagen, dass

7 Aus: »Moses Mendelssohn's Anmerkungen zu Abbts freundschaftlicher Correspondenz« in: Moses Mendelssohn's gesammelte Schriften. Bd. 5, S. 405-408. Leipzig 1844

Sie einen recht gesunden Mann werden nach Hause bekommen. Ein jeder sucht, seine Bekantschaft zu machen, besonders der hohe Herr, der Graf, und die Gräfin von Bückeburg amusieren sich sehr mit ihm. Er ist soeben mit der Kutsche und Bedienten des Grafen zum Frühstück geholet worden. Nun, liebe Fromet, haben Sie keine Ursache, auf meine Tochter eifersüchtig zu sein, nun sein Sie es auf die Gräfin von Bückeburg. [...] Ich bin Ihre aufrichtige Freindin Rösel [...].«[8]

Das Entrée zur Luxuswelt verdankt Mendelssohn seiner Prominenz, er hätte sich jedoch ohne den reichen Ephraim den Zugang in das komfortable Park-Ambiente kaum finanzieren können. Auf ganz andere Weise hatte er ebenfalls in der ersten Hälfte der 1770er Jahre mit einem feudalbürgerlichen Garten der Familie Itzig, den Kompagnons der Ephraims beim Münzgeschäft, zu tun bekommen. Das Palais des Bankiers Daniel Itzig an der Burgstraße, in dem es einen vom Künstler Fechhelm ausgemalten Saal mit Deckenöffnungs-Option zur Laubhütten-Nutzung gibt und zu dem ein Park mit Springbrunnen gehört, wird Moses wenigstens für gesellschaftliche Termine aufgesucht haben. Doch den Itzigschen Garten an der Köpenicker Straße, früher Luisenhof, von Berlinern später »der große Judengarten« genannt und innerhalb der Stadtmauer hinterm Schlesischen Tor gelegen, hat er als geheimes Asyl genutzt: um 1772, beim Einsatz für einen von seinen jüdischen Gemeindeleitern verfolgten Dissidenten aus dem Städtchen Łęczyca, unweit von Lodz.

Das kleine Landgut der Itzigs mit Haupthaus, Seitenflügel und Wirtschaftsgebäuden war von ihnen Anfang der 1770er Jahre erworben worden. Die neuen Besitzer lassen das Haupthaus aufstocken, eine Freitreppe und den Garten im holländischen

8 18. Juli 1774, Rösel Meyer im Brief von Moses Mendelssohn an Fromet Mendelssohn

Schachbrett-Stil mit geschnörkelten Ornamenten anlegen: mit Hecken, Bogengängen, Platanen, tausenden von Obstbäumen, Statuen des Dresdner Bildhauers Johann Gottfried Knöffler und einer Freiluftbühne. Der aufgeklärt engagierte Sohn des Seniors, Isaac Daniel Itzig, später Aktivist für Berlins jüdische Freischule, agiert da als Hausherr, veranstaltet Sommerfeste mit Musik und Theater.

»Der Gott, den mein Verstand im Sandkorn wie in der Sonne anbetet«

Als Mendelssohn den polnischen Talmudgelehrten Abba Glosk vor der Ausweisung aus der Stadt bewahren will, bringt er ihn hier am Stadtrand unter. Er hatte diesen provokanten, wie ein aufklärerischer Prophet agierenden Talmudgelehrten als scharfsinnigen Wahrheitsfreund schätzengelernt. Abba Glosk, der alkoholkranke Querkopf, ist in Ost- und Westeuropa von Jüdischen Gemeinden vertrieben, oft auch mißhandelt worden, weil er sich an jedem Ort kompromißlos mit den Rabbinern und Ältesten anlegt. Die Stadt des berühmten Mendelssohn stellt er sich als Hort der Meinungsfreiheit vor und wird desillusioniert. Die von ihm attackierten jüdischen Gemeindeführer erreichen bei den Berliner Behörden seine unvermittelte Ausweisung. Welche der philosophische Seidenkaufmann verhindern kann, indem er seine Chefin bittet, den Freund als Hauslehrer ihrer Kinder auszugeben, auf den sich nun ihr eigenes Schutzjuden-Privileg erstreckt. Nach diesem Aufschub wird Abba Glosk von Mendelssohn und Freunden in Itzigs Garten versteckt, für eine gewisse Zeit – bis der Unbeirrbare zu neuen Konfrontationen in anderen Städten aufbricht und schließlich, gefährdet, in seine Heimat zurückkehrt.

Auf der Ebene seiner Traditionskenntnis, des intellektuellen Scharfsinns und der radikalen Wahrheitssuche hat sich Moses mit Abba Glosk gut verstanden. Als Vermittler und Moderator geht er im Kontakt mit der höheren Society, reichen Juden und Aristokraten, seinen eigenen, diplomatischen Weg. So ergeben sich, von der Ständegesellschaft nicht vorgesehen, Freundschaften mit denen »da oben«, und auch der Zugang zu einem hochherrschaftlichen Garten der christlichen Oberschicht kann sich öffnen – für den Ausnahme- und Vorzeigejuden.

Heiligabend 1785 schreibt die baltische Pastorentochter Sophie Becker an Mendelssohn: »Jetzt kann ich den Gedanken ›Gott‹ nicht fassen; – ich kann nur bey der Betrachtung der Natur und der so mannichfaltig wirkenden Kräfte in derselben bewundern, erstaunen und verstummen.« Es ist zehn Tage vor dem unerwarteten Tod des Adressaten. »Rathen Sie mir, auf welche Art ich es anfange, meinem Herzen den Gott näher zu bringen, den mein Verstand im Sandkorn, wie in der Sonne, anbetet.«[9] Die vertrauensvolle Korrespondenz der 31jährigen Schriftstellerin mit dem 56jährigen Intellektuellen dreht sich um Gott und die Welt, um Glauben und Vernunft. Sophie Bekker ist als Gesellschafterin der Herzogin Dorothea von Kurland, in Begleitung von deren Halbschwester Elisa von der Recke, nach Berlin gekommen. Die Kurländer haben kürzlich Schloß Friedrichsfelde, sechs Kilometer vor dem Frankfurter Tor gekauft, wo sich – sehr viel näher an der Stadt – irgendwo auch die Wiesencavel zur Spandauer Straße 68 befindet. Die drei Damen verehren Mendelssohn, den sie in seinem Haus oder bei Nicolai im Herbst 1785 mehrmals besuchen. »Es war mir eine Augenweide, den liebenswürdigen Philosophen mit dem Judenbarte im Gespräch mit ein paar reizenden Weibern zu sehen«, notiert

9 Sophie Becker am 24. Dezember 1785 an Moses Mendelssohn

Sophie Becker. Und: »Die Seele schließt sich so willig in seiner Nähe auf.« Von seinem Familienleben und seiner Frau Fromet, einem »Weib von vielem wissenschaftlichen Verstande«, ist sie sehr angetan. Anfang Oktober sucht Moses erstmals die Kurländer in Friedrichsfelde auf.

Ein Gespräch über die Ermordung der Bäume

Zu dem fürstlichen Gut, das bis Ende des 17. Jahrhunderts Rosenfelde geheißen hatte, führt aus der Stadt heraus eine lange Allee. Im 18. Jahrhundert wurde das Gutshaus zum Schloß erweitert und im Garten hat man – so berichtet Nicolai – Lusthäuser angelegt. Der Herzog von Kurland läßt in kurzer Zeit Inneneinrichtung und Garten maßgeblich verschönern. Viele Räume erhalten seidene Tapeten, hergestellt in Mendelssohns Manufaktur Bernhard. Neben einem chinesischen Saal gibt es ein Gartenzimmer mit einem großen und drei kleinen Landschaftsbildern von Philipp Hackert, dem derzeit in Italien weilenden Maler, von dem berühmte Tiergarten-Bilder stammen; in weiteren Räumen auch fünf Gemälde der Malerin Angelika Kauffmann. Nicolai, der ebenfalls im intensiven Kontakt mit Sophie Becker steht, beschreibt die gesamte Anlage begeistert und kommentiert die herausgehobene Position beider Künstler: »Der Herzog von Kurland hat mit Angelika Kauffmann und Phil. Hackert einen Akkord geschlossen, daß jeder ihm jährlich ein Bild zu liefern hat; hierdurch wird Seine Sammlung gewiß mit der Zeit zu einer der schätzbarsten werden. Von Angelika werden in kurzem noch 4 historische Gemälde erwartet, wovon zwey aus Telemachs Geschichte genommen sind; imgleichen zwey Landschaften von Hackert, welche Gegenden von Rom vorstellen.« Eine Treppe höher stehen in zwei an den Tanzsaal grenzenden Zimmern vom Maler Rode modellierte Öfen, die Flora und Ceres darstellen, die Göttinnen der Pflanzenwelt und der Fruchtbarkeit. »Der Park, welcher sehr große Schönheiten hat, wird durch verschiedene Kanäle und große Alleen durchschnitten. Die Anpflanzung von amerikanischen und andern fremden Hölzern ist sehr beträchtlich.« Besonders links des Palastes gebe es einen nach englischer Art gestalteten Bereich, »wo heitere und melancholische, lustige und traurige Gegenden abwechseln«.

Bei seinem Besuch wird Mendelssohn von dem befreundeten Dichter Karl Friedrich Ramler begleitet. Sophie Becker führt beide am Vormittag durch den Park, während die Herzogin noch ihre Toilette vollendet: »So irrte ich eine Weile unter den schattigten Bäumen des Gartens, von R. und M. begleitet, umher und fühlte in der Gegenwart dieser schönen Seelen Gott und seine Welt lebhafter als gewöhnlich.« An einer Stelle, wo der Vorbesitzer eine Allee uralter Bäume hatte fällen lassen, bleiben die drei eine Zeitlang schweigend stehen, »wie es einem fast immer bei den Monumenten der Vergänglichkeit großer Werke der Natur zu gehen pflegt«, notiert Sophie Becker: »daß die Seele sich gleichsam unwillkürlich in den Schauder über diese verliert«. Sie äußert ihre Meinung, daß ihr ein Umhauen dieses »so wichtigen Products der Natur« wie ein Mord vorkomme. Das Gespräch dreht sich auch um die Vorstellung der Vorfahren, daß Bäume Halbgötter beherbergen. Ramler zitiert die Geschichte des Hirten Amintas, der für eine Baumrettung äußeren Wohlstand erntet, was Mendelssohn kritisiert: »das hieße die Tugend zu einer feilen Dirne machen«. Nun »schwebt« die Herzogin hinzu; man stimmt schließlich überein in der Feststellung, die Tugend übe auf des Menschen Seele einen so starken Reiz aus, daß der Anreiz einer materiellen Belohnung nicht nötig sei.

»Ich habe heute mit dem Geiste geschwelgt«

Während die Christen sich zum Mittagsmahl versammeln, zieht der Jude sich laut dem Bericht Elisa von der Reckes vorübergehend in ein Wirtshaus zurück, wo er nach den Regeln seiner Religion habe speisen können: »Wahrscheinlich thut er es, um dadurch seiner Nation lieb zu bleiben und mehr auf sie wirken zu können.« Der Nachmittag vergeht mit Schloß- und Gemäldebesichtigung, weiteren Gesprächen, Klavierspiel der Herzogin. Zum Abschied sagt Mendelssohn mit leuchtenden Augen: »Ich habe heute mit dem Geiste geschwelgt.«

Die Szene im Schloßgarten zeigt den bewunderten Gelehrten akzeptiert und integriert, zugleich aber – mit Judenbart, unter dem Ritualgesetz – in der Außenseiterrolle. Der Zwiespalt seiner Existenz zwischen Umarmung, Vereinnahmung und Befremdung wird durch positive Erfahrungen im Luxus-Ambiente der Oberschicht nicht aufgehoben.

Ungefähr hundert Jahre später ist die feudalistische Verfassung der Gesellschaft, ohne die eine Finanzierung gewaltiger Gartenanlagen immer schwieriger erscheint, durch viele politische Krisen gegangen. Schloß Friedrichsfelde mitsamt Gartenzimmer und Schloßpark hat mehrfach den Eigentümer gewechselt; jenseits der Alpen konnte auch die Villa Falconieri zu Frascati mit dem grandiosen Park und dem traumhaften Frühlingszimmer auf Dauer nicht in adligem Besitz verbleiben. Doch gibt es unter den Nachkommen Moses Mendelssohns nun drei Linien, die von deutschen Monarchen geadelt werden. Diese Nobilitierungen sind in der Verwandtschaft umstritten. Albrecht Mendelssohn Bartholdy, ein Enkel des Komponisten Felix, wird solch einen Aufstieg in Anbetracht der Herkunft seines Ururgroßvaters scharf kritisieren: »Ich bin [...] unerschütterlich davon überzeugt, daß das Von zu einem jüdisch klingenden, und wirklich jüdischen Namen nicht nur vom Standpunkt des überzeugten und pietätvollen Juden aus (dem Standpunkt, den ich persönlich einnehmen würde), sondern genau ebenso vom Standpunkt des anständigen und ehrlichen Adligen aus eine Unmöglichkeit, etwas – verzeih den grob klingenden Ausdruck – Unanständiges ist, ich meine im wörtlichsten Sinne, etwas was nicht ansteht, was keinen Stil im höchsten Sinn hat. [...] Mit der vollen Pietät gegen unsern Ursprung, mit dem vollen Stolz auf den Ururgroßvater und auf seine Herkunft aus der niedersten Schicht des damaligen Judenthums, und mit der Führung seines Namens läßt sich die Stellung im preußischen Adel meinem Gefühl nach nicht vereinigen [...].«

Einer der Geadelten, Ernst Moses Felix von Mendelssohn-Bartholdy, wird – wenige Jahre bevor er als reichster Steuerzahler Berlins in die Statistik eingeht – das heruntergekommene Anwesen in Frascati kaufen: um es seinem Kaiser Wilhelm II. für deutsche Künstler zu schenken. Deutschland verliert den Ersten Weltkrieg, die Villa wird durch den italienischen Staat enteignet; im Zweiten Weltkrieg residiert hier das Oberkommando der Wehrmacht für Italien, ein Flügel des Gebäudes wird bombardiert.

Anno 2015 ist eine Institution in die Falconieri eingezogen, die Studenten aus aller Welt zur lebendigen Aneignung der Antike, zur Alltagsnutzung der lateinischen und der griechischen Sprache versammelt. Was dem Berliner Sokrates gut gefallen hätte. Daß auf der Eingangsterrasse Büsten des seinerzeit als »Kaiserjude« verunglimpften Ernst von Mendelssohn-Bartholdy – Mitglied des Preußischen Herrenhauses – und seiner Frau Marie, geb. Warschauer nachdenklich in den Barockgarten blikken, zwei Deutsche, die hier eigentlich keiner kennt: Hätte Urgroßvater Moses, der preußische Untertan ohne Bürgerrecht, vielleicht, halten zu Gnaden, auch ein wenig komisch gefunden.

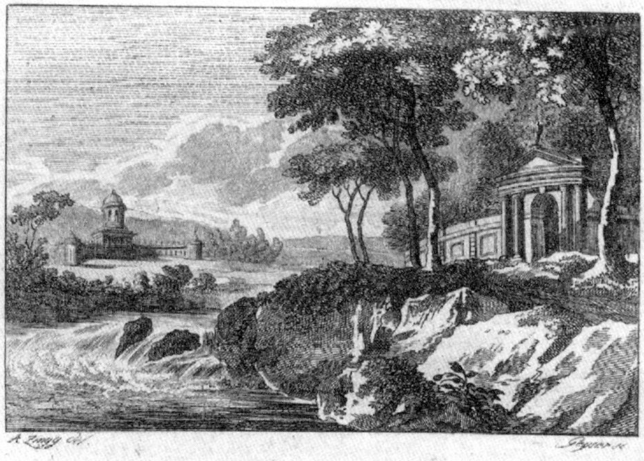

Spazierreise Nr. 7 führt uns vor Augen, wie sich der kleine Mausche Dessau, geboren in einem Anhaltinischen Fachwerkhäuschen, selbstbewußt durch unterschiedlichste Welten und Milieus bewegt. Daß er dem Gartenluxus vermögender Freunde und Verehrer angenehme Eindrücke abgewinnt, vergnügte Momente – ohne von der Pracht feudaler Parks berauscht zu werden, seine innere Unabhängigkeit, seine instinktive Distanz zu den Reichen, seine Bodenhaftung aufzugeben. Der Berliner Sokrates gönnt neidlos und genießt.

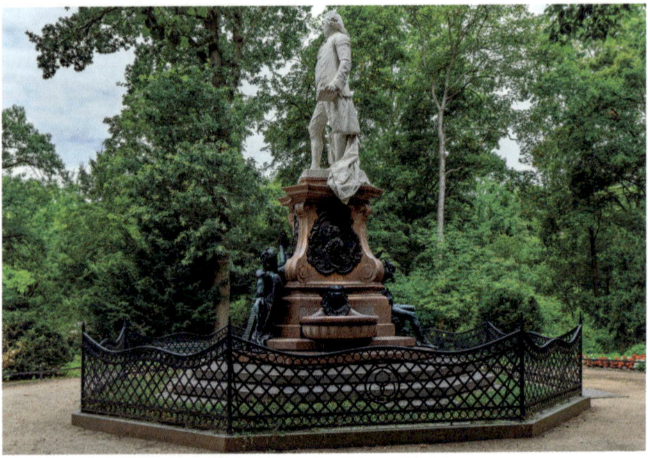

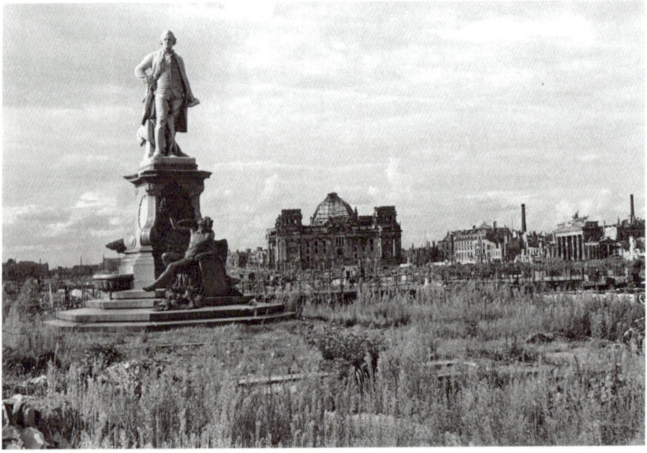

Erinnerungen an eine Landschaft in der Stadt

Achter Spazierflug: durch die Epochen bepflanzter Gehege beim Kollegienhaus an der Kreuzberger Lindenstraße, entlang der Wilhelmstraße in Mitte und durch das größte grüne Labyrinth Berlins

Über Bürgerrechte und -pflichten hat Moses Mendelssohn am Schreibtisch klare Aussagen gemacht: »Schicket euch in die Sitten und in die Verfassung des Landes, in welches ihr versetzt seid; aber haltet auch standhaft bei der Religion eurer Väter. Traget beider Lasten, so gut ihr könnet!« So steht es in seinem religionspolitischen Vermächtnis »Jerusalem oder über religiöse Macht und Judentum«. Den Kriegsrat Dohm hat er bei seinem Reformwerk »Über die bürgerliche Verbesserung der Juden« beraten; im Anhang hat er selbst das Anliegen des Buches anhand der Situation Jüdischer Gemeinden im Elsaß konkretisiert. Auf der praktischen Alltagsebene agiert er kritisch, loyal und verantwortungsbewußt – als sei er ein Bürger, den die Obrigkeit als solchen anerkennt. Ihm persönlich wird aber zeitlebens kein Bürgerrecht verliehen, welches ihm sicheren Aufenthalt, Gewerbefreiheit, Immobilienbesitz und damit verbunden kommunale Wahlrechte gewährt hätte.

Bleiberecht genießt er zunächst nur abgeleitet von den Privilegien seines Arbeitgebers, eines Schutzjuden erster Klasse. Aufgrund seiner dem Staat sehr nützlichen kaufmännischen Erfolge erlangt er nach Jahren den Schutzjudenstatus zweiter Klasse, der seiner Familie bis zu seinem Tod verweigert wird. Wo es um seine Rechte geht, wenn beispielsweise für seine Braut aus Altona das Niederlassungsrecht zu beantragen ist oder wenn er wegen angeblicher Verstöße gegen Zensurregeln für den Publikationsbetrieb zum Verhör vorgeladen wird, muß er wie andere Untertanen, Bürger und Zuwanderer die Büros der Administration aufsuchen.

Als der 14jährige Berlin im Herbst 1743 durch das Hallesche Tor betritt, passiert er bei der städtischen Torwache auch den Kontrolleur der Jüdischen Gemeinde: Der sorgt in Kooperation mit dem Magistrat dafür, daß nur erwünschte, möglichst betuchte Fremde einreisen. Der Bildungsmigrant Mausche hat damals wohl unter dem Radar merkantilistischer Sondierung Einlaß gefunden, vielleicht auch aufgrund eines Empfehlungsschreibens seines Lehrers, des neuen Berliner Oberrabbiners Fränkel. Dies ist nun sein Erstkontakt mit der Berliner Verwaltung. Am Rondell, das hinter dem Tor liegt, wählt er auf dem Weg ins alte Stadtzentrum unter drei Möglichkeiten die rechts abgehende Lindenstraße, vorbei am acht Jahre zuvor errichteten Kollegienhaus: ein dreiflügeliges Gebäude in Hufeisenform, dessen Ehrenhof auf einen langgezogenen Garten ausgerichtet ist.

Das Kollegienhaus und der »Garten am Berlin Museum«

Auf dem Giebel des Hauses stehen die Statuen der Justitia und der Caritas. Untergebracht sind im Gebäude alle Justizbehörden: die Gesetzeskommission, das Obertribunal, Senate und Deputationen des Kammergerichts, das Kurmärkische Pupillenkollegium und das Lehnsarchiv, ferner für die Kirchenverwaltung das lutherische Ober- sowie das kurmärkische Konsistorium, das Kirchendirektorium der Reformierten und für alle Behörden die zugeordneten Registraturen. Außerdem die Judenkommission: was bedeutet, daß Rechtssachen aller in Berlin wohnhaften Juden hier zu verhandeln sind.

Berlins Generalfiscal – der Generalstaatsanwalt des montags, mittwochs, freitags an diesem Ort tagenden Kammergerichts, welcher auch die Judenschaft und die Einhaltung ihrer Bedingungen für Schutzprivilegien beaufsichtigt – hat im Jahr 1762 aufgrund einer Denunziation ein Verhör vorzunehmen. Ein beleidigter Autor (den man später als Hochstapler entlarven wird) klagt »Briefe, die neueste Litteratur betreffend« an: daß in dieser Zeitschrift ein Jude die Gottheit Christi, den Hofprediger und Gedichte des Königs beleidige. Dieser weilt gerade im Felde und würde vielleicht keinen Grund zum Einschreiten sehen; der Staatsrat, dem die partielle Liberalität des Monarchen wenig behagt, ergreift jedoch die Gelegenheit, gegen aufklärerische Tendenzen ein Exempel zu statuieren. Der Verleger der »Literaturbriefe«, Nicolai, wird vorgeladen, und ebenso einer der Autoren und Redakteure, Moses Mendelssohn. Nicolai hat den Bericht seines Freundes von diesem Verhör notiert und viereinhalb Jahrzehnte später veröffentlicht. Wir stellen uns vor, daß Generalfiskal Johann Christian Uhden bei diesem Termin nicht am Schreibtisch sitzt, sondern mit dem Rücken zu dem Beschuldigten am Fenster steht, in den Garten des Kollegienhauses blickend, und sich nur am Anfang kurz »mit finsterer Amtsmiene« (Nicolai) nach Moses Mendelssohn umdreht.

»Hör Er! wie kann Er sich unterstehen wider Christen zu schreiben?«

M. »Wenn ich mit Christen Kegel spiele, so werfe ich alle Neune, wenn ich kann.«

U. »Untersteht Er sich zu spotten? Weiß Er wohl mit wem er redet?«

M. »O ja! Ich stehe vor dem Herrn Geheimrath und Generalfiskal Uhden, vor einem gerechten Manne.«

U. »Ich frage ihn noch Einmal: wer hat Ihm erlaubt, wider einen Christen, und noch dazu wider einen Hofprediger zu schreiben?«

M. »Ich muß nochmal wiederholen, und wahrlich ohne allen Spott: wenn ich mit einem Christen Kegel schiebe, wäre es auch ein Hofprediger, so werfe ich alle Neune, wenn ich kann. Das Kegelspiel ist eine Erholung für den Leib, wie die Schriftstellerei eine Erholung für meinen Geist ist; jeder welcher schreibt, macht es so gut wie er immer kann. Uebrigens wüßte ich nicht, daß ich je wider einen Hofprediger noch einen andern Prediger geschrieben hätte.«

U. »O! ich merke, Er will läugnen, man wird Ihm schon die Künste abfragen. Er hat wider die christliche Religion geschrieben.«

M. »Wer Ihnen dieses gesagt hat, hat Ihnen eine große Unwahrheit gesagt.«

U. »Läugne Er nur nicht! Man weiß es schon besser. Dies ist wider das Judenprivilegium. Er hat den Schutz verwirkt.«

M. »Ach! Ich habe hier keinen Schutz zu verwirken. Ich habe kein Privilegium, ich bin Buchhalter bei dem Schutzjuden Bernhard.«

U. »Desto schlimmer! Die geringste Strafe für seinen Frevel wird sein, daß man ihn aus dem Lande weiset.«

M. »Wenn man mich gehen heißt, so werde ich gehen. Ich habe mich nie den Gesetzen widersetzen wollen; und der Gewalt kann ich mich noch weniger widersetzen.«

> Auf ähnliche Art dauerte das Gespräch noch einige Zeit fort, ohne daß der Generalfiskal, auch auf Moses's Verlangen, sich über die eigentliche Ursache oder über die Anklage deutlich erklären wollte. [...][1]

Diese Geschichte ist gut ausgegangen, da Nicolai das Netzwerk seiner aufgeklärten Freunde mobilisieren kann: Zu denen gehört Uhdens Sohn, aber auch Professor Sulzer sowie Gymnasiumsdirektor Heinius, jener Zensor, der die Zeitschrift sehr wohl kontrolliert hatte. Der Staat korrigiert seinen Willkürakt, das Verbot der Publikation wird nach wenigen Tagen zurückgenommen.

Zu dem historischen Kollegiengarten hinter dem Ehrenhof des Gebäudes, den wir uns als Kulisse gerne genauer vorstellen würden, liegen keine Details vor. Als 1987 im Rahmen der Internationalen Bauausstellung einige West-Berliner Stadtviertel durch »kritische Rekonstruktion« neu gestaltet wurden, erhielt das seit 1964 als Berlin-Museum genutzte Haus jedoch einen verfremdeten, gewissermaßen abstrahierten Barockgarten des 20. Jahrhunderts. Das 17./18. Jahrhundert, in dem die Friedrichstadt entstanden ist, wird durch diese gartentheoretische Erfindung wie in Anführungszeichen zitiert, von jedem theatralischen Pathos befreit. Mittlerweile gehört das Gebäude von 1735 zum Komplex des Jüdischen Museums Berlin. Gepflanzt wurde der »Garten am Berlin Museum« in den Jahren 1984 bis 1988. Die Idee einer Kaskade verbindet sich da sehr unscheinbar mit den Stufen einer unauffälligen Rasentreppe. Eine weiße Brunnenumrandung soll eine Grotte andeuten. Der Laubengang sah anfangs aus wie ein nüchterner Drahtverhau und ist

1 Friedrich Nicolai in: Neue Berlinische Monatsschrift, Dezember 1807, S. 349-358

längst herangewachsen zur lauschigen Heckenröhre, die den Besucher verschlingt.

Eine weitere Grünanlage – am neuen Haus des Museums, dem Libeskindbau angesiedelt – nahm ursprünglich ebenfalls Bezug auf die Geschichte des Gerichtsgebäudes: Der vom Architekten gewünschte Name »E. T. A. Hoffmann-Garten« bezog sich auf den surrealistisch-romantischen Dichter, Komponisten und Juristen, der an dieser Adresse als Kammergerichtsrat gewirkt hat. Mittlerweile wird die von einem Rosenhain umgebene Konstruktion schräg gekippter Betonsäulen, aus denen Olivenbäume sprießen, »Garten des Exils« genannt.

Die »Ministergärten« an der Wilhelmstraße

Ein anderes Zitat, verweisend auf jene Paläste und Palastgärten, die während der zweiundvierzig Berliner Lebensjahre Mendelssohns entworfen, gebaut und angelegt wurden, stellt der Straßenname »In den Ministergärten« dar. Das Straßenschild zwischen dem Leipziger Platz am Potsdamer Tor im Süden (früher genannt Oktogon) und dem Pariser Platz am Brandenburger Tor im Norden (vormals genannt Quarré = Carré), der Wilhelmstraße ostseitig und dem westwärts sich erstreckenden Tiergarten erinnert daran. Hier war eine andere Villen- und Parklandschaft realisiert worden als im volkstümlichen Viertel der Gärtnereien hinterm Frankfurter Tor – wo Kaffeegarten-Bewirtung für ganz normale Passanten möglich war.

Beim Ausbau Berlins zur respektablen Residenz hatte Kurfürst Friedrich III. (ab 1701 König Friedrich I.) einen komplett neuen Stadtteil, die Friedrichstadt, mit modern geplanten, rechteckigen Straßenzügen entwickeln lassen. Der repräsentative, stimmige Abschluß des Viertels sollte schließlich durch einen eindrucksvollen Straßenzug mit zugehörigen Riesengärten hinter der Zollmauer längs des Tiergartens hergestellt werden. Zu diesem Zweck erhielten unter seinem Sohn Friedrich Wilhelm I. verdiente Aristokraten in der Administration und im Offizierskorps Grundstücke: mit der Auflage, darauf stattliche Palais zu erstellen. Finanzierungszuschüsse und einheitliche Planung von staatlicher Seite sollen Qualität und Harmonie der Neubebauung garantieren. Zwischen 1732 und 1738 entsteht auf diese Weise ein Wohnquartier der Eliten, dessen Erstellung und Erhaltung aufwendig ist, was in Anbetracht der begrenzten finanziellen Kapazitäten vieler Adliger zu häufigen Eigentümerwechseln führen wird. Man übernimmt sich. Die nahezu gutsähnliche Größe dieser Grundstücke ist für Stadtvillen wirklich ungewöhnlich.

Die hier entstehenden barocken Gärten enthalten nicht nur exotische Bäume, auf die man besonders stolz ist, sondern manchmal auch ein großes Spektrum vielfarbiger Gemüsesorten: angepflanzt auf geometrisch exakt durchgeplanten Beeten für ein ästhetisches Wechselspiel von Farben und Formen. Doch das Hauptzierstück dieser vor allem im französischen Stil konzipierten Anlagen, heißt es 1913 in einem Vortrag Otto Pinowers über »Berliner Gartenkunst im 17. und 18. Jahrhundert«, sind die Blumenparterres mit immer neuen Arabesken oder Bandmustern. An den symmetrisch ausgerichteten Wegen stehen in Kübeln Orangen- und spitz zurechtgestutzte Taxusbäume, Statuen und Vasen. Hecken werden zu glatten Wänden beschnitten oder zu Türmen geformt, mit Fenstern versehen oder mit Nischen, in denen Büsten plaziert sind. Von einem dieser Gärten wird berichtet, daß dort wunderbare hohe Orangenbäume wachsen. In einem anderen gibt es ein Labyrinth. Eine Straße der Prachtpaläste entsteht.

In der Wilhelmstraße 7 (später: Nr. 77) ist der Hausherr

Staatsminister Gebhard Werner Graf von der Schulenburg. Dort erstrecken sich in einem Garten, der vom Palais bis an die Zollmauer reicht, Blumenparterre; diese enden erst vor dem Bereich beschnittener Büsche und Bäume, die an eine Orangerie grenzen. Eine zentrale Allee durchzieht den Garten, unter den Bäumen verläuft ein Rasenstreifen. Seitwärts davon befinden sich Gemüsebeete, die von schrägen Wegen durchzogen sind. Am Rand der so gebildeten Dreiecke sind Obstbäume gepflanzt.

In der Nr. 6 (später: Nr. 76) residiert die Ministerin Juliane Philippine von der Decken, geb. Gräfin Eickstädt-Peterswald.

Nr. 5 (später: Nr. 75) gehört zunächst einem Johann Carl Stolze, wird bald an Jeremias le Noble und 1763 an den Königlichen Generallieutenant Friedrich August Herzog zu Braunschweig und Lüneburg verkauft, später an den Buchhändler Georg Jacob Decker.

Die Nr. 4 (später: Nr. 74) besitzt Otto Leopold Graf und Herr von Beeß, ein Preußischer Oberhofmarschall, Wirklicher Geheimer Etats- und Kriegsminister, und nach dessen Tod die Witwe Johanna Charlotte Gräfin und Herrin von Beeß, geb. Gräfin Henckel von Donnersmarck.

Nr. 3 (später: Nr. 73), das ursprüngliche Palais Schwerin, wird 1777 verkauft an Carl Reichsgraf und Fürst von der Sacken, genannt von Osten, einen Wirklichen Geheimen Etats-, Kriegs- und Dirigierenden Minister sowie Königlichen Ober-Kammerherrn.

Nr. 2 (später: Nr. 72), ursprünglich beim Vize-Präsidenten des Kammergerichts, Hans Christoph von Görne, geht über einen Baron von Bielefeld an die Offiziersfamilie von Katte, welche durch den hingerichteten Jugendfreund des späteren Königs Friedrich eine tragische Berühmtheit in der preußischen Geschichte erlangt.

Nr. 64 (später: Nr. 65) wandert vom Oberstleutnant Peter Ernst von Pennavaire über den Königlichen Legationsrat und Dompropst Voß zum Oberhofmarschall Reichsgraf von Solms.

Unter den Palästen der »Führerbunker«

Der Kapitalbedarf wird beispielsweise bei Eigentümerwechseln des Hauses Nr. 5 durch Hypotheken des Moses Isaac (dritter Münzagent Friedrichs II., neben Itzig und Ephraim) und des Heimann Zacharias Veitel Ephraim gedeckt. Besitzerfluktuation, zunehmende Präsenz nichtadliger Anwohner, rasant steigende Grundstückspreise, die ökonomische Herausforderung eines angemessenen Unterhalts von Palästen und Gärten: All das treibt den Staat schließlich dazu, selbst Terrain und Häuser an der Wilhelmstraße aufzukaufen. Der repräsentative Charakter dieses Straßenzugs soll nicht verloren gehen, also werden nun bevorzugt Verwaltungsinstitutionen und Ministerien hier angesiedelt – im Lauf späterer Dekaden und des 19. Jahrhunderts entsteht ein Regierungsviertel. Der Öffentlichkeit werden die Grünanlagen trotzdem nicht zugänglich gemacht, man redet jetzt von den Ministergärten. Nr. 7: Wohn- und Amtssitz des Reichskanzlers. Nr. 4: Auswärtiges Amt. Nr. 3: Dienstsitz ab 1919 des Reichspräsidenten, später des Außenministers. Nr. 2: Ministerium für Ernährung und Landwirtschaft. Nr. 64: Preußisches Justizministerium.

Mit Albert Speers Planungen während des »Dritten Reiches« erfolgen massive Eingriffe in die Struktur, die Neue Reichskanzlei wird hochgezogen. Zur Unterwelt der Wilhelmstraße gehört dann bald auch das weitverzweigte System des »Führerbunkers«. Alliierte Bombardierung und finaler Straßenkampf um Berlin lassen von den Prachtbauten des Machtzentrums nur ein Ruinenfeld übrig; ebensowenig bleibt von den grünen Landschaften, die nun dem öffentlichen Gemüseanbau dienen und aus denen sich die Berliner während der ersten Nachkriegswinter noch etwas Brennholz organisieren. Zur DDR-Zeit verläuft dann hier der Todesstreifen der Mauer, die Berlin teilt. In den 1950er und 60er Jahren werden die Trümmer abgeräumt. In den 1980er Jahren, den letzten der DDR, soll der negative Mythos Wilhelmstraße schließlich nun doch mit hochwertigen Mietshäusern überbaut, überwunden werden. Nach dem Fall der Mauer errichtet die Berliner Republik auf einem Teil des Geländes Vertretungen der Bundesländer, Neubauten mit nüchternen Hecken-Rasen-Gärten dahinter, sowie die Betonstelen des Denkmals für die ermordeten Juden Europas.

Außer dem Straßenschild »In den Ministergärten« ist an diesem historischen, gänzlich veränderten Ort jetzt noch ein weiteres Gartenzitat zu finden, das als Hommage an die Parks der Barockzeit gelesen werden kann: Im Garten der Niedersächsischen Landesvertretung verweisen vergoldete Kopien historischer Statuen auf die um 1714 vollendete gewaltige Hannoversche Parkanlage der Prinzessin Sophie von der Pfalz, Herzogin und Kurfürstin durch ihre Heirat mit Ernst-August zu Braunschweig-Lüneburg. Im 200 Hektar großen Garten von Herrenhausen sprudelte damals die höchste Fontäne Europas, es gab eine Grotte, zwei Tempel, ein Pagenhaus, einen mehrstufigen Wasserfall und ein aus Hecken gebildetes Gartentheater mit 17 vergoldeten Bleifiguren.

Mendelssohn im grünen Palimpsest

Wer neben der Niedersächsischen Landesvertretung dann die Ebertstraße überquert, welche ungefähr auf der Linie der ehemaligen Zollmauer verläuft, stößt nach 200 Metern am heutigen Südostrand des Tiergartens auf eine Mendelssohn-Darstellung. Seit 1890 ist – mit längeren Unterbrechungen zwischen 1946 und 1991 – ein Relief des »Juden von Berlin« an dieser Stelle, nämlich am Sockel des damals errichteten Lessingdenkmals zu finden. Der Tiergarten gegen Ende des 19. Jahrhunderts und was davon bis zum Beginn des 21. Jahrhunderts wieder erstanden ist, erscheint den Zeitgenossen, die ihn jeweils betraten und bewunderten, als originale historische Parkarchitektur. Tatsächlich jedoch hat diese 1786 von Nicolai als »einer der vortreflichsten Lustwälder in der Welt« gerühmte Zentraloase seit ihren Anfangszeiten durch Erweiterungen, Reduktionen, Abholzungen, Neupflanzung, Umwidmung und Stilwandel ihr Erscheinungsbild mehrfach gründlich geändert. Wäre sie ein Dokument, dürften wir sagen: ist durch viele Überschreibungen zum Palimpsest geworden.

Im ersten Drittel des 16. Jahrhunderts verkauften Cöllnische Bürger ihre Felder »an der kortzen Heide« in der Südwestecke des heutigen Tiergartens dem Kurfürsten Joachim I. Nestor. Der Name »alter Thiergarten« war schon in einer Urkunde seines Vorgängers Joachim Friedrich II. Hektor aufgetaucht. Vermutlich befand sich dieses Terrain im Bereich des späteren »Großen Sterns«. Es handelte sich um ein Waldgebiet: Hier sollte die Wilderei kontrolliert und den Tieren, die der Fürst mit Begleitung gelegentlich abzuschießen gedachte, ein gewisses Reservat gewährt werden. Das Jagdrevier, von einem Lattenzaun umgeben, erstreckte sich – lange vor Anlegung der Friedrichstadt – bis zum heutigen Standort des Friedrich II.-Denkmals Unter den Linden; südöstlich bis zur Jägerstraße, die vom Jägerhof am Werderschen Markt ihren Namen erhielt. 1647 erfolgt mit der Anlage einer Allee von 1000 Nuß- und 1000 Lindenbäumen die erste gartenähnliche Pflanzung, diese muß aber nach 30 Jahren bereits wieder dem Projekt eines (unvollendeten) Festungsbaus weichen. Im Jagdrevier wird unter dem Kurfürsten Friedrich III. gegen Ende des 17. Jahrhunderts der Große Stern angelegt: ein Eichen-Kreis als schöner Rastplatz, von dem sechs Alleen ausgehen. Das neue Schloß in Lützow, später Charlottenburg genannt, soll durch eine Allee angebunden werden an das alte Schloß in Berlin. Weiter östlich laufen noch einmal sieben (später neun) Alleen auf einen Platz zu, der – noch existiert das Heilige Römische Reich Deutscher Nation – »Die sieben Kurfürsten« oder auch Zirkel genannt wird. Später wird man ihn Zeltenplatz nennen. 1742 umfaßt der Tiergarten 820 Morgen. Im Jahr darauf werden in Hamburg zur Anpflanzung auf dem Weg nach Charlottenburg 6000 Linden gekauft.

Spaziergänge und -fahrten nehmen zu; zum Jagen wird der Tiergarten unter Friedrich II. immer weniger genutzt. Der fördert dagegen die Umwidmung zum öffentlichen Lustgarten und würdigt seinen Architekten Knobelsdorff für das Ergebnis: »Er schuf aus dem Wald einen köstlichen Aufenthalt durch die Mannigfaltigkeit der Alleen, Laubwände und Salons, die die Schattierungen des Laubes so vieler verschiedenartiger Bäume dem Auge darbieten. Er verschönerte den Park durch Statuen wie durch die Leitung einiger Bäche und verschaffte den Bewohnern der Hauptstadt eine bequeme, geschmückte Promenade, wo die Feinheiten der aufgewandten Kunst nur als ländliche Reize der Natur hervortreten.«

»*Empfange mich, heiliger Hain …*«

Das 1761 in Berlin gedruckte Gedicht »Der Thier-Garten« huldigt der Erscheinung des riesigen Parks während seiner zweiten Epoche und dem preußischen Monarchen, gemeinsam mit dem antiken Gott des Waldes und der Göttin der Aufklärung, Weisheit und Menschenduldung:

Empfange mich, heiliger Hain! den neben die Tempel Minervens
Silvan dir, FRIEDRICH! zur Ehre gepflanzt!
Empfangt mich, ihr Lauben, wo oft am Morgen in grünender Wölbung
Mein Herz die Freuden des Frühlings gefühlt!
[…]
Nun führen mich grünende Gänge zum stillen Tempel Pomonens
Und laden zum einsamen Lustgang mich ein:
Wo nichts im Denken mich stöhrt, als etwann ein fliehendes Rehe,
Das schnell sich im dichten Gesträuche verliert.
[…]
Ein schlangenförmiger Gang von jungen frischgrünenden Fichten
Verliert sich in feierlich düstrer Allee.
So leiten den Sterblichen stets durch Krümmung die Pfade des Lebens
O Todt! allgemach in dein dunkles Thal.
[…]
Doch welche Aussicht zieht dort mit unwiederstehlichem Reize

Das weit herumschweifende Auge zu sich!
Dort, wo die heitere Spree in stiller Größe dahin rollt
Und auf ihrem Rücken Reichthümer uns trägt.

Da eilt der begierige Blick ungemessen und nimmer gesättigt
Ins Ferne der ländlichen Scene dahin:
Erblickt hier Heerden und Triften, dort Häuser, versteckt ins Gebüsche
Und Felder, auf denen der Seegen schon blüht. [...]

»Die Kunst scheint beständig Natur zu seyn«

Mitte der 1780er Jahre erstreckt sich der Tiergarten in der Breite vom Potsdamer Tor bis zum Unterbaum, dem Exerzierplatz und der Königlichen Meierei im Norden, vom Brandenburger Tor bis zum Nordwestwinkel zwischen Spree und Floßgraben, über den dort bei der Mühle an Wulffs Kattunfabrik eine Brükke führt. Beim Eintritt in den Garten passiert man die beiden kolossalen Statuen des Apoll und einen Herkules mit Leier, den Musenführer. Am Großen Stern stehen 12 Statuen. Es gibt drei Labyrinthe und den Platanussalon neben der Platanenallee, den Apollsalon neben der Statue des Musengottes. Florasalon heißt ein großer Platz, von sechs Alleen durchschnitten, nicht weit vom Venusbassin, in dessen Nähe sich eine Statue der Liebesgöttin befindet. Nicolai, unser Stadtführer, erwähnt einige hundert Alleen, »die sich auf mannigfaltige Art durchkreutzen und durchschlängeln«. Weder ihre Zahl sei genau anzuzeigen noch die Schönheit und Vielfalt der Bepflanzung angemessen zu schildern. Zahlreiche Arten von Laub- und Nadelbäumen seien da »so glücklich vermischet, daß die Kunst beständig Natur zu seyn scheinet«. Und in seinem satirischen Roman »Sebaldus

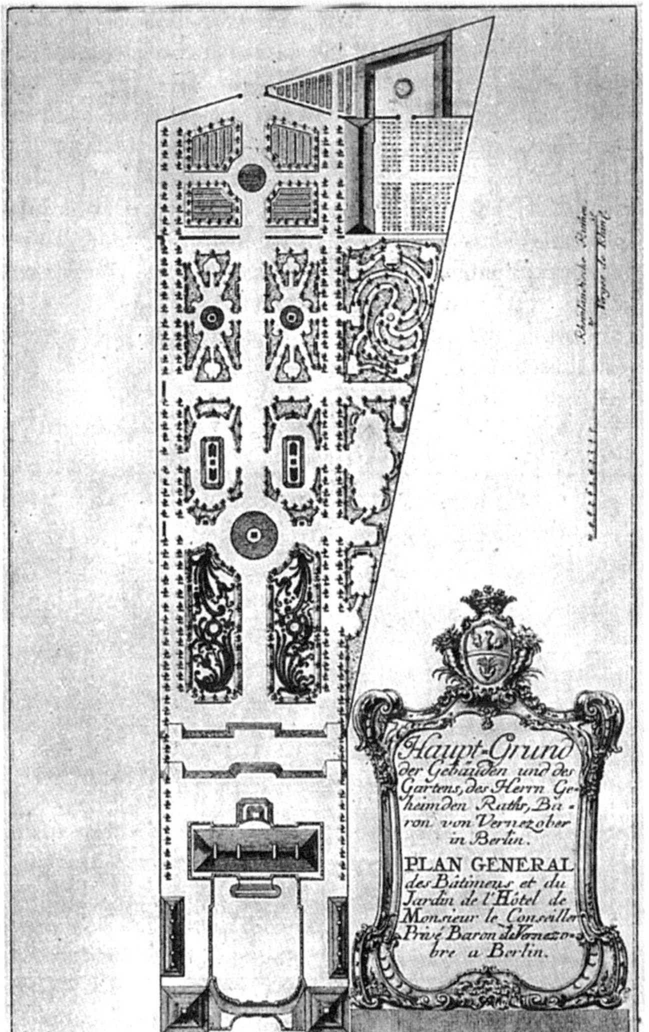
Haupt-Grund
der Gebäuden und des Gartens, des Herrn Geheimden Raths, Baron von Vernezober in Berlin.
PLAN GENERAL
des Bâtimens et du Jardin de l'Hôtel de Monsieur le Conseiller Privé Baron de Vernezobre a Berlin.
Joh. Georg Merz excud. Aug. Vind.

Nothanker« bekennt er sich mit einer Tiergarten-Eloge als jener Gartenfan, den wir in der Stralauer Vorstadt kennengelernt haben:

»Die Wanderer sahen die glückliche Mischung dunkler Fichten mit schlanken Ulmen, hellgrünen, weißrindigen Birken und freundlichen Akazien, denen hundertjährige majestätische Eichen zum Hintergrunde dienen. Melancholische Gänge von dichtem Lärchenholze und von düstern Eiben führen auf grüne Säle, mit Statuen geziert und mit Hecken von jungen Eichen und von immergrünem Nadelholze umkränzt. Sie traten in Gänge, beschattet von Linden und breitbelaubten Platanusbäumen, hinter welchen dichte Gebüsche von Erlen und Espen die feuchten Gründe anfüllen; neben ihnen der dichtere Wald, wo einsam der sokratische Ahorn wächst und die Pappel und der Masholder, wo die weit sich ausbreitende Buche ihre gestreckten Äste wiegt und der Tannenfichten schlanke und gerade Stämme ihre erhabene Krone einzeln himmelan strecken. Der frische Geruch des Nadelholzes, vom Regen ausgelockt, und balsamische Lindenblüte erquickten die Wanderer; die Aussicht begrenzte der benachbarte Spreestrom und die aufgespannten Segel der auf ihm hinabgleitenden Schiffe.«

Von 1818 bis in die 1860er Jahre hat dann der Gartenkünstler Peter Joseph Lenné den kleinteilig strukturierten Tiergarten des vorangegangenen Jahrhunderts zu einer großzügigen Parklandschaft der Gewässer und Wiesen verschönert, ausgerichtet am Ideal des klassischen Landschaftsgartens. Sumpfige Gewässer werden zum Fließen gebracht, das Unterholz gelichtet, ehrwürdige Baum-Veteranen freigestellt, kleine Plätze mit Blumenbeeten aufgewertet. Am Ende des Jahrhunderts, in der Kaiserzeit, wird aus dem Exerzierplatz im Westen der Königsplatz mit Siegessäule und außerdem von 1898 bis 1901 auf Wunsch Wilhelm II. die Siegesallee gebaut, flankiert mit 32 Figurengruppen.

Ein Magistratsbeschluß von 1863, Goethe, Schiller und Lessing mit einem gemeinsamen Denkmal zu ehren, war noch im märkischen Sande verlaufen. Nachdem aber die Ehrung der ersten beiden Dichterhelden 1871 und 1880 zustande kam, wird schließlich im Jahr 1890 auch Lessing an der Südostecke des Tiergartens gewürdigt, woran Verwandte des Dramatikers – Carl Robert Lessing als Initiator und Wettbewerbsvorsitzender, Otto Lessing als Bildhauer – beteiligt sind. Der Aufklärer aus weißem Marmor ragt, die Höhe des Granitpodestes eingerechnet, vier Meter in den Himmel über dem Tiergarten. An dem Podest befinden sich bronzene Reliefs des Verlegers Nicolai, des Dichters Ewald von Kleist und des Philosophen Mendelssohn. Lessing wird zudem flankiert von zwei Jünglingen, dem Genius der Humanität und einer Allegorie der Kritik (mit Weisheitseule und Geißel). Dazu zitiert, Stichwort Aufklärung und Pluralismus, eine Schrifttafel die zu evaluierende Konkurrenz der Religionen mit »Ringparabel«-Zeilen aus »Nathan der Weise«: »Es eifre jeder seiner unbestochnen / Von Vorurteilen freien Liebe nach! / Es strebe von euch jeder um die Wette, / Die Kraft des Steins in seinem Ring' an Tag / Zu legen!«

Untergang einer optimistischen Welt

Unter Hitlers Architekten Albert Speer werden für die Planung der »Welthauptstadt Germania« am Rand des Tiergartens das Alsenviertel nahe dem Reichstag und die Villen am Kemperplatz und in der Tiergartenstraße, darunter viele Häuser enteigneter jüdischer Besitzer, abgerissen. Die Siegessäule wird an den Großen Stern umgesiedelt, Figuren der Siegesallee wandern zur Großen Sternallee. Die Charlottenburger Chaussee wird, künftig den Tiergarten zerschneidend, zur Ost-West-Achse mit

Autobahn-Dimensionen ausgebaut; dafür weichen vier Alleereihen zugunsten von riesigen Kandelabern, Torbauten andeutende Pylonen und Fahnengestängen. 53 Meter breit ist die Straße nun – ein Aufmarschplateau, auf dem in den letzten Wochen des Zweiten Weltkriegs Flugzeuge landen und abheben können. Bombardierungen verwüsten weite Teile des Parks; in den Winterjahren der Nachkriegszeit führt auch die Abholzung auf der Jagd nach Heizmaterial dazu, daß von ca. 200 000 Bäumen zuletzt nur noch ungefähr 700 Exemplare übriggeblieben sind. Auf dem Freigelände entstehen 2500 Parzellen für Gemüseanbau. Ein Foto des hochragenden Lessing-Denkmals von 1947 inmitten endzeitlicher Trümmerwiesen mit der ausgebrannten Reichstagskuppel im Hintergrund symbolisiert den Untergang einer alten, noch ziemlich optimistischen Welt: der Aufklärungsideale und ihrer üppigen Gestaltungsphantasien.

Bei der Wiederaufforstung der bizarren Mondlandschaft in den 1950er Jahren, während der ungefähr sechsten Verwandlungsepoche des Tiergartens, soll ein weiträumiger Erholungspark gewonnen werden, unter Verzicht auf altmodische barocke Elemente, Alleen und Plätze. Verloren geht das geniale Zusammenspiel zwischen Kunst und Landschaft – und als Folge des Mauerbaus und der daraus erzwungenen Randlage die zentrale Position zwischen den Bezirken. Strukturen und Pflanzenvielfalt verschwinden, Freizeitnutzung als Grill- und Fußballplatz dominiert. Erst zur in Ost und West begangenen 750-Jahr-Feier Berlins 1987 wird ein neuer Anlauf genommen, die seit 1991 denkmalgeschützte Bedeutung des Tiergartens für den gesamten Stadtraum, seine gartenkünstlerischen und historischen Gestalten, seinen ökologischen Reichtum wiederzuentdecken, wiederherzustellen, zu schützen. Das Alleensystem und die Gewässerdramaturgie Lennés, Pflanzenvielfalt, auch die Rousseau-Insel und der Englische Garten sind schrittweise wiederhergestellt worden. Aspekte der Volksparknutzung und des Gartendenkmals werden miteinander versöhnt. Das Lessingdenkmal ist nun wiederhergestellt. Seine gußeisernen Elemente waren während des Krieges vermutlich eingeschmolzen worden. Die Porträtreliefs, offenbar sogar der Mendelssohn, hatten das »Dritte Reich« an diesem öffentlichen Ort erstaunlicherweise überdauert, wurden aber nach Kriegsende gestohlen. 1992 erhält der Platz samt bildhauerischem Ensemble seine Ursprungsgestalt zurück.

Mendelssohns Bronzerelief blickt gen Süden, ungefähr Richtung Dessau. Es befindet sich wieder auf der Ostseite des Podestes, wäre vom Denkmal für die ermordeten Juden Europas in der Ferne zu erkennen. Aber mittlerweile breiten auch hier, am Rand des Tiergartens, neu gepflanzte Bäume groß genug ihre Kronen aus, um diese Sichtachse zwischen den Epochen zu versperren.

Die achte Spazierexkursion wurde zur Zeitreise: durch Schichten und Geschichten von Stadtlandschaften, die einander seit den Tagen Mendelssohns, im Lauf der Jahrhunderte, überlagern und überwuchern. Wäre die Stadt eine Art riesiger Garten, wüchsen ihre Veränderungen ungebändigt übereinander her. In Mendelssohns Berlin des 18. Jahrhunderts sind wir auf einer Piste gesteuerter Phantasie gelandet, haben uns auf einer archäologischen Schneise durch den Wildwuchs der Epochen geschlagen. Und stellen gerade noch fest: Die Stadt erinnert sich schlecht, die Natur vergißt.

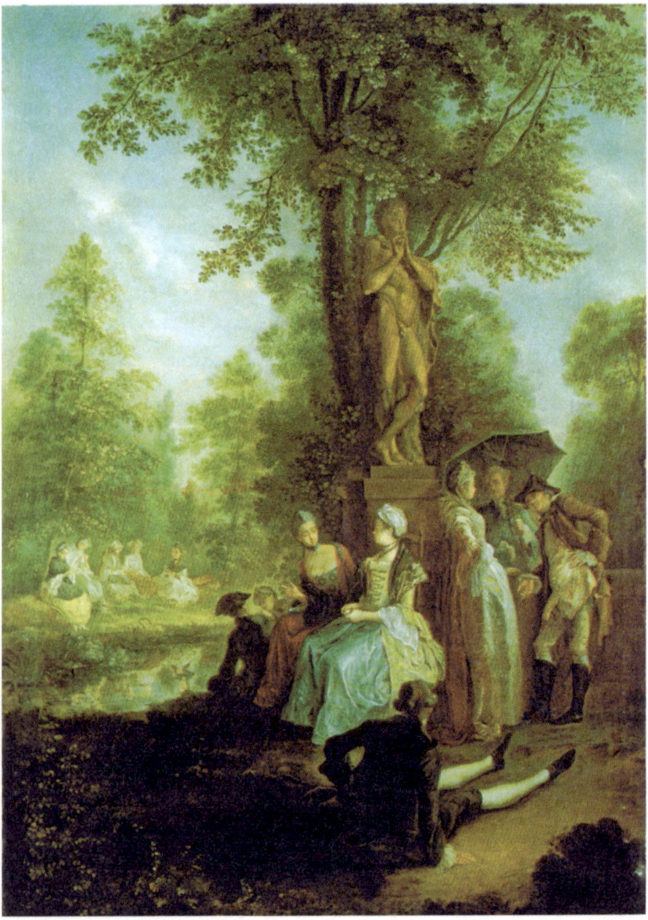

Judensteig oder die unangenehme Seite des Tiergartens

Neunter Spazierflug: zu den Tummelplätzen des Berliner Freizeitpublikums im Zentrum und am Westrand der Stadt

Gibt es für diskriminierte Minderheiten No-go-Areale in öffentlichen Parks?

Wie ein Jude aussieht, weiß eigentlich jeder. Jedenfalls auf den Territorien deutscher Fürsten im 18. Jahrhundert (auch wenn die Unterdrückten keinen gelben Hut, wie an manchen Orten zur Zeit des Mittelalters, oder einen gelben Stern wie im »Dritten Reich« tragen müssen). Aus der Gewißheit dieser Kenntlichkeit bezieht Gotthold Ephraim Lessings Komödie von 1749 jedenfalls ihre Pointe. Das Stück handelt davon, daß zwei »wie Juden« maskierte Kriminelle, die seltsamerweise nicht wie Juden sprechen, einen Adligen überfallen; der wiederum von einem Juden, den man an keinem Merkmal als solchen erkennt, gerettet wird. »Die Juden«, das frühe Stück Lessings, ist auch deswegen berühmt geworden, weil die öffentliche Diskussion darüber zur Zusammenarbeit des Dichters mit Mendelssohn geführt hat. In dem damals sich gerade neu entwickelnden öffentlichen Raum der Publikationsforen wird nun also verhandelt, wie man sich einen Juden vorzustellen hat.

Lessings Bühnentext führt Klischees vor, die bei ungebildeten und gelehrten Leuten verbreitet sind: Besagte jüdische Räuber trugen judenhafte Bärte, das Indiz ist eindeutig; außerdem sind diese Leute sowieso ausnahmslos »Diebe und Straßenräuber«. Deshalb hat der liebe Gott sie verflucht, der König müßte sie besser alle umbringen. Und »ein Volk, das auf den Gewinnst so erpicht ist, fragt wenig darnach, ob es ihn mit Recht oder Unrecht, mit List oder Gewaltsamkeit erhält«. Als schließlich der unbekannte Retter im Finale seine Identität offenbart, ist das Entsetzen beim Komödienpersonal groß: Man fühlt sich getäuscht, es war ihm doch nicht anzusehen. Nur daß der sich beim Schweinefleisch so anstellte, hätte schon zu denken geben können.

Mendelssohn mischt sich in die Debatte ein, als der Göttinger Theologie- und Orientalistik-Professor Johann David Michaelis an Lessings Stück kritisiert, daß die Existenz eines derart edlen Juden nahezu undenkbar sei. Er schreibt an seinenFörderer, den Arzt und Philosophen Aaron Gumpertz: Der war als Sekretär des Akademie-Präsidenten Maupertuis und des Marquis d'Agens in die Welt der Mehrheitsgesellschaft mehr integriert als die meisten seiner jüdischen Zeitgenossen. Es gibt kein Porträt von diesem Doktor Gumpertz, das uns verrät, ob er äußerlich als Jude zu identifizieren gewesen wäre, doch der junge Berliner Gelehrte rühmt ihn hier als die Verkörperung des Lessingschen Bühnenhelden: »Ich gebe einem jeden zu bedenken, ob Sie, großmüthiger Freund! nicht die Rolle des Juden im Schauspiel übernommen hätten, wenn Sie auf Ihrer gelehrten Reise, in seine Umstände gesetzt worden wären.« Sein an Gumpertz adressierter und von Lessing bald darauf in dessen »Theatralischer Bibliothek« veröffentlichter Empörungsbrief von 1754 stellt die schärfste, leidenschaftlichste Attacke gegen Judenfeindschaft dar, die uns aus Moses' Feder überliefert ist: Er hält sich nicht bei den Stereotypen auf, die das Äußere von Juden betreffen, sondern greift Ansichten gelehrter wie ungebildeter Rassisten über deren Charakter an. Es ist (abgesehen von dem hebräischen Zeitschriften-Experiment »Kohelet Musar« im Jahr 1750) der erste Abdruck eines Mendelssohn-Textes überhaupt.

»Urtheile, die mit Blut besiegelt werden«

> Welche Erniedrigung für unsere bedrengte Nation! Welche übertriebene Verachtung. Das gemeine Volck der Christen hat uns von je her als Auswurf der Natur, als Geschwüre der menschlichen Gesellschaft angesehen. [...] mit welcher Stirne kann ein Mensch, der noch ein Gefühl der Redlichkeit in sich hat, einer ganzen Nation die Wahrscheinlichkeit absprechen, einen einzigen ehrlichen Mann aufweisen zu können? [...]
> Ist es nicht genug, daß wir den bittersten Haß der Christen auf so manche grausame Art empfinden müssen; sollen auch diese Ungerechtigkeiten wider uns durch Verleumdungen gerechtfertigt werden? Man fahre fort uns zu unterdrücken, man lasse uns beständig mitten unter freyen und glückseligen Bürgern eingeschränkt leben, ja man setze uns ferner dem Spotte und der Verachtung aller Welt aus; nur die Tugend, den einzigen Trost bedrengter Seelen, die einzige Zuflucht der Verlassenen, suche man uns nicht gänzlich abzusprechen. [...]
> Laßt einen Menschen, dem von der Verachtung der jüdischen Nation nichts bekannt ist, der Aufführung dieses Stückes beywohnen; [...] Der Anfang wird ihn auf die traurige Betrachtung leiten, wie weit der Nationalhaß getrieben werden könne, und über das Ende wird er lachen müssen. Die guten Leute, wird er bey sich denken, haben

> doch endlich die große Entdeckung gemacht, daß Juden auch Menschen sind. [...] Diese Leute denken der Christlichen Religion einen großen Vorschub zu thun, wenn sie alle Menschen, die keine Christen sind, für Meichelmörder und Strassenräuber erklären. [...]
> Was können uns unsere strengen Beurtheiler, die nicht selten ihre Urtheile mit Blut versiegeln, erhebliches vorrücken? Laufen nicht alle ihre Vorwürfe auf den unersättlichen Geitz hinaus, den sie vielleicht durch ihre eigene Schuld, bey dem gemeinen jüdischen Haufen zu finden, frohlocken? [...] Welche Beleidigung! so ist alle unsere Sittlichkeit dahin! so regt sich in uns kein Trieb mehr für die Tugend! so ist die Natur stiefmütterlich gegen uns gewesen, als sie die edelste Gabe unter den Menschen ausgetheilt, die natürliche Liebe zum Guten! Wie weit bist du, gütiger Vater, über solche Grausamkeit erhaben!

Die Diskussion über Stereotype und Ressentiments – wie Juden so sind und sich von Natur aus verhalten – findet in der medialen Öffentlichkeit statt, im Buch, in der Zeitschrift, auf der Bühne. Vorstellungen, wie ein Jude aussieht und schon anhand seines Auftritts zu identifizieren ist, betreffen die tagtägliche Erfahrung im öffentlichen Raum. Keine staatliche oder kirchliche Style-Anweisung, sondern Ausgrenzung und eigene kulturelle Abgrenzung haben in Preußen dieses Erscheinungsbild bestimmt.

Mendelssohn trägt meistens eine Kippa, in manchen Lebensphasen die modische Perücke, aber einen kleinen, als typisch wahrgenommenen Bart. Die Haare sind dunkel, die Augen braun – seine Frau Fromet allerdings hat blaue! Im Vergleich mit manchen Christennasen ist die seine keine Sensation, aber stupsnasig wirkt er nicht. Jiddisch zu sprechen vermeidet er gewöhnlich, hält sich aber, ohne sein Verhalten zu kaschieren, an die halachischen Speisegesetze. Wer seine anfangs anonym erschienenen Texte in perfektem Hochdeutsch liest, würde sich deren Autor kaum als einen Juden vorstellen. Steht man dem Verfasser dann gegenüber, hat man ein verwachsenes Männlein vor Augen, das dem Klischee des geduckten Ghettojuden entspricht. So zeigt ihn das einzige erhaltene Ganzkörperbild, der Stich Chodowieckis vom Berliner Tor in Potsdam: im drastischen Kontrast zur Überlänge der wachhabenden Langen Kerls. Mendelssohn bedient die Klischees und er unterläuft sie. Aber abgesehen davon, daß er äußerlich sofort als verachtenswerter Jude zu identifizieren ist: Die Mißproportion seiner Figur provoziert den Spott dessen, der sie ohne weitere Kenntnis der Person und ohne Empathie wahrnimmt.

»Das Ballspiel im Lustgarten wird gänzlich untersagt«

Im Bewußtsein der Öffentlichkeit verstärken sich Behauptungen über die jüdische Mentalität und Karikaturen von der jüdischen Erscheinung gegenseitig. Solch eine nach allgemeiner Ansicht mehrfach verächtliche Gestalt ist im öffentlichen Raum besonders angreifbar – sobald der Ort, die Umstände und anwesende Personen die Situation riskant aufladen.

Als öffentlichen Raum stellt man sich einen Garten ursprünglich nicht vor: Die dem Wort zugrundeliegende zaunbildende Gerte und der verwandte lateinische Hortus bezeichnen vor allem (siehe »Kindergarten«) den geschützten Bereich. Beim öffentlichen Garten, meistens Park genannt, müßte es dann gelingen, die unterschiedlichen Aspekte Schutz, Kontrolle, Gestaltung, freier Zugang und Natur unter einen Hut zu bekommen.

In Berlin ist der erste Wandelgarten dieser Art, zu dem die Bevölkerung Zutritt erhielt, der Lustgarten gewesen. An diesen Ort als Diskussions-Treffpunkt für die drei Freunde von der Berliner Aufklärung erinnert sich Nicolai gegenüber Lessing Mitte der 1770er Jahre in einem Postskriptum: »Daß Ihre Gesundheit abnimmt, und mit ihr Ihre gute Laune, thut mir herzlich leid. Sie sind allzu einsam. Als wir uns noch in Berlin im Lustgarten über Ihren Laokoon zankten, ging es besser.«[1] Der Brief weist zurück auf gemeinsame glückliche, produktive Tage gegenseitiger Inspiration unter freiem Himmel: Lessings Laokoon-Projekt, das der Verbindung zwischen dem Schönen und dem Schrecklichen nachspüren sollte, war schon 1756 während des Briefwechsels über das Trauerspiel von Mendelssohn angeregt und im Folgejahrzehnt zur wichtigsten kunsttheoretischen Schrift des Jahrhunderts ausgearbeitet worden.

Den Renaissance-Lustgarten des 17. Jahrhunderts hatten Nicolai, Lessing und Mendelssohn nicht mehr selbst erlebt. Seine niederländischen Akzente, das Lusthaus und die Pläne für Teichanlagen, waren über den in Holland aufgewachsenen Kurfürsten Friedrich Wilhelm von dessen Verwandten mitgebracht worden. Nicolais Stadt-Beschreibung kann angesichts des radikal gestutzten Zustandes dieses Ortes zu seiner Zeit nur aus Archiven zitieren, woraus die fürstliche Anlage einst bestand: der kolossale Neptun mit Springbrunnen, Obstbäume und Vogelhaus, die Lindenplantage, der botanische Garten und das Pomeranzenhaus. Der Lustgarten seiner eigenen Spaziergänge ist nun nur noch ein Platz am Dom – mit der Börse und der Bildhauerschule im ehemaligen Lusthaus, das eine Kuppel und zwei

1 17. Juni 1775, Nicolai an Lessing

Aussichtstürmchen besitzt, mit verstreuten Bäumen und Baumreihen, Kastanien und Pappeln, zum Promenieren. Die Bildhauerschule könnte den promenierenden Laokoon-Trialog mit angeregt haben, denn nach Nicolais Erinnerung ging es dabei um die Natur und die Einschränkung jeder Kunst: Die Schönheit sei für die Malerei wichtiger als die Bildhauerei, und »diesen letzteren gehört das höchste Ideal der Schönheit in Ruhe, welches Winkelmann so treffend stille Größe nennt«.

»Lassen Sie dem Sklaven die Freude, einen Juden zu necken«

Die gärtnerische Ausstattung des öffentlichen Raumes am Dom war zwar mit einer gewissen Lustfeindlichkeit reduziert worden, doch unerwünschte Belustigungen hat das in der Folge nicht verhindert. »Das Ballspiel im Lustgarten in der Gegend des Doms wird wegen des dabei vorgegangenen vielen Unfugs und Beschädigung des Domgebäudes hiermit gänzlich untersagt«, verfügt eine Direktive des Philippi von Eisenkarl aus dem Königlichen Policey-Directorium von 1787. »Und die Eltern und Meister angewiesen, ihre Kinder und Lehrburschen von dieser Gegend abzuhalten; widrigenfalls die Kinder aufgegriffen und derb gezüchtigt, ihre Eltern und Lehrherrn aber mit dafür angesehen werden sollen.« Das Dreigestirn der Berliner Aufklärung – Lessing, Mendelssohn, Nicolai – hat sich wohl weder von dem Unfug noch von der Direktive abschrecken lassen. Eine andere Ausschreitung, von der David Friedländer, der Seidenfabrikant, aufgeklärter Mitstreiter und Protagonist der Berliner Freischule, berichtet, betrifft Mendelssohn persönlich, aber selbst überliefert hat er den Vorfall nicht:

Mit dem Freund seiner Familie, Johann Jakob Engel, dem

Philosophieprofessor, Schriftsteller und Theatermann, geht Mendelssohn unter den Bäumen der Promenade auf und ab. Ein betrunkener polnischer Soldat stemmt seine Arme in die Seite und beschimpft den buckligen Juden unflätig. Da man ihn ignoriert, stellt er den Männern nach, stößt weitere Beleidigungen aus, will Mendelssohn am Ohr ziehen. Als Engel mit dem Stock ausholt, um seinen Begleiter zu verteidigen, fällt dieser ihm »mit liebreich-ironischem Ton« in den Arm: »Nicht doch! Freund, lassen Sie dem unglücklichen Sklaven die Freude, einen Juden ein wenig necken zu dürfen.«

Während Friedländers Anekdote und andere Erzählungen von öffentlichen Beleidigungen oder Schikanen Mendelssohns Uniformierte als Täter vorstellen, gibt es von ihm selbst als dem Betroffenen nur eine einzige Beschreibung solch einer Attacke aus der Berliner Bevölkerung. Erwähnt wird die Geschichte im Brief an den Benediktinermönch Maurus Winkopp, der sich dem Moses seit einiger Zeit mit den Konflikten seines Glaubens- und Ordenslebens anvertraut hatte.

»Warum werfen sie mit Steinen hinter uns her?«

»Allhier in diesem sogenannten duldsamen Lande«, schreibt Mendelssohn am 28. Juli 1780, »lebe ich gleichwohl so eingeengt, durch wahre Intoleranz so von allen Seiten beschränkt, daß ich meinen Kindern zu Liebe mich den ganzen Tag in einer Seidenfabrik [...] einsperren muß.« Er vergleicht diese ökonomisch-politisch motivierte Gefangenschaft mit dem Klosterleben und beschreibt dann eine Freigangsituation: »Ich ergehe mich zuweilen des Abends mit meiner Frau und meinen Kindern. Papa! fragt die Unschuld, was ruft uns jener Bursche dort nach? warum werfen sie mit Steinen hinter uns her? was haben wir ihnen gethan? – Ja, lieber Papa! spricht ein anderes, sie verfolgen uns immer in den Straßen, und schimpfen: Juden! Juden! Ist denn dieses so ein Schimpf bei den Leuten, ein Jude zu seyn? und was hindert dieses andere Leute?« Der lebendige Bericht vermittelt gut die pädagogischen Nöte eines Vaters, der in so einem Moment die passende Antwort sucht. »Ach! ich schlage die Augen unter, und seufze mit mir selber: Menschen! Menschen! wohin habt ihr es endlich kommen lassen?«

Wo könnte das passiert sein? Bei der Verortung des Vorfalls ist die Vorstellung, Moses und Familie seien während des Abendspazierganges durch ihren Kiez so bedrängt worden, nicht naheliegend. Seine Kinder berichten zwar anläßlich der Steinwürfe von Beschimpfungen »in den Straßen«. Aber daß die Familie sich während der geschilderten Szene in den engen, baumlosen Gassen rund um den Neuen Markt gemeinsam »ergehen« wollte, ist wenig wahrscheinlich. Zudem war der Bestsellerautor in seinem Quartier, das viele Freunde und gute Bekannte, auch viele Juden bewohnten, gut angesehen; eine Sehenswürdigkeit, die von Bildungstouristen gern besichtigt wurde. Feindliche Schmähungen aus den Kreisen seiner unmittelbaren Nachbarschaft oder der Einfall von Straßengangs aus anderen Vierteln erscheinen wenig wahrscheinlich. Plausibler wäre es, daß die Mendelssohns über die »Linden« zum Ostrand des Tiergartens geschlendert sind, in die nach Ansicht des Familienvaters eigentlich weniger angenehme Gegend des Parks, und daß sie dort im Gewühl der lustwandelnden Berliner zum Gespött wurden.

Den Aufmarsch der Bevölkerung auf dem Platz bei den Zelten hat Nicolai in seinem Roman so beschrieben:

»Die Exzellenzen und die gnädigen Damen hatten sich eben zur Tafel gesetzt. Die Kenner im Essen kaueten noch an den reichgewürzten Frikasseen, schmeckten die zusammenkonzentrierten Säfte der feinen Ragouts in Schüsseln [...]. Die reichen Kapitalisten waren eben vom Burgunder und sechsundzwanziger Rheinweine gesättigt und begannen, den Peter Semeyns, Syrakuser, Rivesaltes und Capwein beim Desserte aus kleinen Gläsern zu schlürfen. Die schönen Damen bürgerlichen Standes schickten sich an, zu Kaffeevisiten zu fahren, und ordneten die Geschichte des Tages, so wie sie zu erzählen wäre, in ihrem Kopfe zusammen; und die französische Kolonie war noch in der Vesperpredigt.

Kurz, es war drei Uhr und also von der schönen Welt noch wenig zu sehen; hingegen wimmelte der Platz von den glücklichen Söhnen der Erde, welche alle Sorgen der Woche am Sonntage völlig vergessen und sich und ihr Leben bei einem Spaziergange und bei einem geringen Labetrunke herzlich genießen. Arbeiter auf Weberstühlen und in Schmiedeessen füllten die Zelte an und ließen ihren Groschen unter lautem Gelächter aufgehen oder steckten ernsthaftiglich über das gemeine Beste ihre Köpfe zusammen, weissagten neue Auflagen und fällten Urteile über Gerüchte von bevorstehenden Kriegen. Der Zirkel, der nach drei Stunden der Schauplatz der Schönen vornehmen Standes sein sollte, war jetzt im Besitze des gemeinen Mannes, im besten Anputze und voll fröhlichen Mutes. Da war mancher gesunder Jüngling im neugewendeten Rocke und mit goldner Troddel am Hute köstlich geputzt, neben ihm in silberbebrämter Mütze seine rotbäckige Liebste, die zur Feier dieses ihm längst versprochenen Spazierganges ihre sämtlichen sechs Rökke übereinandergezogen und die neuen kalmankenen Schuhe nicht vergessen hatte. Hinter ihnen, das Bild der ehelichen Verträglichkeit, ein ehrlicher Handwerksmann, der seinen jüngsten Knaben im langen Rocke auf dem Arme trug, indes die Mutter ihres Mannes Stock in der rechten Hand führte, zur Linken ihre fünfzehnjährige Tochter in der Schönheit der Jugend, mit niedergeschlagenen Augen, unter der emporstehenden Haube sanft hervorblickend.

Die große Allee von der Stadt her war bedeckt von Spaziergängern zu Fuße und zu Pferde, und einige Wagen brachten bis ans Tor wohlbeleibte Tanten und bürgerlich erzogene Nichten, die nur die Reize eines angenehmen Spazierganges suchten und auf wohlfrisierte Köpfe und Aufsätze nach der neusten Mode achtzuhaben nicht waren gewöhnt worden.« Es seien Tausende, die an schönen Sommernachmittagen hier zusammenkämen, hat Nicolai in seinem Berlinführer vermerkt, und die damit verbundenen Disziplinarprobleme angedeutet: »Niemand darf außer den Alleen gehen, oder etwas daran beschädigen, auch darf Niemand einen Hund bey sich haben, noch weniger schießen.«

Die Durchsetzung solcher Ordentlichkeit ist auch unter einem absolutistischen Regiment nicht einfach. Die Königliche Churmärkische Krieges- und Domainen-Cammer versucht es so mit einer Bekanntmachung vom Februar 1779: »Obzwar das Publicum bereits vielfältig und unter angedrohter Strafe gewarnet worden, daß niemand die Allées und Bäume in hiesigen Residenzien und im Thiergarten beschädigen soll; so ist doch mißfällig bemerket worden, daß demohngeachtet sothane Plantagen, durch das Beschälen und Ausziehen der jungen Bäume, An- und Abfahren der Wurzeln, und sonst von muthwilligen Leuten und Kindern, frevelhafter Weise beschädiget, auch die gesetzte Wehrpfähle und Baum-Stacken gestohlen werden. Zuwiderhandelnde sollen sofort arrestiert, zur Wache verbracht und gegebenenfalls mit einer Geld-, oder Leibesstrafe oder »nach Befinden der Umstände, nach der Schärfe der Edicte, als Baumschänder, mit Vestungs- und Karrenstrafe [Zwangsarbeit in Ketten] beleget werden sollen«. Zudem muß der Angezeigte seinem Denunzianten fünf Reichsthaler zahlen.

In den Griff bekommen hat die Obrigkeit das Problem nicht wirklich, denn sieben Jahre später im schönen Mai muß zum wiederholten Mal drohend nachgelegt werden: »da die Verwüstungen der Anpflanzungen und Besaamungen im Thiergarten, durch das Ausreissen, Abbrechen, Stehlen und Zertreten, noch immer fortdauern«. Wer zu Pferd oder zu Fuß oder als »Leseholzholer« die Wege verlasse, solle umgehend bei der nächsten Wache, dem Amt Mühlenhoff, abgeliefert, an Soldaten und deren Ehefrauen zudem ein Exempel statuiert werden. Hunde abseits der Wege würden sofort totgeschossen. Denunzianten aber sichere man Anonymität zu sowie »eine Belohnung von 5 Rthlr. und nach Befinden der Umstände noch mehr«.

Da trifft sich nun *tout Berlin*. Zum Verkauf von Erfrischungen hatte ein hugenottischer Flüchtling im Jahr 1745 die königliche Erlaubnis erhalten, am Platz der Kurfürsten ein Bewirtungszelt aufzustellen. Weitere kamen in den folgenden Jahren hinzu, bald waren auch Bretterbuden dabei. »Die Zelte« werden zur Vergnügungsmeile. Was sich mittlerweile zwischen den Alleen des östlichen Tiergartens und besonders am Spreeufer an Belustigung und Ausschweifung abspielt, fordert Ordnungskräfte und Moralwächter heraus. Es wird gebettelt und gebalzt, promeniert, parliert, poussiert und nachgestellt, dick aufgetragen und zur Schau getragen, getrunken, gerauft, gespielt und gefeiert.

»In diesem Park sieht man auf die Sonntäge Berlin in seinem Glanz«, schwärmt der Schriftsteller Johann Kaspar Riesbeck aus Frankfurt am Main. »Er ist für das hiesige Publikum, was die Tuileries für die Pariser sind, nur ist das Gemische der Spazierenden hier mannigfaltiger. Er wird vom Pöbel und der feinern Weit gleich stark besucht. Man fährt und reitet darin ohne Einschränkung herum. Auf einigen Plätzen desselben findet man, wie in den Tuileries, große und prächtige Zirkel von Damen auf Ruhebänken sitzen, und die Freiheit, sie zu beschauen und sie unter die Nase zu beurteilen, ist hier so groß als zu Paris. Man trifft hier auch zu gewissen Zeiten einen großen Teil der hiesigen Gelehrten beisammen. Man hat Erfrischungen von jeder Art. Man spielt, verirrt sich mit Damen oder Mädchen in einsame Gebüsche, verabredet Zusammenkünfte [...].«

»Hier ist alles untereinander vom Größten bis zum Kleinsten«, staunt der Reisende Carl Heinrich Krögen. Ihn fasziniert »das Gewühl so vieler prächtig gekleideter Menschen, das Rauschen des Waldes, der Musik und das Lärmen und Geschrei so vieler Menschen [...]«. Die meisten Berliner, berichtet er, besuchten den Tiergarten wenigstens einmal wöchentlich. »Man ist vor den brennenden Strahlen der Sonne in den schattigen Alleen gedeckt, man hat die Freiheit allenthalben hinzugehen, und kein Ort ist eingeschlossen, wo man nicht frei hinkommen könnte. Es gibt hier kein Mensch auf den anderen acht, jedermann genießt die uneingeschränkte Freiheit, die nur die Beschaffenheit eines solchen Ortes mit sich bringen kann [...]. Der Platz, wo sich alles vereinigt, ist ein halber Zirkel, deßen Peripherie mit den schönsten Eichen besetzt ist [...]. Man kann in den dabey erbauten Kaffeehäusern allerley Erfrischungen bekommen, und hat dabei die schönste Aussicht nach Charlottenburg und der Stadt.«

Daß die Begeisterung für den Hotspot des Vergnügens sich mischt mit zwiespältigen Erfahrungen, hat die Historikerin Susanne Brogi anhand von zeitgenössischen Berichten und literarischen Zeugnissen herausgearbeitet. Der berühmte Park wird, nicht zuletzt von Reisenden aus der Provinz, wahrgenommen als Ort des Lasters und der Verführung, exemplarisch für großstädtische Sittenlosigkeit. Dazu trägt auch die verwirrende Architektur der Labyrinthe und Alleen bei, durch die jede Orientierung, das Übersichtliche der symmetrischen Anlagen, verloren geht: Wo Räume und Strukturen zum Verirren und Verstecken geradezu einladen, bereite die Gartenkunst Gelegenheiten für moralische Verfehlungen. So ergeht es in Johann Carl Wezels »komischem Roman« von 1781 »Herrmann und Ulrike« den Protagonisten: »Bald kamen sie an einen Ort, wo vier bis fünf kreuzende Wege nach verschiedenen Richtungen hinliefen; die Wahl war sehr ernsthaft, weil im Walde schon die Dämmerung anfing: je weiter sie auf dem gewählten Pfade fortgingen, je tiefer gerieten sie in die Waldung hinein, je dunkler wurde die Dämmerung.« Zwar endet die märchenhafte Hänsel-und-Gretel-Situation nicht im Hexenhaus, aber: »[...] die Zärtlichkeiten stiegen zur Flamme empor, und so führte allmählich die Furcht vor dem Fall den Fall selbst herbei; was keine Reizungen der Wollust, keine Eitelkeit, kein Geld [...] vermochten, vermochte die Allmacht der Liebe. Die Tugend fiel durch ihre Hand: bei ihrem Falle brauste der blasende Wind durch die Bäume und starb mit erlöschendem Keuchen in ihren wankenden Wipfeln: Kiebitze wimmerten in den sausenden Lüften ihren Klagegesang, und Eulen heulten in den hohen Ästen das Grabelied der gefallenen Unschuld: die Tannen seufzten, vom Winde bewegt, und der ganze Wald trauerte im Flor der Nacht um die gefallne Unschuld [...].«

Mendelssohn war alles andere als prüde (was an seinem letzten nachgelassenen Manuskript, der Übersetzung des Hohenliedes Salomos, noch zu erkennen ist): Anziehungskraft und Zwiespältigkeit des Tiergartens als Tummelplatz unschuldig-fragwürdiger Freizeitfreuden dürften dem kundigen Berliner vertraut sein. Sicherlich ist er selbst bisweilen, unter Freunden und im Troß der Familie, durch den Park gewandert. Eine vergleichende Bemerkung von seiner Ostpreußen-Reise klingt so-

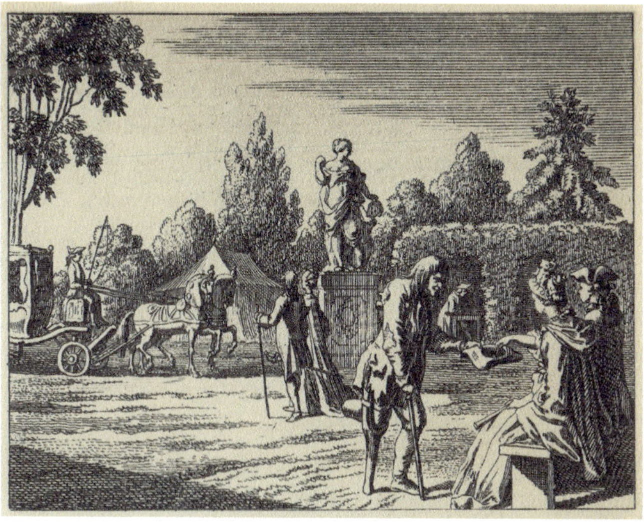

gar wie ein Lob: »Man kann sich keine angenehmere Reise denken, als die durch Preussisch Litauen«, schreibt er da an Fromet nach Berlin. »Ich versichere dich dass im Tirgarten nicht viel angenehmer ist.«[2] Doch dem östlichen Park-Bereich des schillernden Publikumsandrangs, der Freiluft-Gelage und alkoholisch entzügelten Leidenschaften, der üppig bewirteten Parties und der mehr oder weniger aufdringlichen Bettler, der Spaziergänger-Massen und krawallgeneigten Halbstarken kann er wenig abgewinnen. Er bevorzugt den äußersten Nordwestwinkel: wo ein Verwandter aus Dessau als erfolgreicher Fabrikant wirkt und logiert. Der Weg in diesen sicheren Winkel mag ihm dabei nicht immer geheuer gewesen sein. Der breite Pfad wird im Volksmund und von Kartographen jahrzehntelang als »Judensteig« oder »Judenallee« bezeichnet. Die gegenüberliegende große Spreehalbinsel nennt man »Judenwiese«. Hier dokumentiert die Benennung nicht, daß viele Vertreter einer Minorität dort mal angesiedelt waren (wie das in Berlins Mitte bei der »Jüdenstraße« und dem »Großer Judenhof« vielleicht einst der Fall war). Vielmehr wird, wie mit der Markierung durch eine Art gelben Hut, die ungewöhnliche, Neid erregende Präsenz eines Mannes, der diese Immobilie gar nicht kaufen darf, auf einem prominenten Stück Land hervorgehoben. Das klingt noch zwiespältiger als »der Jude von Berlin«, Moses' Promi-Name. Ein Ehrenname ist es nicht.

Auf dem neunten Spaziermarsch sind wir den grünen Strand der Spree entlang unbehelligt durch Berlins Amüsiermeile getrabt: Wo besonders Passanten am unteren Ende der Hackordnung auf der Hut sein sollten, um nicht angepöbelt zu werden. Ein sicherer Hort scheint das nicht zu sein. Als Jude im Tiergarten macht

2 Brief aus Tilsit vom 1. August 1777

man sich manchmal lieber unsichtbar, meidet zwielichtige Pfade, undurchsichtige Ecken, aufdringliche Gestalten. Als jüdischer Philosoph sucht man den besten, den richtigen Weg und gute Gesellschaft.

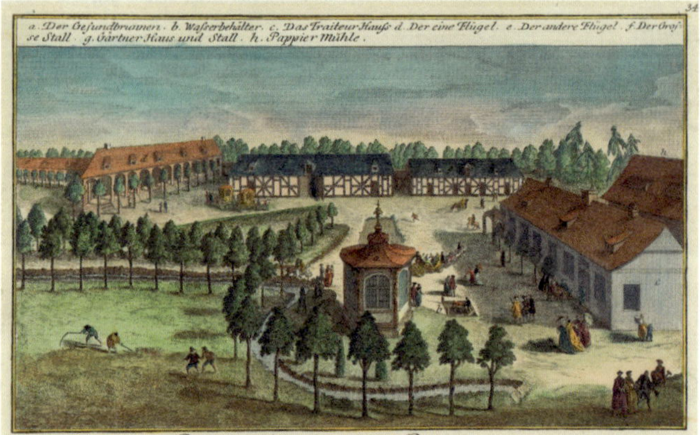

Prospect des Gesundbrunnens bei Berlin.

Lusthaus Sorgenfrei

Zehnter Spazierflug: vom Wohnhaus des Patienten Moses im Marienviertel über seine Erholungsorte im Wedding und an der Tiergarten-Peripherie zu den Gärten seiner Nachkommen

Wie kommt ein vielbeschäftigter Mann mit mehreren Berufen und großer Familie dazu, die von seinem Wohnhaus am weitesten entfernte, hinterste Ecke des Tiergartens regelmäßig zum Beine-baumeln-Lassen aufzusuchen?

Und auf welche Weise legt er die Strecke zurück: im Pferdesattel bestimmt nicht, zu Fuß dauert es mehr als eine Stunde – also per Kutsche auf den dafür erlaubten Wegen?

Über die Vehikel-Frage können wir nur spekulieren. Für die Zeitaufwand-Frage sollten wir uns Mendelssohns Gesundheitssituation vorstellen. Das führt uns in eine düstere Zeit seines Lebens: in den endlosen schwarzen Tunnel seiner rätselhaften Nervenkrankheit. Die hatte Mendelssohn bald nach dem öffentlich ausgetragenen Lavater-Streit zu plagen begonnen. Ein Gesundheitsprotz war er nie gewesen, seine Kondition wurde schon in Dessauer Kindertagen durch übermäßiges Talmudstudium, später in Berlin durch selbstauferlegte Anstrengung als Bettelstudent angeknackst. Und dann hatte die Aufforderung zum Übertritt durch den Zürcher Diakon Lavater, vor aller Augen publizistisch präsentiert, den Schüchternen unter Dauerstreß gesetzt.

Der fromme Gutmensch Lavater war überzeugt, daß so eine

edle Person wie der gelehrte Herr Moses konsequenterweise das Christentum annehmen müßte. Für Mendelssohn entstand die Herausforderung, in der Folge permanent Statements abgeben zu müssen und sich dabei zum Judentum zu bekennen, ohne die Staatsreligion zu attackieren. Seine andauernde Doppelbelastung durch den Brotberuf in der Seidenmanufaktur und die distanzlose Anstrengung bei intellektuellen Herzensprojekten kommen hinzu. All das zusammengenommen wird auf einmal zur Riesenlast. Schwindelanfälle, Atemnot.

Beschwerden, mit denen er schon länger leben mußte, haben dann Ende Februar 1771, an Purim, zu seinem Zusammenbruch geführt.

Die Ärzte verbieten dem passionierten Metaphysiker besonders jede spekulative Gedankenanstrengung. Sein Arzt Marcus Elieser Bloch verfügt sogar zeitweilig ein strenges Schreib- und Leseverbot. Sein zweiter Arzt, der Kant-Schüler Marcus Herz, schreibt an den Philosophen in Königsberg, aufgrund einer Nervenkrankheit sei Mendelssohn seit sechs Monaten nicht im Stande »philosophische Materien zu denken«[1]. Sobald er einen Brief aufsetzt, wird ihm schwindlig. Er darf nicht ins Kontor und ist, wie er selbst mitteilt, »beständig mit Arzenaien beschäftigt«. Noch zum Jahresende kann er keine langen Briefe verfassen, »weil meine Unpässlichkeit mich zum Nach Denken immer noch unfähig macht«.

Die Symptome waren ihm schon bekannt gewesen, nun überwältigen sie ihn: Eine halbe Stunde nach dem Einschlafen erwacht er gelähmt. Ohrensausen, das Blut pocht im Schädel. Gleichgewichtsstörung, Hitzewallung, Erstarrung, Panik, Herzklopfen. Danach Kopfschmerzen und Niedergeschlagenheit. Später wird er sich erinnern: »Es war mir nehmlich dabei,

1 9. Juli 1771

als wenn etwas glühendes vom Gehirn herab, den Rückrad entlang, einströmen wollte, und Widerstand fände, oder als wenn jemand mit glühenden Ruthen mir den Nacken geisselte.« Versucht er dann doch mal, zu lesen, zu schreiben, sich philosophisch zu unterhalten, tritt aufs neue akuter Schwindel auf.[2]

»Um unter den wilden Thieren meine Vernunft wieder zu suchen«

In einem Billett an Lessing erwähnt der 41jährige, was ihm alles verboten ist, und mahnt den Freund, das eigene Lesen und Denken bloß zu zügeln, um besser durchzuhalten. Er selbst müsse nämlich jetzt den ganzen Sommer »musenlos« verbringen und »wie jener König der Menschheit beraubet werden, um unter den wilden Thieren meine Vernunft wieder zu suchen«.[3] Hier spielt Mendelssohn auf eine Episode im biblischen Buch Daniel an, wo es vom König Nebukadnezar heißt: »Aus dem Kreis der Menschen wurde er ausgestoßen; er aß Gras wie die Rinder, und sein Körper wurde vom Tau des Himmels naß, bis seine Haare so lang wie Adlerfedern geworden waren und seine Nägel wie Vogelkrallen.« Moses verwahrlost zwar nicht, fühlt sich aber ohne geistige Auseinandersetzung isoliert. Seine Langeweile vertreibt er sich mit dem Zählen von Dachziegeln auf dem Nachbarhaus.

In diesem bedrückenden Lebensabschnitt, so berichtet sein Freund Friedrich Nicolai, hat der Patient über Monate seine Studierstube im ersten Stock gemieden. Statt dessen spielt er

2 Mendelssohns Selbstbeschreibungen seiner Krankheit in Briefen siehe in »Moses Mendelssohn und die Krankheit der Gelehrten« von Hans-Joachim Schwarz und Renate Schwarz, Hannover 2014

3 9. April 1771

häufiger mit seinen Kindern, macht sich im Haushalt nützlich. Und steigt dann doch einmal die Treppe hoch zum verlassenen Denklabor, um für Fromet etwas in die Küche zu holen. Beim Eintreten verspürt er Sehnsucht nach der störungsfreien Klause und sieht das Chaos auf dem Schreibtisch: »seine Stühle leer, und in einige Bücherrepositorien hatte seine Frau Confituren gestellt. Ein Schauder überfiel ihn. Er glaubte, lebendig todt zu seyn, und zu sehen, wie es in seiner Studirstube nach seinem Tode aussehen werde. Die Augenblicke, in denen er die Treppe hinunter ging, hielt er für die traurigsten seines Lebens.«

Die Ärzte stimmen überein in der Anordnung, den Bluthochdruck durch intellektuelle Abstinenz zu senken, sie warnen vor dem Schlaganfall. Im Detail gehen ihre Therapie-Ideen auseinander. Hofrat Johann Georg Zimmermann, Doktor Nummer 3 und königlich-großbritannischer Leibarzt in Hannover, rät von kalten Bädern ab und zu Blutegeln am Fuß, zu Aderlaß, Klistieren, Fußbädern aus Wasser mit Senfsamen, Senfpflastern unter den Fußsohlen, Weinsteinrahm mit Limonade und Diät – kein Wein, kein Kaffee, wenig Fleisch, vor allem Gemüse. Dr. Bloch setzt sich dann doch durch mit seiner Strategie: Fußbäder von Flußwasser mit Weizenkleie, Einnahme eines Pulvers aus Weinsteinrahm und Salpeter vor dem Schlafengehen. Der Kopf des Moses wird kahl geschoren und kalt gewaschen. Gewürze und Tabak sowie Erschütterungen auf Pferd und Wagen sind untersagt, nur gelinde Bewegung vor Tisch sei erlaubt.

Auch bezüglich der Hintergründe seiner sogenannten Nervenkrankheit gehen die Meinungen der Fachleute auseinander: unmäßiger Lernstreß seit Kindertagen, berufliche Mehrfachbelastung, Raubbau durch Nachtarbeit? Öffentlicher Debattenstreß durch die Bekehr-Affäre Lavaters, brüskierende Verhinderung seiner Aufnahme in die Akademie der Wissenschaften durch den König? Das Dilemma zwischen dem eigenen Stottern, der eigenen Schüchternheit und dem öffentlichen Druck als europäische Berühmtheit? Burnout, Depression? Eine Sondermeinung vertritt der Philosoph Johann Georg Hamann, dem die Sexualität des Juden ursächlich erscheint: »Wie sehr wünschte ich sein Aesculap zu sein … Kinder machen, Kinder machen […] erschöpft die animalische Haushaltung mehr als Predigen und Bücherschreiben – Wozu bedient er sich nicht des mosaischen benificii *der Ribbe seines Leibes* einen Scheidebrief zu geben […].«[4]

Jahrelang wird es nun für ihn auf und ab gehen: mit Rekonvaleszenz- und Rückfall-Signalen. Als ihm wenigstens die Manufakturarbeit, von der sein Bleiberecht und das tägliche Brot für seine Familie abhängen, wieder erlaubt wird, gibt sich der Kranke schon mit kleinen Verbesserungen und seiner wiedergewonnenen Kapazität zufrieden, zumindest ein inhaltsleeres Brieflein zu produzieren: »Warum sollte ich nicht so leben können, als mein Nachbar der Kuchenbäcker?«[5]

»Ich wohne itzt in der angenehmsten Gegend des Thiergartens«

Zu den Maßnahmen, denen er sich dann aber geduldig, verzweifelt, resigniert immer wieder – bis ans Lebensende – unterziehen wird, gehört die Erholungsreise. Ausbrüche aus der sommerlich-stickigen Stadtwohnung: Kuraufenthalt an der frischen Luft, in freier Natur, die Einnahme heilsamer Mineralwässer und Badekuren. Bevor er dafür 1773 und 1774 ins mondäne Pyrmont reist, probiert er im Sommer 1772 ein ambulantes Ex-

4 7. Juni 1773, Johann Georg Haman an Friedrich Nicolai
5 September 1775 an August Hennings

periment an der Spree. Am 25. Juni 1772 schreibt er seinem Dr. Zimmermann: »Da ich Pillen nicht gut nehmen kan; so giebt mir mein Arzt die von Ihnen vorgeschlagene Wurzel unter einer andern Gestalt, welches hoffentlich in der gehofften Wirkung nichts verändern wird. Ich wohne itzt in der angenehmsten Gegend des Thiergartens, besorge gleichwohl täglich meine Handlungsgeschäfte in der Stadt und kehre des Abends in das anmuthige Landhaus meines Freundes [Eisek Dessau] zurück, das am Ufer der Spree, dem Sulzerschen Garten im Moabiterlande gegenüber liegt.«

Was das anmutige Landhaus außerdem zu bieten hat, ergänzt dann fünf Tage später ein Brief in hebräischen Buchstaben, adressiert an den Dessauer Freund Elkan Herz in Leipzig: »Meine Gattin mögen ihre Tage lange andauern befindet sich nit in der Stat. Trinkt einen Brunen auf R. Isak Dessau seiner Fabrik, sie vermeldet indessen ihre dinstliche Empfehlung für ihn und seine Gattin der Hochgeehrten mögen ihre Tage lange andauern.«

Landhaus, Brunnen, Fabrik, Blick auf den Fluß: Wir befinden uns also auf dem Mehrzweckgelände des Isaac Wulff in der äußersten Nordwestecke des Tiergartens, am Ende des Judensteigs, auf dem Reiten und Fahren gestattet ist. Der Steig biegt auf dem Geometrischen Plan des Großen Thiergartens aus dem Jahre 1765 bei Kleistens Allee (die vom Großen Stern diagonal nach Nordwesten verläuft) ab, zieht sich einige hundert Meter durch den Wald parallel nördlich von der großen Allee nach Charlottenburg (der heutigen Straße des 17. Juni) und schlängelt sich dann an das Wulffsche Gelände heran. Dieses ist seit der ersten Ansiedlung des alten Benjamin Elias Wulff, Vater des Isaac Wulff alias Eisek Dessau, auf der Grundlage zweier Erbzinsverschreibungen von 1752 und 1763 und durch weitere Anmietungen kontinuierlich erweitert worden. Über eine der hinzugekauften Wiesen heißt es in den Dokumenten: Sie sei »besonders aber zum Bleichplatz der zu fabricirenden Baumwollenen Strümpfe und Mützen bestens nutze und zu gebrauchen«. Es müßten allerdings »die all dort jetzt befindlichen Maulbeerbäume auf einen andern convenablen Ort und auf des Entrepreneurs-Kosten versetzt« werden, denn beim staatlich forcierten Prestigeprojekt Seidenproduktion versteht der König keinen Spaß.

Ein Erbpachtkontrakt mit den Gemeinden St. Nicolai und St. Marien, Bruchland im Spreebogen auf der anderen Seite des Flusses betreffend, wird 1783 noch hinzukommen. Diese niedriggelegene, sehr große Wiese – ein weiterer potentieller Bleichplatz – steht im Frühjahr meist unter Wasser, doch der feste Sandboden bildet ein widerstandsfähiges Erdreich. Die Judenwiese, wie die Halbinsel mit dem Einstieg des Pächters Wulff bald genannt wird, war ein Teil des (ursprünglich riesigen) Kleinen Tiergartens gewesen und gehörte damit zur berlinischen Stadtheide zwischen dem Schloß Monbijou und der Jungfernheide. Der Kleine Tiergarten war zwischenzeitlich, seit 1656, vom Magistrat an die kurfürstliche Domänenkammer abgetreten worden, da adlige Jagdgesellschaften auch bei den Hirschen, die gern aufs nördliche Spreeufer hinüberwechselten, zum Abschuß kommen wollten.

Ein Pavillon mit Bienenzucht und angenehmer Aussicht

Sprung zurück aufs Wulffsche Gelände südlich der Spree: Entstanden waren dort im Lauf der Jahre zunächst ein Wohnhaus und eine Kattunfabrik samt zweier Bleichenplätze (»mit lebendiger Hecke abzuhegen«) und ein Garten sowie (laut Nicolais Beschreibung) ein Lusthaus »mit sehr angenehmer Aussicht«, außerdem eine Bienenzucht. Ein Ort, wo wohl nicht nur gearbeitet, sondern auch gut gelebt wurde. Wie Isaac Wulffs Nachlaßverfügungen von 1802 verraten, in denen Möbel, Wäsche, Küchengeräte, Schreibzeug, Silber, Besteck und »Heiratsgut« aufgeführt werden. Aus anfangs neun Brandenburgischen Morgen und 141 rheinischen Quadratruthen waren schließlich akkumuliert 20 Morgen und 19 Quadratruthen geworden, im Versicherungsvertrag für Isaacs Erben, den Sohn Jacob, Anno 1802 so beschrieben hat: »Vor der hiesigen königlichen Residenz am Thiergarten und im Moabiterlande besitzt der Herr Jacob Isaac Wulff nachfolgende Grundstücke, und zwar am Thiergarten im Winkel der Spree und des Mühlen Grabens beträchtliche Wohn- und Fabriken Gebäude, Bleiche, Gärten und Zubehör«, sodann weitere angrenzende hinzugekommene Miet-Grundstücke. Erwähnt wird von den Versicherern auch, daß der Garten nicht öffentlich, Bewirtung nicht erlaubt sei. Die ebenfalls versicherte Wiese »im Moabiterlande«, gepachtet von den Kirchengemeinden, umfaßt stolze 43 Morgen 146 Quadrat-Ruthen. Sie muß laut Vertrag »ein Pertinent-Stück der Fabrike bleiben«.

Isaak Benjamin Wulffs 73 Webstühle stehen in der Neuen Friedrichstraße neben der Garnisonschule. In seiner Manufaktur zum Färben und Bedrucken der Textilien, der größten Berlins, werden 1782, zehn Jahre nach den dort verbürgten Besuchen Mendelssohns, 98 Angestellte arbeiten. Auf dem Plan von 1765 sind – sieben Jahre vor jenen Besuchen – Fabrikgebäude und Wohnhäuser zu sehen, zwei Bleichplätze, eine Windmühle, ein akkurat gestalteter großer Garten mit Alleen und Beeten sowie das Lusthaus direkt am Wasser mit vorspringendem Panorama-Pavillon.

Kattunproduktion und die der Zitze (= Chitse, bedruckte oder ausgemalte Baumwolle) war erst unter Friedrich II. in Preußen erlaubt worden. Elias Wulff und sein Sohn Isaac hatten zunächst mit Barchent-Produkten begonnen – ein Mischgewebe aus Baumwolle und Leinen – und sich bald darauf auf die lukrativere Kattunfabrikation verlegt. Nach dem Siebenjährigen Krieg übernahm Isaac sächsische Strumpf- und Mützenweber und bekam dafür die Erweiterung seiner Bleich-Anlagen genehmigt; er stieß diesen Fabrikationszweig jedoch schnell wieder ab und zahlte den Arbeitern eine Abfindung. Aufgrund seiner merkantilen Verdienste erhielt er 1765 die Rechte christlicher Kaufleute; ein findiger Geschäftsmann, der einmal mit seinem Schwager Daniel Itzig für Preußens Residenzstädte die Rechte am Brennholz-Handel erwarb, ein andermal mit seinem Schwiegersohn Moses Itzig Seidenfabriken gründete. Von Zeitgenossen als besonders klug und »ein Israelite ohne Falsch« gewürdigt, aber wenig geneigt, Gewinnstreben und soziale Betriebsführung zu vereinbaren.

Doch er fördert das jüdische Gymnasium seiner Heimatstadt Dessau und präskribiert viele in Berlin verlegte jüdische Schriften. Für Mendelssohn ist dieser Textilfabrikant nicht nur ein Kollege und Konkurrent, sondern ein Verwandter: Beide stammen ab von dem berühmten Krakauer Gelehrten Moses Isserles aus dem 16. Jahrhundert, sind verbunden mit dem in Dessau und Berlin erfolgreichen Hoffaktoren-Clan Wulff. Moses ist Isaacs Onkel zweiten Grades. Beide kooperieren bei der Gründung einer jüdischen Heiratsgesellschaft, und Wulff wird von Moses gebeten, bei einem Streit zwischen seinem Übersetzungsmitarbeiter Hartwig Wessely und dem Berliner Oberrabbiner Hirschel Levin zu vermitteln. Wann immer der Philosoph im Lusthaus an der Spree und im dahinterliegenden Garten von Strapazen und Krankheitsphasen ausgespannt hat: Wulff ist eine starke Persönlichkeit, man hat genug zu reden oder auch zu streiten.

»Ich verlohr die Fähigkeit zu meditiren, den größten Theil meiner Zufriedenheit«

Sieben Jahre später sind die schlimmsten Krankheitsdunkelheiten, so scheint es, überwunden. Meistens klingt das in Biographien Mendelssohns so, als sei das Nervenleiden irgendwann nicht mehr relevant gewesen. Tatsächlich sind seine Briefe während der verflossenen Jahre wieder umfangreicher geworden. Aber die Schwächeanfälle wiederholen sich. Der Angeschlagene unterwirft sich auf Dauer einer radikalen Diät, die seine Umwelt in Erstaunen versetzt. Er muß etwas für seine Gesundheit tun. In dieser Verfassung erwischen wir ihn beim Schreiben eines durchaus längeren Briefes an August Hennings in Kopenhagen.

Ein paar Wochen vorher hatte der 49jährige, vor der Abschlußphase seines monumentalen Werkes der Tora-Übersetzung, für den dänischen Politiker zusammengefaßt, wie er in die aktuelle Situation geraten war: »Nach dem ersten Plan meines Lebens, so wie ich ihn in meinen besseren Jahren entwarf, war ich weit entfernt, jemals ein Bibelherausgeber oder Uebersetzer zu werden. Ich wollte mich blos darauf einschränken, des Tages seidene Zeuge verfertigen zu lassen, und in Nebenstunden der Philosophie einige Liebkosungen abzugewinnen. Es hat aber der Vorsehung gefallen, mich einen ganz andern Weg zu führen. Ich verlohr die Fähigkeit zu meditiren, und mit ihr Anfangs den größten Theil meiner Zufriedenheit. Nach einiger Untersuchung fand ich, daß der Ueberrest meiner Kräfte noch hinreichen könne, meinen Kindern und vielleicht einem ansehnlichen Theil meiner Nation einen guten Dienst zu erzeigen, wenn ich ihnen eine bessere Uebersetzung und Erklärung der heiligen Bücher in die Hand gebe, als sie bisher gehabt. Dieses ist der erste Schritt zur Cultur, von welcher meine Nation leider! in einer solchen Entfernung gehalten wird daß man an der Möglichkeit einer Verbesserung beynahe verzweifeln möchte.«[6]

Nun, einen Monat später, befindet sich Mendelssohn früh morgens gut vier Kilometer von seinem Wohnhaus entfernt und schreibt wieder mal an den Freund und Kampfgenossen Hennings: über die Subskriptions-Aktionen für sein Übersetzungswerk; über den Umgang der Gesellschaft mit Ungläubigen; über die Frage, wie duldsam die Polizei gegenüber unduldsamen Minderheiten sein sollte, falls diese ihre Freiheit mißbrauchen, »die Menschen durch Ueberredungsgründe zu überführen«. Anspruchsvolle Themen, die man nicht nebenbei in der Sauna oder auf der Sonnenterrasse abhandelt. Aber Moses nutzt die Morgenzeit, um Briefschulden zu erledigen. Er befindet sich in Berlins neuer Kuranlage auf dem Vorwerk Wedding. Während es sich bei Isaac Wulff im Tiergarten, wo Fromet und Moses ihren »Brunnen« zu sich nahmen, um eine privat genutzte Quelle handelte, hat hier im Norden der Stadt ein Apotheker seit der Mitte des Jahrhunderts versucht, sein eigenes Kur-Konzept als öffentliches Therapieangebot durchzusetzen.

Entstanden war die Idee zu diesem Gesundbrunnen, nachdem 1701 – im glorreichen Jahr der ersten preußischen Königs-

6 29. Juni 1779 an August Hennings

krönung – Friedrich I. einmal in seinem von der Panke durchflossenen Jagdrevier durstig wurde und den eisenhaltigen Trunk aus der nahen Quelle vortrefflich fand. Was später den werbeträchtigen Namen Friedrich-Gesundbrunnen nach sich zog. Das kredenzte Wasser wurde von den Leibärzten untersucht, für heilsam erklärt, gereinigt, und die Quelle eingefaßt. Der umzäunte »Lustwald« aus Fichten, Tannen, Eichen und Birken, in dem all das stattfand, hieß damals Caninischer Garten. Fast war dann schon, Jahre später, der königliche Pionier-Trunk vergessen, der Lustwald umgehauen, die Gegend öde geworden, die Quelle lediglich für eine Papiermühle genutzt: als Friedrich II. 1751 den Brunnen erneut untersuchen ließ, mit einem amtlichen ausgezeichneten Resultat.

»Er quillt aus den mineralischen Gründen einer schönen Wiese«

So begann der Hofapotheker Heinrich Wilhelm Behm 1757 mit dem Plan, »auf der Feldmarck Wedding, ohnfern Papiermühle bei der daselbst befindlichen Mineralischen Quelle« eine Kuranstalt zu entwickeln und zu beantragen. Er investierte für die steinerne Einfassung des Brunnens, baute ein zweistöckiges Haus mit Seitenflügeln für 40 Patienten, Personalwohnungen, Stallungen und legte eine Meierei an. Zu seinem Konzept von 1757, das nur teilweise umgesetzt wird, gehörte eine »Menagerie«, ein »Garten zur Bothanik«, ein »Lustgarten« und ein »Küchengarten«. Um königliche Förderung zu erhalten, kommen Maulbeerpflanzungen, Häuser für hugenottische Kolonisten und ehemalige Soldaten hinzu. Alleen werden gepflanzt, Birken, Ellern und Pappeln aufgereiht, schließlich rund 18 Morgen mit 12 000 Obstbäumen und wilden Baumsorten bestückt, was allein 22 000 Thaler gekostet haben soll. Elemente eines englischen Gartens und der baumüberwölbte Poetensteig entlang der Panke werden ebenfalls realisiert.

In der ältesten, während des Siebenjährigen Krieges erschienenen Publikation zu dieser ersten und letzten Berlinischen Kurstation, »D. Heinrich Wilhelm Behms Vorläufige Nachricht von dem Gesund=Brunnen bei Berlin« (1760), betont der weiterhin auf königliche Subventionen hoffende Verfasser: Seine Bemühungen seien »allein zum Nuzzen unseres Vaterlandes betrieben« und um »unsern Mitbürgern durch unsere Geschäftigkeit die verlorene Gesundheit wieder herzustellen«. Im Tal nahe der Panke quille der Gesundbrunnen »in einer überaus anmuthigen Gegend, aus den mineralischen Gründen einer schönen Wiese«. Südlich sehe man auf Anhöhen Alleen und Feldfrüchte stehen; östlich baumumhegte Wiesen, ebenfalls von mineralischen Quellen durchwässert; nördlich eine Papiermühle und die Gebäude für das Brunnen-Wesen; »gegen Abend das bequeme Wohnhaus, welches für die Badegäste bestimmt ist. Die auch da herum angelegten Alleen und Gärten ergötzen die Aussicht durch wechselnde Reize.« Vier Jahre später wird dann eine amtliche Ortsbesichtigung zwar den Zustand mancher Gebäude bemäkeln, aber feststellen: »Hinter den [...] Häusern und dem Brunnen befindet sich ein ungemein großer Garten, welcher durchgängig mit vielen Hunderten guten frugbahren und nützlich bekommenen Obst und Maulbeer Bäumen besetzet ist [...].« Die Gesamtanlage zeige, daß hier viele tausend Taler investiert worden seien.

Stolz werden in Behms Werbebroschüre von 1760 auch die Gutachten der Chemiker und Mediziner, das Spektrum der Mineralien, präsentiert sowie deren Wirkung auf viele menschliche Organe und Anwendung gegen Krankheiten. Zu denen gehören: »kalte Fieber, verstopfte Eingeweide, Hypochondrie, Mutter-Beschwerung, Bleichsucht, Verschleimung des Geblüts, Gicht- und Gliederreissen, verstopfte guldene Ader, verstopfte Reinigung der Frauenzimmer, Krampfe, Blähungen, Flusse, Zahn-, Kopff- und Ohrenschmerzen, auch schweres Gehör und Taubheit« – die komplette Liste ist doppelt so lang. Den Brunnen könne man einnehmen und / oder sich selbst in der Eichenwanne des eigenen Zimmers darin eintauchen. Kuren seien ganzjährig möglich, die besten Monate dafür von Mai bis September. Penibel schildert Dr. Behm die Abfolge der Maßnahmen samt Diät, und empfiehlt den aufs Trinken fokussierten Gästen: »Wenn sie die Morgenzeit dazu aussezen und ehe sie anfangen, zuförderst ihren Körper zur Cur zu bereiten. Dazu wird erfordert, daß der Körper durch eine gelinde Laxanz mit Rhabarber, Bitter-Salze oder geschärften Balsamischen Pillen von seinen groben Unreinigkeiten gereiniget und hiernechst nach Beschaffenheit der Umstände etwas Blut abgelassen werde [...].« Er stellt auch die Ausstattung der Patientenstuben mit Kamin heraus und lobt den Bademeister, »welcher zugleich ein Chirurgus ist«.

»Ich schreibe am Gesundbrunnen, wo ich die Abend- und Morgenstunden zubringe«

Daß Moses Dr. Behms Angebote wahrnimmt und sich den Therapien wohl auch für längere Zeit unterzieht, zeigt einen nach wie vor bestehenden Leidensdruck: seinen dringenden Wunsch, der aufflackernden Krankheit, den Kontrollverlusten und der Einschränkung intellektueller Lebensgeister etwas entgegenzusetzen. Am Ende seines Briefes, in dem es eben noch um Toleranz gegenüber den Intoleranten ging, entschuldigt er sich für Themendichte und -sprünge: »Verzeihen Sie, theuerster

Freund, daß ich meine Gedanken nicht gehörig auseinander setze. Fast schäme ich mich der Verwirrung, in welcher ich sie hingeworfen. Allein ich schreibe hier am Gesundbrunnen, wo ich seit einigen Wochen die Abend- und Morgenstunden zubringe. Diese erquickende Morgenstunde hatte ich Ihnen gewidmet, und zu meinem nicht geringen Verdrusse bin ich heute etwas unheiter aufgestanden.«[7]

»Wo die Artillerie ihre Uebungen mit Schießen und Bombenwerfen macht«

Wenige Jahre danach lautet Friedrich Nicolais knappe Notiz zum »Friedrichgesundbrunnen« so: Die Quelle sei von martialischer Art und für Gicht und Nervenanfälle als »heilsam befunden«. Im Haus der Badegäste gebe es einen großen Saal, »und zwei Bogengänge vor den Häusern zum Spazierengehen, nebst einem Garten«. Die Anpflanzung von Bäumen habe die sandige Gegend verbessert, in einem Wirtshaus finde man Erfrischungen und Speisen. Seine Beschreibung des weiteren Umfeldes wirkt nicht ideal: An der Panke liegt die Papiermühle, jenseits des Flüßchens der Exerzierplatz, »wo die Artillerie jährlich ihre Uebungen mit Schießen und Bombenwerfen macht«. Auch der Bericht eines englischen Reisenden im folgenden Jahrzehnt klingt verhalten. Naturfreunde fänden hier allerdings viel Anziehendes, die Luft sei sehr rein, fürs Spazierengehen böten sich rund um den Brunnen schattenreiche Wege an:

»Vor den Wohnungen der Brunnengäste sind, wie an andern Orten dieser Art, Arkaden, die wieder von Bäumen eingeschlossen sind und auch bei der größten Schwüle angenehme Küh-

7 29. Juli 1779 an August Hennings

lung geben. Hinter denselben ist ein geräumiger Garten, über den ich [...] aber wenig gutes zu sagen weiß. Weder Naturschönheit noch Kunst heben ihn über seines Gleichen hervor [...].« Trotz einer Baumschule erlebe man ihn öd und leer. »Die Gesellschaft, welche in diesem Sommer die Brunnengäste ausmachen, ist vermischt und besteht aus Räten und anderen königlichen Bedienten, aus Künstlern, Kaufleuten und Juden. Sie leben mehr abgesondert, und jede Familie macht gleichsam für sich einen Zirkel aus [...] Diese Absonderung erzeugt eine gewisse Steifheit und Kälte des Umgangs [...].«

Mit dem Tod seines Gründers Behm im Jahr 1780 ist dem Projekt Gesundbrunnen der unternehmerische Motor abhanden gekommen. Um den historischen Kaninchengarten, mit dem alles angefangen hatte, wird sich von 1784 bis 1803 ein absurder Rechtsstreit zwischen dem Fiskus und den Behmschen Erben hinziehen. Besuche von Königin Luise am Ende des 18. und zu Beginn des 19. Jahrhunderts geben der Kurstation noch einmal Auftrieb, die sich nun Luisenbad nennen darf. Und trotzdem nach etlichen Besitzerwechseln im Jahr 1869, wie ein Chronist der »Festzeitung zur 200 Jahrfeier des Gesundbrunnens« vermerkt, den »Todestoß« erhält: Als bei der Entwässerung der Pankstraße ein unterirdischer Kanal die Quelle zerteilt, welche nun nahezu versiegt. Das Badehaus weicht einer Pferdebahn, aus dem Kursaal wird ein Tanzsaal. Heute erinnert nur mehr der Name des Ortsteils und des Bahnhofs an die Historie.

Auch von dem Lusthaus an der Wulffschen Kattunfabrik im Tiergarten mitsamt dem Garten, der dazugehörte, ist heute nichts übrig; kein Bild, kaum eine Überlieferung. Auf dem Gelände befindet sich schon lange die Königliche Porzellanmanufaktur, und seit einigen Jahren steht ein Ensemble von Neubauten nahe dem Fluß. Beim Blick über die schmale Spree auf das buschbestandene Ufer der Halbinsel gegenüber, die frühere

Judenwiese, kommt aber eine vage Vorstellung auf von den lokalen Landschaftskonturen zur Mendelssohn-Zeit. Außerdem hatte die vormalige Präsenz des Herrn Moses an diesem Ort in der Folgegeneration gewissermaßen eine familiäre Fortsetzung gefunden.

Die Gärten der Mendelssohns

Joseph, der älteste Sohn von Fromet und Moses Mendelssohn, war auf Wunsch des Vaters Kaufmann geworden. Zur Existenzsicherung – obwohl vielleicht Gelehrter sein Wunschberuf und auch im Sinne des Vaters gewesen wäre. Als Bankier zieht er zur Napoleonszeit mit seiner Firma und der Familie nach Hamburg; von dort flieht er im Jahr 1811 vor den französischen Besatzern zurück nach Berlin. Er wohnt erst in der Poststraße (Nikolaiviertel), dann Unter den Linden, später in der Friedrichstadt, bemüht sich aber bald nach seiner Ankunft um einen Sommergarten für sich und seine Familie. Den findet er zur Miete auf dem Gelände der Wulffschen Bleiche im Tiergarten. Das Anwesen war nach dem Tod Isaac Wulffs, seines Verwandten, durch dessen Sohn Jacob Isaac an den Staat verkauft worden.

Wulffs vormaliges Lusthaus mit Spreeblick dürfte, wenn man späteren Kartenwerken folgt, zu dieser Zeit nicht mehr existiert haben, aber andere Gebäude beim Garten sind da in der Mitte des Terrains zu sehen. Für Joseph, für seine vom Vater Moses vermittelte Ehefrau Henriette, geb. Meyer, Hofagententochter aus Strelitz, und für beider Söhne Benjamin und Alexander wird »die Bleiche« ein Heimatort in bewegten Zeiten. Da Aufbrüche zu größeren Reisen öfter von der Bleiche aus starten, scheint deren Ausstattung als Wochenend- und Sommerhaus komfortabel gewesen zu sein. Im Jahr 1815 schließlich zögert die Familie: ob hier eine Erneuerung des Mietkontraktes nicht doch angebracht sei? Ob man vielleicht ganz dorthin ins Grüne ziehen soll? Man möchte diesen Ort nicht verlieren. Was dann aber, weil für Joseph in Begleitung Henriettes ein längerer Pariser Geschäftsaufenthalt ansteht, nicht mehr zu vermeiden ist. Doch mit der Freude an der Bleiche bildet diese Landhaus-Erfahrung den Auftakt zu seinem jahrzehntelangen Weingut- und Sommerfrischen-Projekt in Horchheim bei Koblenz, das er mit engagierter Unterstützung des ältesten Sohnes Benjamin während des Jahres 1818 beginnt.

Die Tiergarten-Erfahrung Josephs und seiner Familie eröffnet eine sich über Generationen erstreckende Gärten-Geschichte vieler Mendelssohns. Unter den Nachkommen des Stammvaters Moses werden übrigens in den kommenden einhundertzwanzig Jahren erstaunlicherweise mehr verhinderte oder realisierte Landwirte und Gutsherren in Erscheinung treten als Philosophen und Komponisten.

Ein Ort der Zuflucht vor dem totalitären Staat

Moses' Enkel Alexander Mendelssohn (III. Generation) entscheidet sich ab der Mitte des 19. Jahrhunderts für die »Villa Sorgenfrei« (heute: der Nachfolgebau Villa Oppenheim) nahe dem Schloß Charlottenburg als Sommerzuflucht. Dessen Sohn Franz (IV. Generation), der für seinen früh verstorbenen Bruder Adolph vom Vater das Bankgeschäft übernehmen muß, nutzt am Ostrand Charlottenburgs, beim heutigen Steinplatz, sein Landhaus »Eichberg«. »Sorgenfrei« und »Eichberg« verewigt Sebastian Hensel, der Sohn der Komponistin Fanny, geb. Mendelssohn Bartholdy, in den Aquarellen seines Märchenbuches »Zugvögel« am Ende des 19. Jahrhunderts. Franz

Mendelssohn und sein Bruder Wilhelm hatten eigentlich Landwirte werden wollen; was aber dann doch nur dem Jüngsten, Wilhelm, als Gutsherr gelungen war – zunächst auf Rzuchow in Oberschlesien, dann auf Roggow in Pommern.

Die V. Generation verläßt schließlich mit den Von-Mendelssohn-Bankiers Robert I und Franz II ihre Wohnhäuser in der grauen Berliner Friedrichstadt. Beide Brüder beziehen ihre Grunewald-Villen mit Park: an der Herthastraße und an der Koenigsallee. Ihre feudalen Sommergartenhäuser befinden sich im Salzburger Land und im Südwesten Frankreichs. Auch der Georgenhof, durch den letzten Bankinhaber der Familie, Robert von Mendelssohn II (VI. Generation), am Anfang der 1930er Jahre auf der Schwäbischen Alb erworben, ist ein abgelegener Zufluchtsort, von Landwirtschaft und rauher Natur dominiert: um in Distanz zur Hauptstadt des »Dritten Reiches« vor dem Zugriff des totalitären Staates in Deckung zu gehen.

In der zweiten Bankierslinie des Mendelssohn-Clans ist es zu Beginn des 20. Jahrhunderts Paul von Mendelssohn-Bartholdy (V. Generation), der das spätklassizistische Schlößchen Börnikke bei Bernau architektonisch modern gestalten, den Übergang zwischen Gebäude und Natur nun eleganter flankieren läßt, ohne verändernd in den vorhandenen Rittergutspark der vorangegangenen Jahrzehnte samt Tempelchen, Gewässern, Brücken einzugreifen. Zuvor in der IV. Generation dieser Linie hatten nicht nur Walter und Ernst Dirichlet, die Söhne der geb. Rebekka Mendelssohn Bartholdy, in Ostpreußen ihr Glück mit Akkerbau und Viehzucht gesucht – Gutsbesitzer der eine, Landwirt der andere.

Bekannter aufgrund seiner Memoiren und seines Bestsellers, der Mendelssohn-Familienchronik, ist die kurvenreiche Karriere ihres Cousins Sebastian, des einzigen Sohnes von Fanny und Wilhelm Hensel: der nach seinem Abitur unter den Unruhebedingungen von 1848 eine Landwirtschaftsschule bei Stuttgart besucht und nicht weit von Königsberg rund 14 Jahre lang als engagierter Gutsherr auf Groß Barthen gewirkt hat. Sein Onkel Paul Mendelssohn Bartholdy, der Bruder des Komponisten Felix (III. Generation), genießt wiederum Mitte des 19. Jahrhunderts eine säulengeschmückte Sommervilla in Lützow (Charlottenburg), von der neben einer bezaubernden Aquarell-Darstellung – die Kinder des Bankiers fahren im Ziegenwägelchen zwischen großen alten Bäumen durch den Park – seit 2017 weitere Details bekannt geworden sind.

»Erfröre mir dies, so wäre ich untröstlich.«

Als leidenschaftlichste Gartenenthusiastin der Familie dürfte jedoch Sebastians Großmutter, Lea Mendelssohn Bartholdy, geb. Salomon, in die Familiengeschichte eingehen – eine »Reingeschmeckte« aus dem Itzig-Clan, Enkelin des Hofagenten Daniel Itzig. Als sie gemeinsam mit ihrem Mann Abraham 1824 aus dem Erbe ihrer Mutter den Ankauf des heruntergekommenen barocken Reckeschen Palais am Rand der Friedrichstadt samt 13 Morgen Grundstück finanziert, gibt ihre grüne Passion dafür den Ausschlag: »Was uns zu diesem weitaussehenden Plan lockte, ist ein wundervoller Garten, vielmehr Park, voll herrlicher alter Bäume [...].« Während sie vor den Renovierungsarbeiten in die Gartenwohnung flieht, ist sie in ihrem Element: »Du mußt es Dir wie die Pariser Wohnungen entre cour et jardin vorstellen«, schwelgt sie vor der Wiener Cousine Henriette von Pereira-Arnstein. »Eine ganze Reihe Zimmer geht nach dem Garten, den auch allenhalben Gärten umgeben«, weshalb das Einengende eines Stadtgartens entfalle. »So daß man keinen Wagen fahren hört, keinen Menschen sieht, ohne allen Staub ist, und sich doch mit wenigen Schritten in einer der elegantesten, lebhaftesten Straßen Berlins befindet […]. In der Mitte des Gartenhauses ist ein, selbst für Berlin selten großer Saal, mit einer ovalen, imposanten Kuppel, auf Säulen ruhend. Vier Stufen führen in den Garten hinab, von denen man eine Durchsicht von Baumgängen und Gruppen bis ans Ende hat.«[8]

Bis zu einer Mühle außerhalb der Stadt wandere da durch Laublücken der Blick. Ausgesprochene Gartenzierden müßten noch geschaffen werden, doch prächtige Linden, Rüstern, Buchen, Kastanien und Akazien gebe es schon, ein großes Feld mit Milchhof, zwölf Kühen und einem Pächter; im Herbst wolle man Blumen pflanzen, den Rasen verschönern. »Ich bin eine so große Naturfreundin«: Ihr sei selbst der entlaubte Garten lieber als der Anblick der Straße. Der König habe gerade fast alle großen Häuser mit Gärten gekauft, weshalb dieses Haus eine »in Berlin einzige Besitzung« sei. Sobald dann der Wein sowie Pfirsiche, Feigen, Kirschbäume und Rosen erst positioniert sind, folgt die Sorge, dieselben vor dem früh eintretenden Frost »durch schnelles Einsenken, Bedecken und Umwickeln zu sichern«. Das gilt ebenso für das Blumenbeet auf dem »herrlichen Rasenplatz vor dem Gartensaal, wo 150 Hyazinthen, 100 Tazetten, mehr als 100 Rosenstöcke, unzählige Nelken, Levkojen, Reseda, Krokusse und Astern gepflanzt wurden. Erfröre mir dies, so wäre ich untröstlich.«[9]

Historischer Sommernachtstraum, allegorisches Wintermärchen. Daß in dem barocken Palais-Komplex, zu dem dieser traumhafte Garten gehört, während der zweiten Hälfte des 19. Jahrhunderts das Parlament des Norddeutschen Bundes (das

8 14./15. März 1825, Lea Mendelssohn Bartholdy an Henriette von Perreira-Arnstein

9 Dieselben am 10. August und 22. November 1825 und am 10. November 1826

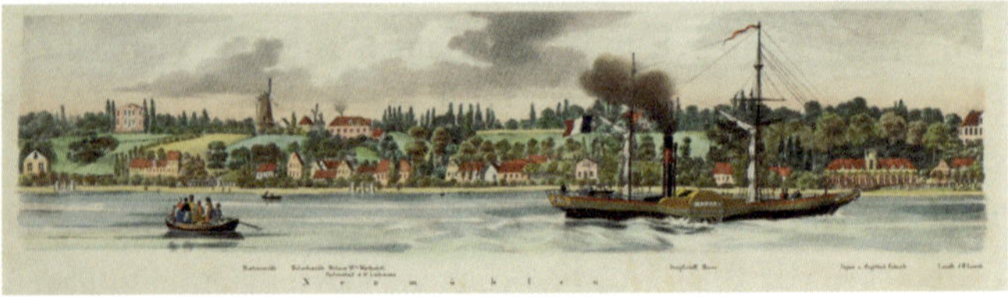
N e u m ü h l e n

zweite in Deutschland nach der Paulskirche) tagt und auf dem Terrain schließlich das Preußische Herrenhaus gebaut, auf dem angrenzenden Prinz-Albrecht-Gelände zuletzt die Terrorzentrale des »Dritten Reiches« eingerichtet wird: spiegelt topographisch die höllischen Achterbahnfahrten deutscher Geschichte, von der Aufklärung über die Romantik bis zur totalitär entgleisten Moderne.

Die gartenverrückte Lea Mendelssohn Bartholdy hatte sich ein Leben ohne grüne Oase offenbar kaum vorstellen können – im Gegensatz zu Moses Mendelssohn und auch zu seinen Kindern, die in beengten Stadtwohnungen aufgewachsen und durch Erinnerungen an Kindheits-Gärten wohl weniger nachdrücklich geprägt worden waren. Als sie die ersten zehn Jahre ihrer Ehe mit Abraham Mendelssohn, der zu diesem Zeitpunkt noch nicht Bartholdy heißt, in Hamburg verbringt, verfügt das junge Paar außer der Stadtwohnung beim Kleinen und Großen Michel bald schon über ein Landhäuschen mit grandioser Aussicht, neben »Martens Mühle« in Neumühlen an der Elbe. Leas mentale Programmierung zur energischen Gartenfrau stammt aber schon aus früheren Jahren, von der Meierei Bartholdy vor dem Schlesischen Tor Berlins, außerhalb der Stadtmauer – erworben 1771 durch ihren Großvater Daniel Itzig.

»Ich träume mir mein Arkadien«

Hier konnte sie, die als kleines Mädchen bei Moses Mendelssohns Klavierlehrer Kirnberger Unterricht erhalten hatte, als Teenager und junge Frau das Zusammenspiel von Kunst und Natur entdecken: »Die milde Jahreszeit, der Genuß heiterer, freier Luft, ein herrliches Leben in dem reizendsten Garten, gesellige Freuden, das wichtige Amt einer Haushälterin, die ernste Würde der Honneurs unseres gemeinschaftlichen kleinen Zirkels, angenehme Beschäftigungen, der liebliche, ungestörte Anblick der schönen Natur geben meinem Herzen das reinste Vergnügen«, schreibt sie mit 22 Jahren an einen Freund. Und ermuntert diesen zu einem Besuch »in meinem kleinen Paradiese«. Sie schwärmt vom dichten, kühlen Schatten ehrwürdiger Kastanien, Linden und Platanen, von gewölbten Laubengängen, runden Plätzchen und »niedlichen Lusthäusern«; beschreibt »eine Fülle von Florens und Pomonens Schätzen, wie von Küchengewächsen und Treibhäusern«. Dazu gehöre ein bequemes Wohnhaus inmitten von Weinstöcken, Maulbeer- und Pfirsichbäumen, darin ihr kleines Zimmer mit Klavier, Bücherschrank und Schreibpult. Hier habe sie ihre Welt entdeckt, »meine Dichter; Schriftsteller der Freiheit, des Rechts, der edlen Wahrheit«. Sie entschuldigt sich gegenüber dem weltläufigen Briefpartner für »unsere langweilige Einförmigkeit«; sie habe eben »einen stillen Sinn der Genügsamkeit bekommen, der [...] mit echter Freude an den einfachen Gegenständen der mich umgebenden Natur hängt. Auch hier glänzen Blumen, winken Bäume mit malerischen Ästen, und lachende, grüne Ufer spiegeln sich in klarer Flut; ich träume mir mein Arkadien, und ich bin in meiner beschränkten Mittelmäßigkeit sehr glücklich.«[10]

Daß Moses Mendelssohn diese Meierei Bartholdy, nicht weit von dem Itzigschen Garten hinterm Schlesischen Tor, ebenfalls gekannt hat, dürfen wir schon annehmen. Ach, wie wäre es, all die bitteren Realitäten, quälende Krankheit, demütigende Diskriminierung, an einem gänzlich anderen Ort hinter sich zu lassen? »Paradies« und »Arkadien«, »Lusthaus«-Luxus und »Sorgenfrei«-Utopie verschwimmen zum Traum von einer schönen neuen Gartenwelt, in der alles heil und besser wird.

10 2. Juli und 26. August 1799, Lea Salomon an Garlieb Merkel

Spaziervisite Nr. 10 hat uns erschöpften Kindern des 21. Jahrhunderts Einblicke in die grünen Reha-Stationen des Patienten Moses Mendelssohn und seiner stadtflüchtigen Nachkommen während des 19. und 20. Jahrhunderts eröffnet: Bilder von Sehnsuchts-Terrains, wo Leib und Seele irgendwie zueinander finden, um irgendwann endlich doch gesund zu werden.

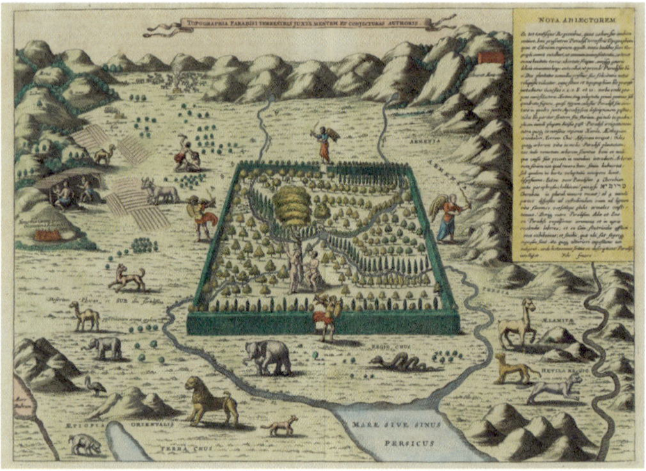
TOPOGRAPHIA PARADISI TERRESTRIS JUXTA MENTEM ET CONJECTURAS AUTHORIS
NOTA AD LECTOREM
ARMENIA
REGIO CHUS
HEVILA REGIO
ETIOPIA ORIENTALIS
TERRA CHUS
MARE SIVE SINUS PERSICUS

Schöpfungsszenen

Elfter Spazierflug: mittenmang durch immergrüne Phantasiefreuden im Kopf des Philosophen, Magazinautors, Übersetzers und Bibelexperten

Eine junge Frau unterwegs in wilder Natur. Mit unbedecktem Haupthaar und offener Bluse hockt sie vor einem Gebüsch, schaut am Betrachter vorbei in die Ferne, schwenkt den Wanderstab mit Wanderhut. Zu ihren Füßen ein zusammengerolltes Kätzlein, zerbrochene Eisenfesseln. Im Hintergrund ein geöffneter Käfig, aus dem der gefiederte Häftling gerade entflattert.

Der allegorische Stich zeigt keinen Garten, sondern ein poetisches, politisches Statement. Das Motiv ist im Zusammenhang mit Publikationen Mendelssohns von seinem Verleger Christian Voß (bei dem der Autor Moses seine ersten und seine letzten Bücher realisiert hat) zweimal eingesetzt worden. Voß ist der zentrale Unternehmer für die Entwicklung des Berliner Pressewesens im 18. Jahrhundert.

Schöne, freie, wilde Welt

Zum einen finden wir die ungezähmte Dame auf dem Innentitel eines Buches von Jean-Jacques Rousseau, das mit anderen Werken dieses Schweizer Aufklärers bis zur Französischen Revolution die Geschichte des Jahrhunderts beeinflußt hat: »Abhandlung von der Ungleichheit unter den Menschen, und worauf sie sich gründe.« Vor Mendelssohns Übersetzung dieser Schrift ins Deutsche setzt der Verleger gegenüber dem sarkastischen Frontispiz links – ein »Wilder« streift nach Jahren der Zwangsassimilation das Kostüm der Kolonisatoren wieder ab – auf die Seite rechts das Befreiungs- und Aufbruchsmotiv der Europäerin.

In seinem Nachwort zu Rousseaus Text, das als Brief an Lessing angelegt ist, erwähnt Mendelssohn eine Laubenszene mit dem Freund; zur Zivilisationsflucht Rousseaus und zu dessen grünen Arkadien-Utopien ist er eher skeptisch eingestellt. Insofern demonstriert dieses im Januar 1756 erschienene Buch auch beispielhaft den praktizierten Dialog: weil Moses diese Schrift, die er sehr kritisch sieht, trotzdem übersetzt, auf seine Weise die eigene Auseinandersetzung mit dem wirkungsmächtigen französischen Philosophen führt und die öffentliche ankurbelt; wobei er den Autor durch seine Übersetzung erstmals in Deutschland allgemein zugänglich macht.

Aber hat er hier, zum Thema »schöne freie Welt«, die Illustration von der Frauenbefreiung selbst ausgewählt?

Wenn wir uns sein der Übersetzung angehängtes »Sendschreiben an den Herrn Magister Lessing in Leipzig« samt Nachschrift ansehen, entsteht der Eindruck: Propagieren will er Rousseaus antizivilisatorisches Zurück-zur-Natur-Freiheitsideal nicht. Ihn interessiert jedoch, wie natürliche Strukturen, Assoziations-Abläufe im Gehirn funktionieren. Um in Abgrenzung zu Rousseaus Sprachtheorie zu erklären, wie Empfindungen, Begriffe, Laute und Sprachen wirklich entstehen.

»Wenn die Gegenstände in der Natur gar nicht verknüpft sind, so brauchen wir die Begriffe davon nur in unsern Gedanken entweder zugleich, oder unmittelbar auf einander gehabt zu haben, um sie eine lange Zeit hernach mit einander verknüpft zu sehen. Ich will diese Verbindungsarten erläutern. Ich setzte den Fuß in den Garten, darinn ich Sie selten vergebens zu suchen pflegte, und den Augenblick stellt sich mir Ihre ganze Bildung lebhaft vor. Sie, mein Freund, sind mit dem Garten einst in Ansehung des Raums verbunden gewesen. Ich verfolge diesen Gedanken, und verfalle auf die Nacht, die uns unvermerkt überfiel, als wir uns dort in der Laube vergaßen. Dieses ist eine Verknüpfung in Ansehung der Zeit. Endlich gedenke ich an Socrates Tod, davon wir uns damals unterhielten, und meine Gedanken führen mich auf seine Ankläger Anytus und Melitus, die von dieser betrübten Wirkung die Ursache gewesen sind. In allen diesen Exempeln sind die Gegenstände meiner Begriffe in der Natur verknüpft. Sie könnten es aber auch nur in meinen Gedanken seyn; ja sie dürfen nur ein wenig Aehnlichkeit mit einander haben, um mich von einem Begriffe auf den andern zu leiten. Socrates Tod kann mich auf den ähnlichen Tod des Seneca bringen. Dieser auf den Tyrannen Nero, auf das Trauerspiel Britannicus, und endlich auf die Anmerkungen, die Sie einst über dieses Trauerspiel gemacht haben.«

So arbeiten Synapsen, Indizierungen, Vernetzungen im kopfeigenen Mega-Speicher – würden wir heute sagen.

Viel spricht dafür, daß es vor allem der Verleger war, der die provokative Zeichnung der Frau in der Wildnis gut fand, instinktsicher den Publikumseffekt feststellte und sie dann noch mehrfach aufeinander folgend als Titel für ein junges Zeitschriftenprojekt einsetzte. Bilder verkaufen Inhalte. Der Titel des Periodikums »Vermischte Abhandlungen und Urtheile über das Neueste aus der Gelehrsamkeit« hat allerdings mit Rousseaus Thema nichts wirklich zu tun; hier paßt irgendwie alles zu allem. Als erster Essay des dritten Heftes der Abhandlungen, Jahrgang 1756, erscheint nach besagter Titelfrau im wilden Busch Mendelssohns Text: »Gedanken von der Wahrscheinlichkeit«. Eine Zusammenstellung, das dürfen wir sicher behaupten, bei der er selbst mit der Bildauswahl nichts zu schaffen hat.

Die Entstehung dieser philosophisch-mathematischen Überlegungen, bei denen auch Fragen zur göttlichen Vorbestimmung und damit zur Freiheit des Willens berührt werden, verweist auf eine weitere Dialog-Geschichte des lebenslangen Dialog-Praktikers. Für das »Gelehrte Kaffeehaus« in der Friedrichstadt, wo an die hundert kluge Leute sich regelmäßig zu Billard und Gesprächen trafen, hatte er den Kurzvortrag über die Wahrscheinlichkeit verfaßt, aber als schüchterner Stotterer das Manuskript jemand anderem zum Vortragen übergeben. Dieser Kollege war kein Mathematiker und gab an der Stelle, wo es um Null ging, unterm Gelächter der Versammlung ein banales »O« von sich; womit klar wurde, daß er nicht der Verfasser war. Und nun erscheint der Text also, immer noch anonym, in der Zeitschrift bei Voß. Namentlich zu publizieren, wird sich Mendelssohn erst Jahre später trauen: wenn aus Mausche Dessau, Sohn des Mendel, der Moses Mendelssohn geworden ist.

»Unser Leben ist entkommen wie ein Vögelein des Voglers Schlingen«

Obgleich der Autor also das vom Verleger entschiedene Motiv »Frau in freier Natur mit entronnenem Vogel« nicht selbst ausgesucht hatte, können wir seine Assoziationen hier wohl nachvollziehen: Bedeutungsfelder, die über das säkular-emanzipatorische Anliegen der freizügigen Madame im Strauchwerk hinausgehen. Jedenfalls ist ihm das Bild von der gefangenen Kreatur nicht nur als Bibelkenner vertraut gewesen. Als Literaturrezensent wird er zwei Jahre nach der Publikation bei Voß für eine Analyse von Alexander Popes Lyrik aus dem Englischen nachdichten: »O schaffte mich ein Gott zum Vogel um, / Der eingesperrt in deinem Kefich singt, / Damit mein Lied dein horchend Ohr vergnüge, / Und ich so oft, als er, geküsset würde.«[1]

Als Gelehrten, der die Heilige Schrift im Kopf hat und gern Lieder aus dem Psalter singt, mußten ihn die Szenen auf dem Stich und im Pope-Gedicht aber auch an Psalm 124 erinnern. Die Verse 7 und 8 lauten verdeutscht von Luther (mit dessen Übersetzung Mendelssohn vertraut war): »Unsere Seele ist entronnen wie ein Vogel dem Stricke des Voglers; der Strick ist zerrissen, und wir sind los.« Moses selbst, der Psalmen auf Hebräisch betete, wird die Stelle später so übertragen: »Unser Leben ist entkommen, / Wie ein Vögelein des Voglers Schlingen. / Schlingen zerrissen, wir entkamen.«

Die dreifach verwobenen Themenkreise – Kult, Schöpfung, Befreiung – dürften ihn an diesem Lied fasziniert haben. Denn der kurze Psalm schließt mit den Worten: »Unsere Hülfe steht beim Herrn, der Himmel schuf und Erde.« Betitelt ist er aber als »Stufengesang Davids« für den Tempelkult, hat mit dem Ruf »Wo der Herr nicht bei uns wäre – Singe Israel« begonnen. Auch seine christliche Verwendung knüpfte an diese Herkunft an: Die Schlußzeile dient heute noch Protagonisten einer Meßfeier beim Auszug aus der Sakristei als Startgebet (»Unsere Hilfe ist im Namen des Herrn, der Himmel und Erde geschaffen hat«), ein Rudiment des früheren katholischen »Stufengebetes«. Auf wenigen Zeilen stoßen liturgische Funktionen und Existenzfragen aneinander. Im Mittelteil hat der Psalmist eben noch dramatische Bedrohungen ausgemalt: von dem Menschen, der »sich aufmacht wider uns; / Sie verschlängen uns lebendig, / Wenn ihr Zorn entflammet über uns. / Längst hätten Wasser uns ersäuft, / wären Ströme über uns gefallen; / Längst

1 In: Moses Mendelssohn: Gesammelte Schriften, Bd. 6,2, Gedichte und Nachdichtungen, Stuttgart-Bad Cannstatt 1981

gefahren über uns / Wären wilde Fluthen. / Dank dem Ewigen, der uns ihren Zähnen / Nicht zum Raube gab dahin!« Unmittelbar darauf folgt die Rettung des entflohenen Piepmatzes – der Psalm zum Stich.

Ob Moses, der Lyrikfreund, wirklich für jede Situation etwas Biblisches parat hatte? Als Psalter-Kommentator wird er dazu anmerken: »Wenn das Herz voll ist, so erinnern wir uns einer poetischen Stelle, die einen Zustand, welcher dem unsrigen ähnlich ist, mit lebhaften Zügen beschreibt. Die Hebräer sind überdem gewohnt, alle Empfindungenihres Herzens mit Worten der Schrift auszudrücken.«[2]

Ein philosophischer Garten im Kopf

Den Drang der allegorischen Ausbrecherin auf dem Kupferstich, Einschränkungen und Demütigungen hinter sich zu lassen, hat der junge Intellektuelle angesichts eigener existentieller Bedrückung bestimmt nachvollziehen können. Aber ihm als Philosophen ist eine Befreiung, die Werte und Regeln der Zivilisation hinter sich läßt, nicht geheuer. Sein philosophischer Ideal-Garten im Kopf sieht eher aus wie eine Landschaft des Wissens, eine enzyklopädische Welt des Verstehens: in der die Steigerung der Erkenntnis durch alle Elemente der Gestaltung angeregt wird, um den danach Strebenden zur Vervollkommnung zu führen. So läßt sich eine Garten-Skizze deuten, mit der acht Jahre später die Publikation seines Essays zur Beweisbarkeit metaphysischer Aussagen eröffnet wird.

Es handelt sich um seine Preisschrift für die Königliche Aka-

2 Moses Mendelssohn: Gesammelte Schriften, Bd. VI, »Die Psalmen«, und »Anmerkungen zum 22sten Psalm«, Leipzig 1863

demie der Wissenschaften, seine Antwort auf die Frage, ob zu Grundfragen unserer Existenz sichere Aussagen möglich sind. Den zweiten Preis erhielt damals Kant, der zu dem Zeitpunkt noch weniger berühmt war als der bereits europaweit bekannte »Jude von Berlin«. In diesem Fall liegt tatsächlich die Vorstellung nahe, daß Moses zur Drucklegung seines Textes an der Illustrationswahl beteiligt wurde; bei der postumen Neuauflage wird der Stich dann fehlen.

Bilder reflektieren Inhalte. Da sehen wir zwei Menschen durch eine Parkanlage wandeln. Der eine zeigt auf eine Skulptur neben antiken Trümmersäulen und Bäumen. Am Himmel Wolken, im Mittelfeld auf Arkaden ein Dachgarten, im Hintergrund ein Flußbett, ein Berg; im Vordergrund ein Tisch mit Folianten, Schriftrollen, geometrischen Instrumenten, Fernrohr und Globus.

Ein Fundus säkularer Erkenntnis- und Lehrmittel, bestehend aus: Natur, Himmel, Erde, Flora, Menschen, Geographie, Mathematik, Kunst und Architektur.

»Die weise, gütige Ursache dieser Ordnung und Schönheit«

In seiner Preisschrift zur Gewißheit metaphysischer Schlußfolgerungen erwähnt Mendelssohn aber auch klassische Gottesbeweise. Völlige »demonstrative Überzeugungskraft« billigt der Philosoph vor allem der ontologischen Argumentation zu, bei der vom Wesen Gottes seine notwendige Existenz abgeleitet wird. Er räumt aber ein: Trockene logische Demonstration sei bei diesem Thema zu wenig. Die Lehre von Gott müsse auch »das Gemüth bewegen«, damit man angetrieben werde, »Thun und Lassen dieser Erkenntniß gemäß einzurichten«. Zu den Beweisarten, die hilfreich seien, dabei aber keine gänzliche

Gewißheit herstellen, zählt er »die Schönheit und Ordnung in den sichtbaren Theilen der Schöpfung, sowohl in ganzen Weltsystemen und ihrem Zusammenhange, als in einzelnen besonderen Theilen auf unserer Erde«. Man könne zumindest daraus folgern, »daß es eine weise und gütige Ursache dieser Ordnung und Schönheit gebe«.

Später hat Moses in der Schrift »Sache Gottes oder die gerettete Vorsehung« (1784), die einem jüdischen Publikum den großen Leibniz als Aufklärungs-Autorität nahebringen und dessen Konzept zur Theodizee (Gerechtigkeit / Rechtfertigung Gottes) erläutern soll, seine philosophische Überlegung unterfüttert – mit biblischer Argumentation. Er zitiert dafür den in der Reihenfolge ersten (aber jüngeren) Schöpfungsbericht der Genesis, wo es nach diversen Evolutionsphasen heißt: »da sah Got daß es gut sey« (Pentateuch-Übersetzung Mendelssohns). Damit, so schreibt er in »Die Sache Gottes«, deute die Schrift an, »daß alle Theile der Schöpfung vollkommen, das Ganze aber das Vollkommenste sei«. Denn »am sechsten Tage aber nach vollendeter Schöpfung des Weltalls heißet es: Gott sah Alles, was er hervorgebracht hatte, und siehe, es war das Beste.« Hier unterstützt der jüdische Philosoph die berühmte Formel von der »besten aller möglichen Welten« im System seines christlichen Vordenkers Leibniz. Er blendet dabei die Fehler, das Versagen und die Unvollkommenheiten von Individuen und Gesellschaften nicht aus; sie müssen seiner Ansicht nach eben immer weiter und aufs neue überwunden werden, mit dem Vervollkommnungs-Programm, das Mendelssohn in seinem mehrfach variierten Stammbuch-Vers zusammengefaßt hat: »Wahrheit erkennen, Schönheit lieben, Gutes wollen, das Beste thun. Das ist die Bestimmung des Menschen.« In seinem letzten Werk, »Morgenstunden oder Vorlesungen über das Daseyn Gottes« (1785), wird er dann das Fundament dieser Programmatik à la

Leibniz noch einmal bekräftigen: »Gott ist Schöpfer und Erhalter des besten Weltalls.«

Zweifel an der Weltsicht des Leibniz waren damals schon von Voltaire (in seinem Roman »Candide«), dem ersten prominenten, spottenden Kritiker, formuliert worden. Aber auch von späteren Generationen, wie auf volkstümlicher Ebene in diesem Witz des 19. Jahrhunderts: Ein Offizier läßt sich von seinem jüdischen Schneider eine elegante Hose für den Regimentsball maßanfertigen, muß aber mehrfach erneut zur Anprobe kommen, bis er nach einer Woche auf den letzten Drücker das vollendete Kleidungsstück erhält und gereizt bemerkt: »In sechs Tagen hat Gott die Welt erschaffen, und Sie brauchen –«; worauf der Schneider zärtlich über den Stoff seines Meisterwerkes streicht: »Aber Hochwohlgeboren, nun sehen Se doch die Welt an – und dann diese Hose!«

Übertragen auf die Gartenkunst ließe sich sagen: Das Individuum muß als leidenschaftlicher Gärtner seine Chance nutzen, eine kaputte, mißratene Schöpfung wenigstens auf der Mikroebene reparieren und – unser Park soll schöner werden! – zur gottbestimmten Vervollkommnung führen. Von engagierten, unverdrossenen Gärtnern ist dabei freilich zu hören, das Besondere an ihrem Betätigungsfeld bestehe gerade darin, niemals wirklich fertig zu werden. Man selbst, so beschreiben sie ihre eigene Rolle des Weltenerschaffens, leiste letztlich nur den einen Teil der Arbeit; der andere – gewissermaßen die Antwort – müsse von den Pflanzen kommen, aus der Natur.

Die Vorstellung eines solchen Wechselspiels hätte dem theologischen Aufklärer Moses vermutlich ganz gut gefallen. In der jüdischen Tradition entsteht bei den rabbinischen Auslegungen der ersten nachchristlichen Jahrhunderte und unter den Mystikern der Kabbala bis ins Mittelalter der Begriff »Tikkun Olam«, zu übersetzen mit »Weltverbesserung« oder »Reparatur der

Welt«. In dem alten Gebet »Alenu«, das zum Schlußlobpreis aller Tagesgebete der jüdischen Liturgie geworden ist, taucht der Gedanke gegen Ende ebenfalls auf, formuliert als »letaken olam«, mit Bezug auf das finale Werk des Messias: »Deshalb hoffen wir auf Dich, Ewiger, unser Gott, Dich bald in der Herrlichkeit Deiner Stärke zu sehen, um Götzen von der Erde zu beseitigen, Abgötter gänzlich auszurotten, die Welt zu vervollkommnen als Reich des Allmächtigen und dass alle Sterblichen Deinen Namen anrufen, alle Frevler der Erde sich Dir zuwenden, alle Bewohner der Welt werden erkennen und wissen, dass jedes Knie sich vor Dir beugt, dass jede Zunge Dir schwört.« Mendelssohn hat sich mit dem »Alenu«, das er auf die Zeit des zweiten Tempels, also nach 500 v. Chr., datierte, intensiv beschäftigt; in seiner Abhandlung darüber konzentriert er sich aber vor allem darauf, Vorwürfe zurückzuweisen, der Text enthalte christenfeindliche Haßrede. Seine eigene Verdeutschung läßt im ersten Satz des Gebetes den Evolutionsaspekt beiseite und spricht vom »Herrn aller Dinge [...] der die Welt geschaffen hat«, während eine andere, geläufige Übersetzung die Entwicklungsdynamik deutlich anklingen läßt: »Uns obliegt, den Herrn Aller zu preisen, Ihm, der noch fortbildet das Werk des Anfangs ...«

»Der Wind des Ewigen wehte im Garten«

Für Mendelssohns Formulierungs- und Bilderrepertoire sind Gartenbilder, die ihn lebenslang begleiten, aus dem Vorstellungsarsenal eines guten *creator mundi* entwickelt worden. Deshalb erlauben wir uns – um ihm, dem Bibelkenner, nahezukommen –, an dieser Stelle die Illustration zu seiner Preisschrift, jene Erkenntnislandschaft zweier parlierender Figuren, gewissermaßen zu überblenden: mit biblischen Paradies-Szenarien. In dem

Bilderfundus, der sich dafür anbieten könnte, finden sich beispielsweise Gemälde alter Meister, die Gott als Gärtner zeigen (worauf uns schon Francis Bacon hinwies); und ein Aufriß des Garten Eden aus dem 17. Jahrhundert von Athanasius Kircher. Inspiriert werden solche Vorstellungen vom Paradies als göttlichem Pflanzprojekt auch durch den älteren Schöpfungsbericht, der unmittelbar nach dem Sündenfall die peinlichste Situation des ersten Menschenpaares schildert: »Und sie hörten die Stimme Gottes des HERRN, der im Garten ging, da der Tag kühl geworden war« (Luther-Übersetzung). Mendelssohns eigene Übersetzung hat an dieser Stelle den naiven Anthropomorphismus eines orientalischen, seinen Palastpark abendlich durchwandelnden Herrschers, etwas abstrahiert, auch das Wort »Garten« in diesem Satz unterschlagen; im sonst so bildkräftigen Vokabular Luthers fehlt hier andererseits der malerische »Wind«. Moses' Bibelkommentar, der Biur, unterstreicht dann allerdings: »... daß sie die Stimme des Ewigen hörten, daß sich nämlich die Schechina (= Gegenwart Gottes) im Garten offenbarte, sich ihnen nach dem Wind des Tages nähernd. Denn der Wind des Ewigen wehte darin, im Garten nämlich, wie ein alltäglicher Wind, nicht wie ein großer und starker Wind bei einer Vision ...«

Bezüglich der Frage, wann genau dieses Paradies wohl angelegt worden sei, zitiert Mendelssohns Biur eine rabbinische Diskussion: Spekulationen, daß der Garten Eden eines »von den sieben Dingen, die der Welt vorangingen« gewesen sei. Erwähnt werde jedenfalls von der Bibel, daß da »im Osten der Welt ein behaglicher und ergötzlicher Ort sei, in einem Landstrich gemäßigten Klimas, allerergötzlichst geschaffen, fett und üppig, eine prächtige Pflanzung des Ewigen. Dort bereitete der Heilige, gepriesen sei er, dem Menschen einen Ort, darin zu wohnen, und er beschloß, daß ein Garten an diesem Ort sei [...]

ein Ort von Bäumen, die mit ihren Zweigen die darunter Sitzenden beschirmen und beschützen.«

Mit der Weltanschauung solcher Schöpfungs-Gärten hatte sich der Talmudgelehrte lustvoll-poetisch schon in seinem allerersten Zeitschriftenprojekt »Kohelet Musar« befaßt; ein Echo davon findet sich noch in seiner letzten, als Manuskript nachgelassenen Bibelübersetzung des Hohenliedes Salomons.

»Kohelet Musar« (= »Der Sittenprediger«) war das nur für wenige Monate durchgeführte Experiment eines moralischen Periodikums, verfaßt in hebräischer Sprache, gedruckt in hebräischen Lettern. Mit seinem Co-Herausgeber Tobias Bock, dem Sohn eines jüdischen Buchdruckers, hatte der frischgebackene Hauslehrer Moses beim Seidenfabrikanten Bernhard Isaak, wahrscheinlich finanziert durch seinen Arbeitgeber, eine Schrift nicht zuletzt für dessen dreizehnjährigen Sohn, seinen Schüler, produziert. »Der Sittenprediger« veranschaulicht die Schönheit der klassischen hebräischen Sprache, die durch den talmudischen Gebrauch des Aramäischen und den Alltagsgebrauch des Jiddischen in den Schatten gestellt wurde. Das erste der insgesamt sechs Hefte widmet sich dem Lob des Gottes, der eine herrliche Welt erschaffen hat:

»Wer in den Tagen des Nisan hinausgeht, und die Bäume blühen sieht, spreche: Gepriesen sei Er, der es in seiner Welt an nichts fehlen ließ [...]. Die mannigfaltigen Knospen gehören zu den ersten, die kommen, um das Haus unseres Gottes zu schmücken. Wegen ihrer Pracht und majestätischen Schönheit wird selbst ein unwissender Mensch, ein Irrer und ein Tor, die Fülle ihrer Herrlichkeit genießen. Nie während aller Tage meines Erdenlebens sah ich einen Menschen, der an einem lieblichen Feld, auf dem sich die ersten Knospen zeigten, vorübergegangen wäre, ohne seine Augen von einem Ende zum anderen schweifen zu lassen. Der Ewige, Gott, verlieh dem Menschen

Augen, damit er schauen und Freude über die Pracht aller Geschöpfe in Fülle genießen möge. Für ihn blühen die Blumen, öffnen sich die Knospen und sprießen die Gräser auf dem Feld. Die Farben der Blüten, ihre Mischungen und die Wanderungen ihrer Schatten ändern sich unzählige Male. Seinetwillen steigt Wohlgeruch auf und breitet sich Staub der Myrrhe und der Gewürze rings aus, denn er soll mit seinen Augen sehen und in seinem Herzen verstehen, er soll sich freuen, jubeln und jauchzen über den Duft, der ihm in die Nase steigt. Hier stehe ich zwischen den Knospen auf dem Felde, von beiden Seiten vermischen sich die verschiedenen Farben vor meinem Angesicht, und meine Augen schauen und genießen. [...] Erhebe dich, gehe in den königlichen Garten, und tue desgleichen.«

»Was er schuf, ist auf vollkommenste Weise erschaffen«

Der Sittenprediger stellt fest, daß die Betrachtung der Knospen und Blumen des Feldes ein unschuldiges Vergnügen sei: »[...] das Auge wird nicht satt, ihren Liebreiz zu betrachten, denn solange ein Mensch sie anschaut, werden sie seine Seele mit Gutem sättigen, und nie wird ihn seine Herzensfreude gereuen. Sein Angesicht wird mehr glänzen als Öl, er wird zwischen den duftenden Beeten hochgemut umhergehen, und seine Augen werden die Fülle des Guten und die Menge der Segnungen des Ewigen, seines Gottes, schauen, wie sie über die Erde ausgebreitet sind [...]. Für dich ist der Ewige am Werk. Deinetwegen hüllen sich die Täler in Grün, blüht die Blume und sprießt das Gras des Feldes zu deinen Füßen. Hebe deine Augen und sieh, wie sich alles ringsum verschönt, dir entgegen [...].«

Offensichtlich hat die Erholung im Grünen eine entspannende Feierabendfunktion: »Wem aber soll ich dich vergleichen, lieblicher Garten, prächtiger Schmuck, wenn die Menschen heimkehren, um von ihrer Arbeit auszuruhen und sich zu ergötzen zwischen den Sträuchern?« Schließlich werden vor den Lesern der Eloge Genesis- und Psalter-Zitate im Text verknüpft mit der Leibnizschen Perspektive: »Gott erschuf die Sonne, um die Erde zu erleuchten und Feuchtigkeit aufsteigen zu lassen, um die Seele alles Lebenden zu erfreuen, um das Eis zu schmelzen und den Saft der Pflanze süß zu machen. Regen in Fülle spendet Er, um die dürstende Seele zu sättigen, die Erde zu bewässern, das Gras und die Pflanze des Feldes wachsen zu lassen, um Brot und Wein hervorzubringen und vielerlei Frucht des Baumes. [...] Den Rahm der Kühe und das Fett der Schafe sollst du essen nach Belieben. Regiere den Stolz des Löwen, herrsche über den Fisch des Meeres und das Gevögel des Himmels, denn in deine Hand habe ich alles gegeben. Darum machten es unsere Weisen, die Säulen der Welt, zum Grundsatz, dem Ewigen, unserem Gott, im Frühlingsmonat beim Anblick der Knospen zu danken, indem wir sagen, daß Er es in Seiner Welt an nichts fehlen ließ und in dieser schöne Geschöpfe und schöne Bäume erschaffen hat, die Menschen sich an ihnen ergötzen zu lassen.« An diesem Punkt schlägt der Text dann auch den Bogen zur höchsten religionsphilosophischen Autorität des Mittelalters in der jüdischen Tradition: »Maimonides deutete es so, daß der Ewige alles, was Er schuf, auf die beste, vollkommenste und schönste Weise erschaffen habe. [...] Ein Mensch, der all dies bedenkt, wird die Güte des Ewigen an sich erfahren und erkennen.«

Ein Vierteljahrhundert später soll sich Mendelssohn dann in seinem letzten Übersetzungsprojekt mit dem berühmtesten Liebesgedicht biblischer Überlieferung befassen. Dabei streift sein lyrisches Ich des »Hohen Liedes« gewissermaßen durch Naturphantasien, bei denen erotische Metaphorik und Gartenimpression ineinander übergehen. »Mein Freund ist mir ein

Balsamknöspchen / Aus den Gärten Engedi.« / »Schön bist du, meine Schäferin! / Schön bist du! Deine Augen, Täubchen!« »Schön bist du, mein Lieber! Wie hold bist du! Unser Bett ist frisches Grün, Zedern unsres Hauses Balken, Zypressen unsre Latten.« Für seine Übersetzung, die den Rhythmus der gebundenen Rede zu reproduzieren sucht, hat er, wo sie ihm einleuchten, treffende Wortfindungen seiner Vorgänger, darunter Luther und Herder, ohne Scheu übernommen.

Von Gärtnern und Übersetzern

»Ich kam in meinen Garten, / Schwester, liebe Braut! / Und brach von meinen Myrren, von meinen Würzen ab; Ich aß von meinem Seime, / Samt meinem Honig; Und trank von meinem Weine, samt meiner Milch.« Mendelssohns Rosenlaube »Moses' Ruh«, taucht – das erlauben wir uns, hineinzulesen – bei dieser Gelegenheit als biblisches Bild wieder auf: »Mein Lieber ging hinab in seinen Garten, / Zu seinen Würzbeetlein; / Weidet in den Gärten sich, / Und sammelt Rosen ein. / Mein Freund, ich bin sein; Mein Freund, er ist mein, / Der sich unter Rosen weidet!«

Was die kontroversen Interpretationen dieser Dichtung betrifft, schließt sich der Übersetzer jenen jüdischen und christlichen Exegeten an, die darin kein weltliches Liebeslied sehen mochten, sondern: der Form nach ein Schäfergedicht, dem Inhalt nach aber eine Allegorie von der Liebe zwischen Gott und seinem Volk Israel. Der Kraft des poetischen Resultats tut das keinen Abbruch. Die Poesie war dem Nachdichter besonders wichtig, vielleicht das Hauptmotiv für seine zunächst unveröffentlichte Arbeit. Gedruckt worden ist das nachgelassene Manuskript des Hohenliedes erst zwei Jahre nach seinem Tod.

Ein kongenialer Übersetzer spiegelt sich mitsamt seinen

Ideen, Vorlieben, Empfindungen und dem verwandelten Originaltext – irgendwie – in seiner Übersetzung. Ein Gärtner verwandelt sein Stück Land mit Gestaltungsphantasie, Pflege, dem Beschnitt und weiterer Aussaat in ein Bild eigener Vorstellungen. Eine Übersetzung und ein Garten können, wie wir wissen, am Ende manchmal ziemlich unterschiedlich aussehen im Vergleich zur Ausgangssituation.

Nicht übersetzt, aber rundum verändert und gewissermaßen neu entworfen hat Mendelssohn ein Gedicht, das in puncto Feld-, Wald- und Wiesen-Emphase mit dem barocken, vielstrophigen Natur- und Gartenchoral lutherischer Tradition, dem Kirchenlied-Hit »Geh aus, mein Herz, und suche Freud« von Paul Gerhard, verglichen werden kann.

Mendelssohn erachtete sein eigenes poetisches Talent als ungenügend. Unter den lyrischen Werken und Versübersetzungen, die er nicht eigenhändig beseitigt hat, nimmt diese »Ode zum Lobe Gottes. Nach einem Ungewitter« eine Sonderstellung ein. Spätere Herausgeber seiner Schriften haben den 14strophigen Hymnus als sein gelungenstes Reimwerk bezeichnet. Zugleich wurde dabei mitgeteilt, daß der Lyrikfan Moses die Verse fundamental bearbeitet habe: Ihre nicht mehr auffindbare Urfassung stamme von dem Breslauer Dichter Ephraim Kuh. In Ephraim Kuhs »Hinterlassenen Gedichten« wiederum ist eine Version dieser Ode abgedruckt, die sich deutlich von jener in Mendelssohns »Sämmtlichen Werken« unterscheidet und nur über halb so viele Strophen verfügt. Der »jüdische Plato« habe einige Ausdrücke darin verbessert, heißt es, hier erscheine die Ode nun »völlig umgearbeitet«. Was wohl auch durch den Lyrik-Papst Karl Wilhelm Ramler erfolgt ist, der für Mendelssohn in Sachen Poesie höchste Autorität verkörperte (und welchem rund 5000 [!] nachgelassene Gedichte Kuhs zur editorischen Optimierung anvertraut wurden).

Dieser Ephraim Kuh war zwei Jahre nach Moses zur Welt gekommen. Und vier Jahre nach ihm gestorben; von einem Schlaganfall gelähmt, der ihn wenige Monate nach Mendelssohns Tod getroffen hatte. Er hatte in jungen Jahren die von seinem Kaufmanns-Vater gewünschte Rabbinerausbildung verweigert, wurde dann ein obsessiver Büchersammler, »Dichter und Kaufmann« (wie ihn später der Romancier Berthold Auerbach in der gleichnamigen Erzählung literarisch verewigte). Bei seinem Onkel, dem Berliner »Münzjuden« Ephraim, arbeitete Kuh als Angestellter und gehörte in Berlin zum Freundeskreis um Mendelssohn, Lessing und Ramler. Als wohlhabender Erbe vernachlässigte er seine Arbeitspflichten, begab sich auf eine Europareise, verfiel für sechs Jahre in »traurigen Wahnsinn« und »Raserei«, wie ein Biograph schreibt. Bei all seiner ausufernden Versproduktion war er nicht sprach- und stilsicher, so daß er redaktionelle Unterstützung seiner Freunde auf diesem Gebiet benötigte.

»Wenn alles gut ist – wieso ist dann alles so schlecht?«

Ephraim Kuhs Ode »Lob Gottes nach einem kurzen und heftigen Donnerwetter 1777«, wie sie in seinem Gedichtband postum abgedruckt worden ist, feiert vor allem das *mysterium tremendum:* Die gewaltigen Erscheinungen von Donner, Blitz, Orkan, Erdball, Sonne, Mond, Firmament. Der Dichter verweilt beim Blick auf das kosmische Panorama fast durchgehend, kameratechnisch, in der Totalen. Mendelssohn hat die Grundidee beibehalten, aber die Dramaturgie durch Hin- und Her-Zoomen zwischen Totale und Nahaufnahme, Gesamtschau und winzigem Detail mit Spannung aufgeladen.

Er beobachtet und beschreibt genau. Auch bei ihm »brüllt der Donner« – und dann werden in nur einer Strophe alle Kontrastregister gezogen: »Dein Lächeln schmückt mit Schmelz die Hügel, / Bethaut des Zephyrs Rosenflügel, / Und hüllt in Sammt den Schooß des Thals. Du winkst nur, und die Welt verschwindet / Wie Dunst, in schwüler Luft entzündet, / Wie Funken des geschlagnen Stahls.« Moses inszeniert mit theatralischem Vergnügen das Wechselbad zwischen *mysterium tremendum* und *mysterium fascinosum*: »So wie am uferlosen Raume / Der Glanz von deines Feindes Saume, / Titan, das rege Licht der Welt, / Mit Huld und Segen schwangerm Strahle / Sowohl den niedern Klee im Thale, / als stolzer Cedern Spitz' erhellt: / So speisest Du mit mildem Blicke / Den Bürger eines Blatts, die Mücke, / den Sänger, der auf Zweigen hüpft ...« Und ein paar Strophen weiter: »Lob' Ihn, melodisches Gefieder! / Geschöpfe! Fallt auf's Antlitz nieder, / Und lallt im Staub des Schöpfers Lob! / Ihr Wälder beugt die stolzen Wipfel! / Neigt, Berge, tief vor dem die Gipfel, / Der euch so majestätisch hob!«

Während Kuhs Original-Ode eher biblisch mit einem am Propheten Elia und dessen Gottesbegegnung orientierten »ehrfurchtsvollen Schweigen« ausklingt, gelingt Mendelssohns Schlußpointe der Sprung vom Lob des Schöpfergottes zum aufgeklärten Tugend-Imperativ: Euer Dasein preist ihn mehr, als euer Stammeln jemals dazu in der Lage wäre!

Trotz Krieg, Absolutismus, Diskriminierung, traurigem Wahnsinn, Raserei: eine optimistische Schöpfungstheologie. Die den (viel später entstandenen) sarkastischen jüdischen Witz »Was heißt hier ›alles gut‹? Wenn alles gut ist, wieso ist dann alles so schlecht?« auf den Kopf stellt. Wenn alles schlecht ist – warum sieht dann diese Laube so phantastisch aus?

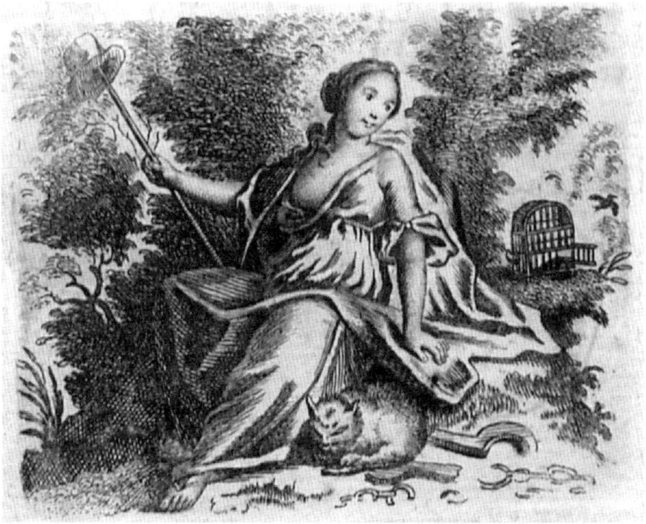

Die elfte Spazierlektion hat uns durchs Mendelssohnsche Brainstorming in seine Gartenmetaphern, Paradiesvisionen und Naturbilder geführt: wo aufgeklärter Fortschrittsdrang und biblische Vollendungsverheißung wild und harmonisch zusammenwachsen.

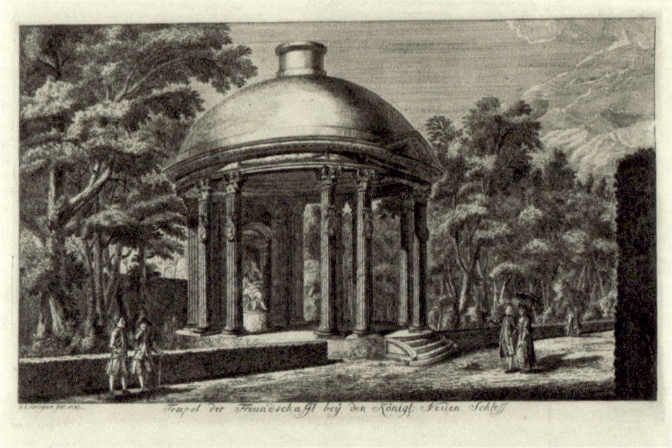
Tempel der Freundschafft bey den Königl: Neuen Schloss

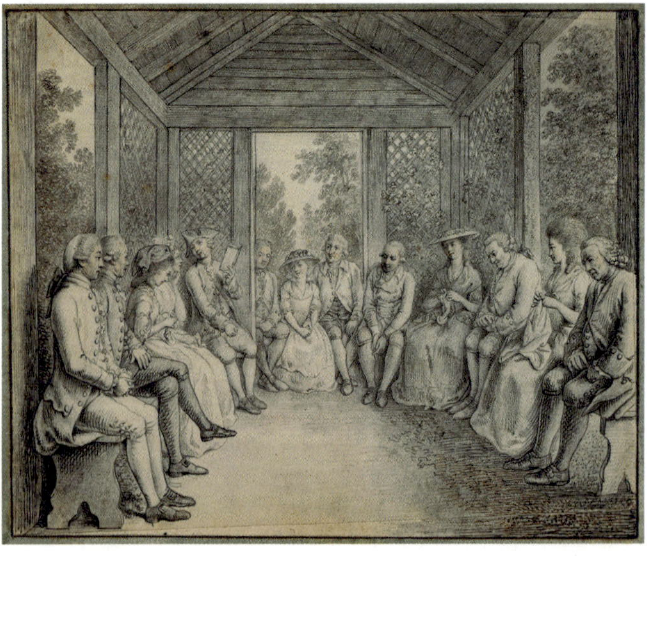

Im Freundschaftsgarten

Zwölfter Spazierflug: zu den Familienrefugien Nathan Meyers in Strelitz und Salomon Michael Davids in Hannover

Was auch immer man sich unter einem Freundschaftsgarten vorstellen möchte: Eine Arbeitslaube, ein Kurpark, ein Luxusressort ist das nicht. Hier gibt es kein Programm, wenig Etikette. Moses Mendelssohn nannte, im Einklang mit dem Freundschaftskult der Epoche, ziemlich viele Leute Freunde, hat sich manchmal getäuscht, sein Vertrauen gelegentlich bereut. Einige seiner Freunde waren berühmt; seine prominenteste Freundschaft, mit dem Dichter Lessing, gilt als utopischer Glücksmoment der jüdisch-deutschen Geschichte. Andere, mit denen er in der jüdischen Community, aus Dessauer Tagen oder über Geschäftsinteressen, vertrauensvoll verbunden war, sind weniger bekannt. Die Wiederentdeckung dieses »jüdischen Mendelssohn«, seines jüdischen Netzwerkes, seiner hebräischen Schriften und jiddischen Briefe, geschrieben in hebräischen Buchstaben, ist erst vor einigen Jahrzehnten richtig in Gang gekommen.

Beim Versuch, den brillanten Kulturtransformator zu verstehen, der sich so souverän in verschiedenen Welten bewegt hat, haben nachgeborene Interpreten oft den jüdischen Mausche gegen den Aufklärer Moses ausgespielt. Im 20. Jahrhundert hat ihn einer dieser Gelehrten, Franz Rosenzweig, sogar als gespaltenen Charakter analysiert. Heute würde man von multipler Persönlichkeit reden und das nicht mal ehrenrührig meinen. Aber solche Konstruktionen verfehlen, was Moses Mendelssohn ausgemacht hat. Der jüdische Mendelssohn ist zugleich Aufklärer, der Weltweise zugleich Talmudgelehrter. Er schafft es, das kontrastreiche Spektrum der Weltanschauungen und Lebensentwürfe, auf die er trifft, zu akzeptieren und dafür jeweils Verständnis zu entwickeln. So wird er zu einem Vermittler und Katalysator zwischen den Milieus, das macht die Entdeckung seiner Biographie und seiner Lebensthemen aufregend.

Wenn man Sprößlinge im Grünen aussetzt

Gleichwohl begegnet uns dieser kleine Mann, der selbst einem Provinzkaff entstammt, im Kontakt mit jüdischen Freunden aus dieser oder jener Provinz etwas anders als auf dem Berliner Professorenparkett. Entspannter vielleicht, gewissermaßen *unplugged*, urtümlicher. Ob er das selbst so empfunden hat? Stellen wir uns versuchsweise vor, wie das wäre, in ein Städtchen, aus dem wir stammen, nach Jahren zur Verwandtschaft und fürs Klassentreffen zurückzukehren. Da wird wieder Dialekt geredet, nostalgische Gefühle kommen auf, vertraute Spezialitäten stehen auf dem Tisch. Das kann bewegend sein. Manchmal ist man auch froh, nach einiger Zeit wieder abreisen zu dürfen. Dessau hat Mendelssohn, jedenfalls soweit wir das wissen, seit seinem Aufbruch mit 14 Jahren nie wiedergesehen. Aber mit vielen Dessauer Verwandten und Bekannten hält er Kontakt.

In diesem Kapitel begleiten wir ihn zu Treffen mit Freunden im Herzogtum Mecklenburg-Strelitz und im Königreich Hannover. Wenn man wahre Freunde trifft, muß die quirlige Familie nicht außen vor bleiben. Oft sind Kinder da sogar willkommen. Für Großstädter erweisen sich Gärten, wohin man den Nachwuchs locker mitnehmen kann, als besonders attraktiv;

für Metropolen-Eltern des 21. Jahrhunderts mag eine Laube vor allem den Zweck haben, daß die Blagen weit weg von der guten Stube ihre gefürchteten Kindergeburtstage feiern können. Das Problem war im 18. Jahrhundert nicht so akut. Aber auch hier stoßen wir auf das Phänomen, daß Eltern manchmal froh sind, wenn sie ihre Sprößlinge im Grünen aussetzen dürfen, und die Sprößlinge sind es ebenso.

Der gute Mecklenburger Freund heißt Nathan Meyer. Er ist Hofagent beim Souverän des Kleinfürstentums Mecklenburg-Strelitz. Ein Freund der ganzen Familie. Das wird sich noch besonders zeigen, wenn die Witwe Fromet eines Tages mit ihren jüngeren Kindern zur Tochter Recha und deren Schwiegervater Nathan Meyer nach Mecklenburg zieht und später, quasi in dessen Schlepptau, nach Altona. Wo beide dann zuletzt auf dem gleichen Friedhof begraben werden. Aber noch lebt Moses ja. Er vertraut seinem »innigst geliebten Freund« so sehr, daß irgendwann der Plan aufkommen wird, seinen Sohn Joseph und seine Tochter Recha mit zwei Kindern Nathans zu verheiraten.

1778 hatte er bereits eine vierzehntägige »Lustreise« mit seiner Frau und einem seiner Söhne nach Strelitz unternommen. 1779 hält er sich noch einmal einige Zeit dort auf. Was er da in Strelitz genau getrieben hat, ob es eine Dienstreise war, ob er sich gelangweilt oder mal ganz locker gemacht hat oder alles gleichzeitig, ist seinen Briefen nicht recht zu entnehmen.

»Ich bin auf einige Tage hierher gereiset, einen Freund zu besuchen. Ich habe hier keine Geschäfte, keine Bücher, keine Zerstreuung. Ich kann mich sammeln und an die Angelegenheiten meines Herzens mit Muße denken«, schreibt er an August Hennings in Kopenhagen. Begeistert klingt das nicht. Ein Thema seines Briefes sind vorauseilende »Ungewitter« der Ablehnung, die sich über »meinem armen Buch« – der Pentateuch-Übersetzung – zusammenbrauen. Er bleibe aber ruhig und stelle fest, daß der Rabbi von Altona »vor der Hand seine Donnerkeule ruhen« lasse[1]. Bei diesem Donner-Rabbi handelt es sich um Jacob Emden, mit dem er sieben Jahre zuvor in eine Konfrontation geraten war: Während Mendelssohn seinerzeit die Modernisierungsanordnung des Herzogs von Mecklenburg-Schwerin, jüdische Verstorbene erst nach drei Tagen zu begraben, unterstützte, votierte der cholerische Emden vehement für die traditionelle Bestattung am Todestag.

Auch an seine Frau schreibt Moses gegen Ende seines Altstrelitz-Besuches 1779: Dabei geht es detailliert um Besorgungen, um die Ankunft zweier Koffer mit Textilien und einer Weinlieferung, die vom Packhof in Berlin abgeholt werden sollen. Der Reisende verspricht, er wolle am Sabbatabend von Strelitz aufbrechen, um am »Montag der uns zum Guten kommen möge bei Dir zu sein«, und daß dieser Entschluß nicht mehr revidiert werden soll – was offenbar gelegentlich vorgekommen war. »Ich danke Dir mein Kind! dass Du abends um 10 Uhr noch hast an mich denken, und mir schreiben wollen.« Schließlich folgt auf die Unterschrift (»Dein Mann der kleine Mauscheh aus Dessau«) und Grüße an Freunde, Schwiegermutter und Kinder eine Nachschrift des Gastgebers Nathan: »Beste Madam Fromet! Unser libe R. Mauscheh ist Gott sei Dank Gott sei Preis recht munter und wohl, so dass ich hertzlich vergnügt seiner bin. Es felt nur, dass Sie mit da bei wären, wir denken Ihrer und die libe Kinder nicht wehnige Mahle des Tages.« Ergänzend zur Ankündigung des Moses wird noch die vermutlich von ihm selbst, dem Kaufmann Meyer ausgehende »3 Fässel« Rotwein-Lieferung erläutert: Das sei »ganz was besonders«.

1 29. Juni 1779

»Mit Kurzweil, so gut Mecklenburger das können«

Im Jahr 1779 dauert der Aufenthalt bei den Meyers einige Wochen: So lange sei er verreist gewesen, teilt Moses am 8. Juli 1779 Friedrich Nicolai mit. Er habe sich »zu Strelitz die Weile verkürzen lassen, so gut es Meklenburger können. Indessen war es zum Theil eine Reise in Geschäften, und stand es nicht bey mir, solche zu vermeiden.« Die Entschuldigung für seine lange Funkstille gegenüber Nicolai deutet an, Freiwilligkeit und Vergnügen hätten sich bei diesem Ausflug in Grenzen gehalten.

53 Jahre später wird in einem Brief der ältesten Mendelssohn-Tochter Dorothea Schlegel an ihren Bruder Joseph Mendelssohn noch einmal von Mecklenburger Aufenthalten der Familie die Rede sein. Da zu diesem Zeitpunkt gerade Nathan Meyers Sohn Mendel, ihr Schwager, gestorben ist, denkt die Sechsundsechzigjährige an jene »so fröhliche kindliche Zeit, wo wir in Alt-Strelitz im Hause der Eltern [sie meint die Schwiegereltern von Joseph, der mit Hini = Henriette, geb. Meyer verheiratet ist] so oft zur Sommerzeit aufgenommen waren. Jenes Haus mit seinem Garten, die Schafe und Kühe, Pferd und Wagen, die größere Freiheit und größere Achtung und Aufmerksamkeit, mit welcher wir Kinder behandelt wurden, schien mir wie eine Feenwelt.«[2] Sie erinnere sich »jedes Zimmers, jedes Gangs im Garten, und des kleinen Salons, durch welchen man vom Hof in den Garten kam, in welchem zwei Männer mit Perücken grau in grau gemalt waren: unter dem einen stand Whig und unter dem andern Tory; zwei Worte, die ich damals zum ersten Mal hörte, deren Bedeutung unser seliger Vater dann gab«. Der letzte Satz legt nahe, daß Papa dabei war in der Sommerfrische; aber viel-

2 25. November 1832

leicht sind die Kinder auch mal allein dorthin verschickt worden. Offenbar haben sie das Landleben mehr genossen als ihr gestreßter Erzeuger, der – wenn man seine Strelitzer Post liest – die eigenen intellektuellen Baustellen nicht so einfach in Berlin zurücklassen konnte.

»Altstrelitz liegt in einer großen Ebene und ist rundumher mit Morast umgeben«, hatte der irische Reiseschriftsteller Thomas Nugent von seinen Mecklenburg-Erkundungen um 1766 berichtet. »Der Boden ist sandig, indessen ist hier in der Nähe ein schönes Gehölz, das sich bis Stargard erstreckt und mit allerlei Wildbret angefüllt ist. [...] Die Stadt ist nicht sonderlich groß, doch sind die Straßen breit und regulär, aber die Häuser zu niedrig, der Marktplatz ist geräumig und die Einwohner haben ziemlich Verkehr mit Hornvieh und Hopfen. Jährlich werden hier vier Jahrmärkte gehalten, die zwei Tage dauern. Auch ist hier eine große Menge Juden, die kürzlich Erlaubnis erhalten haben, sich eine Synagoge zu bauen.«

Das 10.000-Reichstaler-Gebäude der Rokoko-Synagoge an der Brandenburger Straße wurde seinerzeit von »50 wenig bemittelten und gering geachteten Juden bewerkstelligt« und vom Herzog Adolf Friedrich IV. durch die Schenkung von Einrichtungsgegenständen unterstützt. Den kostbaren Toraschrein für 3000 Reichstaler stiftete der Schweriner Hofagent Abraham Marcus, ein gebürtiger Strelitzer.

Die Schloßruine ein Steinbruch, das Terrain ein Tabakfeld

(Alt)Strelitz mit seinen rund 2000 Einwohnern ist eine Akkerbürgerstadt; die meisten Handwerker und Kaufleute betreiben nebenbei Landwirtschaft. Auch Tabakanbau, Glashütten, Tuchmacher, Färbereien und Holzwirtschaft sind wichtig. Schweriner Herzöge hatten ihre dortige mittelalterliche Burg mit drei Wassergräben und einer Zugbrücke im 17. Jahrhundert zum Wohnsitz ausgebaut. Dann gab es einen internen Thronstreit im Fürstenhaus, der 1701 mit dem »Hamburger Erbvergleich«, der Spaltung des Mecklenburger Territoriums endete: Friedrich Wilhelm I. wurde Herzog in Schwerin, sein Onkel Adolf Friedrich III. Herrscher des neu abgezweigten Fürstentümchens Mecklenburg-Strelitz. Bis 1712 wurde das Strelitzer Schloß nun ausgebaut, dann brannte es mitsamt dem neuen kostbaren Inventar in einer Oktobernacht nieder. Häufig schon hatten Feuersbrünste Strelitz und seine strohgedeckten Fachwerkhäuser, auch Kirche und Rathaus, zerstört, in den Jahren 1575, 1619, 1633; jedesmal war die Stadt wieder aufgebaut worden.

Mit dem Schloß sollte dieses Mal so ein Comeback nicht gelingen. Das Budget des Mini-Staates war zu klein, die Kasse auch auf Grund des Nordischen Krieges leer, und (Alt)Strelitzer Handwerker verweigerten Spanndienste; das sind Naturaldienste zur Verminderung der Abgaben. Außerdem sprach das sumpfige Umfeld gegen einen Wiederaufbau des abgebrannten Schlosses am bisherigen Ort. Sein Ruinenfeld wird fortan als Steinbruch genutzt, das Gelände für die Tabakpflanzung. Der Hof residiert zunächst in diversen Schlößchen der Umgegend, verlagert sich schließlich ins Lusthaus Glienke am Zierker See, rund zehn Kilometer entfernt: Und das wird nun ab 1726 groß ausgebaut. Nach dem Wegzug des Hofes droht (Alt)Strelitz jedoch wirtschaftlicher Niedergang, der ein wenig abgeschwächt werden kann durch den verstärkten Zuzug jüdischer Kaufleute an diesen Handelsstraßen-Knotenpunkt.

1704 hatten sich die ersten jüdischen Familien für (Alt)-Strelitz Schutzbriefe, also Niederlassungsrechte kaufen dürfen, 5 Reichstaler in Gold pro Person. Der Hofagent Jakob Isaak erhielt außerdem eine Konzession zur Beschaffung seltener Waren und »Müntzwesen«, Preis 120 Goldtaler. Sein Privileg beinhaltet ferner die Erlaubnis, den eigenen Gottesdienst zu Hause in Stille halten, Waren innerhalb und außerhalb der Jahrmärkte anbieten zu dürfen, und zwar »allerhand Seydenwahren, Stoffe, Serges, Spitze, Kattun, Strümpfe«, außerdem »Toback, Leder und Gewürtz«. Ein weiterer damals zugelassener Hofagent, Wolf, gilt als Begründer der dortigen Jüdischen Gemeinde. Dessen Nachfolger wird Nathan Meyer Katz sein, der Freund Moses Mendelssohns. Weiteren jüdischen Zuzug werde man abwehren, verspricht der Herzog den um ihre Marktanteile fürchtenden Ständen. Und praktiziert das Gegenteil: weil er persönlich von den Juden als Schutzgeld-Einzahler für seine Schatulle profitieren will. Nugent, der Ire auf Besuch, trifft bei seinem Strelitzer Aufenthalt einen Kanzleirat, der bezüglich der Juden das überraschende »Vorurteil« vertritt: »daß sie dem Handel emporhelfen«. Obwohl doch »die Kaufleute hier im ganzen Lande sich nicht genug über die Trödelei der Juden beklagen können, denn da diese durchs ganze Land mit wollenen und seidenen Waren herumziehen, so entgeht dadurch den eigentlichen Kaufleuten viele Nahrung«.

Oll Mochum, eine Mischung aus Plattdeutsch und hebräisch

Aufgrund einer Verordnung von 1717 müssen Juden Leibzoll zahlen, sich selbst also mit 12 Schilling pro Kopf beim Betreten des Territoriums versteuern wie ein Produkt oder ein Stück Vieh. Grunderwerb bleibt ihnen verboten. 1752 gibt es in Strelitz über 100 jüdische Familien, am Ende des Jahrhunderts machen sie ein Viertel der Bevölkerung aus. *Oll Mochum* nennt man das Städtchen: eine Mischung aus Plattdeutsch und hebräisch (Makom = Ort).

Der beim neuen Schloß aus der Erde zu stampfende Nachbarort heißt nun Neustrelitz, geplant nach einer italienischen Idealstadt-Vorlage des 16. Jahrhunderts am Zierker See. Der Wunsch des Herzogs, dem ein Zusammenwachsen von neuer Residenz und alter Stadt vorgeschwebt hatte, erfüllt sich nicht. »Einige haben schon gemutmaßet, daß sich die Gebäude wohl mit der Zeit bis nach Altstrelitz hin erstrecken möchten, sodaß beide Örter eine einzige große Stadt würden«, schreibt Thomas Nugent. »[...] Das schönste Gebäude ist [...] der prächtige im Jahr 1726 erbaute Palast. [...] Es steht auf einem angenehmen etwas erhabenen und trockenen Boden, vorne ist ein Tiergarten und hinten ein großer Garten, an einem schönen See. Es ist viereckig, größtenteils massiv, drei Stockwerk hoch und durchgehend zierlich und helle. Am Hauptgebäude stoßen zwei Flügel in gerader Linie, die einen geräumigen Schloßplatz einschließen. [...] Von der hinteren Seite des Schlosses steigt man auf einer bequemen steinernen Treppe in den Garten, wo sich dem Auge sogleich eine der reizendsten Landschaften darbietet. Man tritt sogleich auf ein schönes Parterre, woran eine doppelte Reihe von Bäumen stößt, die eine große Allee formieren, diese Allee führt zu einer feinen Terrasse, die dicht an einem großen See liegt, und nach der Wasserseite eine allmähliche Böschung hat, grad über dem See liegt ein angenehmes Dörfchen, und ganz im Hintergrund ist ein großer Wald. Auf beiden Seiten dieser Hauptallee sind Grotten und andere kleine Alleen, die zum Teil Irrgänge formieren, in der großen Allee sind auch allerlei antike Statuen.«

Neue Straßen enden nach kurzer Zeit im Sumpfgelände

Neun Sandsteinfiguren antiker Götter und der Jahreszeiten werden in der zweiten Hälfte des 18. Jahrhunderts zwischen dem Schloß und einem Tempel aufgestellt, am nördlichen Ende des Parks. Dieser war auf brüchigem und unebenem Gelände ab 1731 entwickelt worden, aus den Nachbarämtern wurden dafür Untertanen zu Spanndiensten und zu bezahlter Arbeit herangezogen sowie acht Gefangene aus Altstrelitz. Angelegt wurden auch Balustraden, Laubengänge, Blumenbeete im Rokokostil, ein Tempel, ein achteckiger Pavillon. 1755 wird eine Orangerie als Winterquartier für südliche Bäume errichtet, für 168 Orangen-, 68 Lorbeer- und 31 Myrtenbäume. Ihr Mansardendach, heißt es, sei »blaßgrün und weiß übersetzet und mit steinernen Vasen gezieret«; zum Garten hin verfüge sie über 18 große Fenster. An die Orangerie grenzen der Reitstall von 1755, der zehn Jahre später zum Komödienhaus umgebaut wird, und Wohnungen der Bediensteten und eines Ministers. »Alle diese Häuser haben eine schöne Lage und einen feinen Prospekt nach dem See und nach dem herrschaftlichen Garten. Gegen die Stadt zu ist der Garten nur erst kürzlich mit Palisaden umgeben worden, und am Hintertore des Schlosses ist ein bedeckter Gang, in welchem man, wenn es regnet, trocken gehen kann«, heißt es im Reisebuch Nugents. Er sieht außerdem auf Überlandfahrt im Troß des jagdlustigen Herzogs zwischen Alt- und Neustrelitz die von einer Lehmmauer umgrenzte Fasanerie, angelegt 1761 durch Adolf Friedrich IV.: »… ein großer Platz gleich einem Park von allen Seiten eingeschlossen, in welchem eine ganze Menge von Fasanen ist. […] Bald nachher stieg der Herzog aus und ging in Gesellschaft seiner Kavaliere ins Gehölz, um sich mit Schießen zu amüsieren.«

Von den Neustrelitzer Gärten sind Details überliefert – im Gegensatz zu Altstrelitz, der Ex-Residenz auf dem Abstellgleis, wo die Mendelssohns ihre Ferien auf dem Bauernhof erleben. Chronisten konzentrierten sich auf das moderne Neustrelitz. Dessen Entwicklung war erst 1733 in Gang gekommen, als der Aufruf zur Gründung der Stadt Ansiedlern Vergünstigungen anbot: zehn Jahre Steuerfreiheit, kostenloses Baumaterial, Religions- und Zunftfreiheit. Die Residenz entstand als Handwerker- und Beamtenstadt, im Nichts. Ein quadratischer Marktplatz, von dem ein achtstraßiger Stern ausgeht – einige weisen noch jahrzehntelang breite Lücken auf, enden nach kurzer Zeit im Sumpfgelände. Am Markt und in der Schloßstraße dürfen nur zweistöckige Steinhäuser errichtet werden, Handwerker dagegen bewohnen einstöckige Fachwerkhäuser.

Hofagent Nathan Meyer ist der erste und vorerst einzige Jude, der sich hier, und zwar in der vornehmsten, der Schloßstraße, ansiedeln darf; am Ende des Jahrhunderts wird ihm die Witwe Fromet Mendelssohn sogar mit herzoglicher Sondererlaubnis die prominent gelegene Immobilie abkaufen dürfen. Dennoch war der Strelitzer Fürst kein aufgeklärter Feudalherr wie zum Beispiel der Erbprinz von Braunschweig. In seinem Fürstentum hatte noch 1726 auf der Burg Stargard ein Hexenprozeß stattgefunden; die Aufhebung der Folter erfolgt erst 1769. Wenn irgendwo auf seinem Territorium ein Jude etwas verbricht, haftet für ihn die ganze Gemeinde, deren Leitung in Altstrelitz sitzt.

Moses und seine Familie, darauf verweist auch der Erinnerungsbrief der Tochter Brendel, werden von Nathan Meyer nicht in der neuen Schloßstraße, sondern in seinem Altstrelitzer Haus mit Garten und Viehzucht untergebracht. Daß er seinen Gästen während ihres mehrwöchigen Aufenthaltes Sehenswürdigkeiten der barocken Reißbrettstadt drüben vorführte, die zwischen Alt- und Neustrelitz gelegene Fasanerie oder den eindrucksvollen Schloßpark: gut möglich. Oder war der Zutritt für normale Sterbliche und Juden dort ausnahmslos verboten? Ganz entspannt dürfte so ein *Sightseeing* nicht verlaufen sein.

Ein Gastgeber in Hannover

Mendelssohns Besuche in Strelitz fanden ungefähr sieben Jahre nach dem Ausbruch seines Nervenleidens statt; zu einem Zeitpunkt, als bei allem Auf und Ab eine gesundheitliche Stabilisierung erfolgt und die Zuversicht, mit der Krankheit leben zu können, gewachsen war. Sein Besuch in Hannover, mit dem wir die Besichtigung seiner unterschiedlichen Gärten beschließen, lag dagegen noch vor dieser einschneidenden Zeitspanne – ein dreiviertel Jahr nach dem Beginn der belastenden Lavater-Debatte, fünf Monate vor seinem an Purim 1771 erfolgten ersten Zusammenbruch. Der hatte sich in den vorangegangenen Monaten mit Schwächeanfällen angekündigt: Als der Angeschlagene Mitte September 1770 gegenüber dem Verwandten Elkan Herz bekannte, er könne sich zu wichtigen anstehenden Themen gerade nicht äußern. »Es erfordert aber Zeit und Lust zu schreiben, die ich wegen meiner jezigen Unpässlichkeit sehr selten habe.«[3]

Der Gastgeber und Freund in Hannover heißt Meyer Michael David. Im Oktober 1770 hatte Mendelssohn den Bibliothekar im Brotberuf, Gotthold Ephraim Lessing, an seinem neuen Wohn- und Arbeitsort Wolfenbüttel besucht und danach in Braunschweig den am religionsphilosophischen Gespräch interessierten Erbprinzen Karl Wilhelm Ferdinand. In der Residenz an der Leine wird er bekannte Leute aufsuchen, mit dem Mathematiker und Astronomen Raphael Levi zusammentreffen, einst Schüler und Sekretär des berühmten Leibniz, und dem Schweizer Schriftsteller und Großbritannischen Leibarzt Johann Georg Zimmermann. Der Gast aus Berlin wohnt bei dem Bankier Meyer Michael David in der Langestrasse 39/40 auf der Calenberger Neustadt links des Flusses: wo unter dem unmittelbaren Regiment der welfischen Herrscher – anders als in der vom bürgerlichen Magistrat regierten Altstadt – erstmals seit 1608 eine Ansiedlung von Juden erlaubt worden war. Gegenüber im Osnabrücker Hof, einem Gästehaus des Palastes (später Fürstenhof genannt), residiert der vormalige Premier König Georgs III., jetzt Minister und Universitätsgründer Gerlach Adolph Freiherr von Münchhausen, bei dem Mendelssohn eine Audienz erhält: »[…] dieser große Beförderer der Wissenschaften, war so gnädig, mich vorzulassen, und ich war so glücklich, diesen würdigen Greis in einer Stunde zu finden, die heiter und fast jugendlich für ihn war.«[4]

Die Familie des aus Halberstadt stammenden Hofagenten Michael David, der als Lehrling beim berühmten Oberhoffaktor Leffmann Behrens begonnen hatte und dann später zu des-

3 12. September 1770
4 12. November 1770, Mendelssohn an Johann David Michaelis

sen Konkurrenten wurde, hat über mehrere Generationen die Entwicklung der Jüdischen Gemeinde in Hannover gefördert und geprägt. Nach dem Konkurs der Behrens-Kaufleute, die in der Calenberger Neustadt am Berge eine Synagoge erbauten, erwerben Michael David und sein Schwiegervater das wenige Meter von ihrer Wohnung in der Langestraße gelegene Gotteshaus. Michael David, der 1758 stirbt, sein Sohn Meyer Michael David und die folgenden Generationen vermachen Nachlässe und Schenkungen für Bildungseinrichtungen und Waisenhäuser der Gemeinde sowie für Gelehrtenstiftungen: auf deren Grundlage am Ende des Jahrhunderts eine am Bildungsideal der Aufklärung ausgerichtete jüdische Freischule gegründet wird – aus der Rabbiner, Handwerker und Kaufleute hervorgehen. Meyer Michael David, gestorben 1799, wird verfügen, daß künftig polnische Juden die Schulleitung nicht übernehmen dürfen, sondern daß die Aufsichtshoheit beim Calenberger Gerichtsschulzen liegen soll. Eine Entscheidung für die weltliche Ausbildung junger Staatsbürger, die sein 1791 verstorbener Bruder Salomon Michael David, Kriegskassenagent des welfischen Fürstenhauses und einer der finanzkräftigsten Juden Europas, kaum mitgetragen hätte. Salomon Michael ist nämlich traditioneller ausgerichtet; er stiftet eine Talmudschule und hat die offizielle Erlaubnis erlangt, in seinem Haus an der Calenberger Bäckerstraße nahe der Stadtmauer Privatandachten abzuhalten. Auch innerhalb der einflußreichen Meyerschen Bankiers-Dynastie stoßen am Ende des Aufklärungsjahrhunderts verschiedene Strömungen unter den Juden Deutschlands, die aber noch nicht als orthodox oder liberal etikettiert werden, aufeinander.

Der spätere Freischulen-Gründer Meyer Michael David ist nicht nur weltanschaulich Mendelssohn zugeneigt, er beeindruckt charakterlich durch besondere Großzügigkeit. Johann Georg Zimmermann hat später erzählt, dieser über 300 000 Taler schwere Bankier habe ihm einen unbegrenzten Kreditbrief ohne Sicherheit und Zinsauflage mit auf die Reise nach Berlin gegeben, und auf die Frage »wenn ich in Berlin sterbe?« geantwortet: »Herr Leibmedicus, einen so rechtschaffenen Mann, wie Sie sind, läßt Gott nicht sterben.« Mendelssohn als öffentliche Person und Gesinnungsvorbild wird in den zentral gelegenen Lange-Straße-Häusern, die Meyer Michael David mit Frau, Kindern, Enkel und Personal bewohnt, für Kontakte und Visiten optimal untergebracht, und richtig gefeiert. Jüngste Gemeinheiten und Erregungen des Lavater-Streites könnten für diese Würdigung verstärkend eine Rolle gespielt haben, denn nicht nur christliche Intellektuelle haben sich in den vorangegangenen Wochen auf seine Seite gestellt: »Gott sei Dank waren alle Grossen Israels und die Kundigen der Tora mit mir einverstanden und haben mir Gutes vergolten für alles was ich schrieb«, hatte Moses zwei Monate zuvor berichtet.[5]

Was der Berliner bei Meyer Michael David an Zuneigung und Gastfreundschaft erlebt, inspiriert ihn zu hebräischen Versen, die – im Gegensatz zur anderen selbstkritisch verworfenen Lyrik aus seiner Feder – erhalten geblieben sind. Das Gedicht, dessen Autograph verschollen ist, wurde in der ersten hebräischen Zeitschrift Ha-Meassef (Der Sammler)[6] erstmals, aber

5 Juli-August 1770 an Elkan Herz

6 Jahrgang 1783/84, Heft 10, S. 130-132

anonym gedruckt; die zweite Publikation erfolgte 1821 im hebräischen Wiener Jahrbuch zur Haskala, der jüdischen Aufklärung, namens »Bikkure ha-ittim« / »Erste Früchte der Zeiten«. Damals vom Redakteur Shalom ha-Cohen mit der Anmerkung versehen: »Dieses Gedicht verfaßte der weise Gelehrte R. Moses Dessau, seligen Angedenkens, als er in Hannover im Haus eines gewissen vermögenden Mannes zu Gast war, welcher ihn überaus ehrte und ihm in seinem lieblichen Garten ein Zelt aufschlug. Da schrieb der besagte Weise aus herzlicher Dankbarkeit diese Verse, welche ich mit eigenen Augen in der Handschrift gesehen habe. Aus großer Bescheidenheit erlaubte es dieser Weise den Redakteuren von Ha-Meassef jedoch nicht, ihn als Verfasser zu nennen.« Die dritte Veröffentlichung erfolgte 1860 in der Breslauer Anthologie »Blüthenkranz morgenländischer Dichtung« von dem Orientalisten Heinrich Jolowicz: Dieser Übersetzungs-Gärtner hat die Ur-Pflanzung der hebräischen Verse mit deutscher Reimung im deutschen Versmaß so radikal beschnitten und neugeformt, daß tatsächlich daraus etwas ganz anderes und ein durchkontrollierter gleichmäßiger Zeilenfall entstanden ist. Im Anhang ist diese Bearbeitung dokumentiert.

Die Frage, was für ein Gedicht-Garten da eigentlich besungen wird und wo dieser genau gelegen haben soll, wird von keinem der Herausgeber angesprochen; wir stellen sie, ohne eine Antwort zu finden. Auf Karten der Calenberger Neustadt zwischen 1745 und 1822 ist in der Nähe der Meyer Michael Davidschen Häuser Langestraße 39/40 keine Grünfläche eingezeichnet, allerdings gegenüber – hinter dem besagten Osnabrücker Hof ein barocker Park. So praktisch es wäre, sich Meyer Michaels Party für Moses Mendelssohn dort, in der prominent-feudalen Nachbarschaft vorzustellen, so unwahrscheinlich stellt sich eine derartige interkulturelle Verbrüderungsszene diskriminierter und arrivierter Milieus dar. Selbst wenn wir einen guten Draht zwischen Meyer David und dem Bewohner des Hofes, Minister von Münchhausen, annehmen dürfen. Wahrscheinlicher ist, daß der »liebliche Garten« des Bankiers ein schöner Ort außerhalb der Stadtmauern war, an dem das Festzelt für den verehrten Philosophen aufgeschlagen werden konnte. Oder hat sich etwa der aufklärerisch orientierte Meyer Michael auf der Suche nach einem Partygarten zur Ehrung des Brückenbauers Mendelssohn dann doch mit seinem konservativen Bruder Salomon Michael zusammengetan? Jedenfalls ist hinter dessen Haus an der Beckerstraße 224/25 nahe der Stadtmauer ein großes grünes Terrain zu erkennen; auf einem Plan von 1745 zwar noch nicht, um so deutlicher aber auf der detaillierten Karte von 1822.

Versöhnungstag

Der vierten Publikation des hebräischen Party-Gedichtes durch Rainer Wenzel, dem Bearbeiter des 2004 erschienenen Bandes Hebräische Schriften I in der Jubiläumsausgabe Mendelssohnscher Werke, verdanken wir allerdings, daß dieser unverortete Garten zumindest vor unseren Augen entsteht. Dem Übersetzungs-Gärtner Wenzel ist es gelungen, all denen, die das hebräische Original nicht lesen und verstehen können, den Wortlaut mit Assoziationen des Dichters zu vermitteln: Er hat für die passende Vokabelfindung bei zahlreichen Bibelzitaten, die Moses einflechtet, dessen Pentateuch-Übersetzung entsprechend genutzt. Und er verweist darauf, daß der dreifache Weckruf, den das Gedicht enthält, an den dreimaligen Weckruf in der Jom-Kippur-Liturgie erinnert. Das höchste jüdische Fest hatte Mendelssohn einige Wochen zuvor, Ende September, noch in Berlin gefeiert.

Noch unter dem Eindruck seiner zuletzt erfahrenen öffentlichen Attacken und angesichts seiner persönlichen Erschöpfung wird der Empfang bei Meyer Michael David zu einer glücklichen Erfahrung des Sich-Fallen-Lassens. Die Botschaft des Versöhnungstages, auf den das Gedicht zwischen den Zeilen anspielt, ist ein göttliches Angebot: zur Bereinigung aller Altlasten, zum Neuanfang. Das Gedicht des Haskala-Pioniers und Schriftgelehrten blendet biblische Bilder, liturgische Zitate sowie Formeln und Symbole des Aufklärungsprogramms übereinander. In diesem Park der Freunde darf man von Dunkelheiten und Bedrängnissen der Vergangenheit verschnaufen, während der Optimismus des Augenblicks die Angst vor den kommenden Zumutungen des Lebens verdrängt. Hier fällt es leichter, darauf zu vertrauen, daß geliebte Mitstreiter und Begleiter einen nicht im Stich lassen. Der angedeutete Neustart von Jom Kippur geht über in den Sonnenaufgang der Aufklärungs-Metaphorik. Gottes Bund mit Israel wird zum Modell der Menschentreue. Der Garten der Weisheit verwandelt sich in ein Paradies, für diesen immergrünen Moment.

Freundschaftsandenken eines vernunftreichen Mannes
im Garten seines Gefährten

Hier setze ich mich nieder, wo mir's wohl gefällt.
Lieber will ich heute ruhen
im Schatten von Tanne und Eiche
Im Hof eines redlichen Mannes;
Als wohnen in Lustsälen
Auf Purpurpolstern
In törichten und ruchlosen Palästen.
Erwacht meine Freunde!
Auf meine Geliebten!
Werdet fröhlich munter!

Wann steht ihr auf, ihr Schläfer? –
Die Sonne – machtvoll
Erleuchtet sie das Gesicht der Welt.
Die Zeit der Lieder ist da!
Wie lange noch wollt ihr müßig sein?

Laßt uns gehen in den lieblichen Garten
Aufsteigen zu der Freundschaft Wohnung,
Da wollen wir in Liebe schwelgen
Im Zelt, das aufgeschlagen unser trauter Freund
Und auf üppigem Hügel aufgestellt.
Aus den ausgesuchtesten Stämmen im Wald
Schlug seine Rechte seine Säulen,
Holz, das nicht fault, suchte er aus.

Gedenke des Freundschaftsbundes,
Den wir beide geschlossen!
Nie werde er von unsern Nachkommen gebrochen,
Ein ewiger unverweslicher Bund sei es.
Rasen bekleidet den Grund ringsum,
Da werden unsre Kinder tanzen,
Da unsre Kleinen spielen,
Und soll sich freuen auch unser Herz.

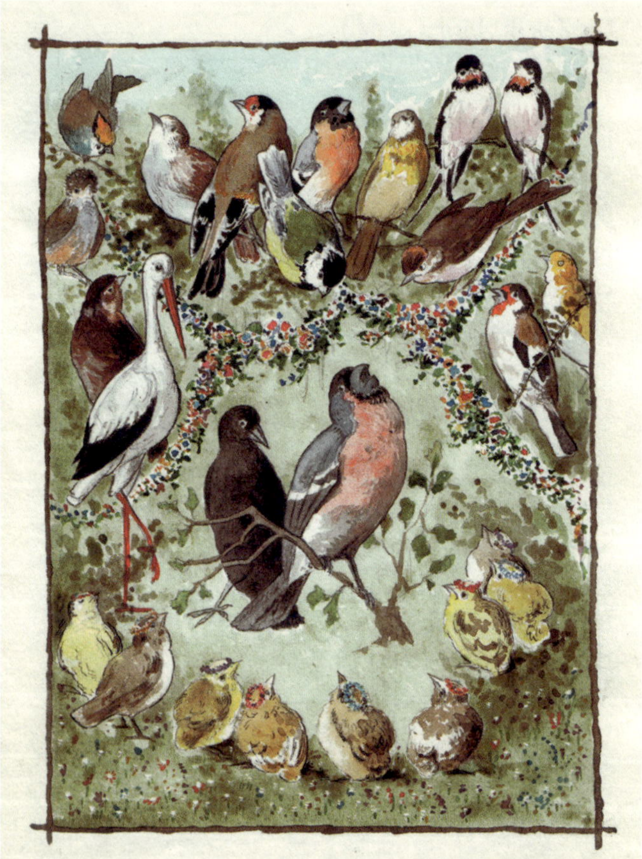

Anhang

Horaz Carmina 1,9 / Übersetzung: Moses Mendelssohn (1764)

Vides, ut alta stet nive candidum
Soracte nec iam sustineant onus
silvae laborantes geluque
flumina constiterint acuto.

dissolve frigus ligna super foco
large reponens atque benignius
deprome quadrimum Sabina
o Thaliarche, merum diota.

permitte divis cetera, qui simul
stravere ventos aequore fervido
deproeliantes, nec cupressi
nec veteres agitantur orni.

quid sit futurum cras, fuge quaerere,
quem Fors dierum cumque dabit, lucro
adpone, nec dulces amores
sperne puer neque tu choreas,

donec virenti canities abest
morosa. nunc et campus et areae
lenesque sub noctem susurri
conposita repetantur hora,

nunc et latentis proditor intimo
gratus puellae risus ab angulo
pignusque dereptum lacertis
aut digito male pertinaci.

Siehe tiefen Schnee
den glänzenden Soracte bedecken.
Belastete Wälder sinken unter ihrer Bürde,
und vom scharfen Frost erstarren die Flüsse.

Zerlaß die Kälte, bedecke den Feuerheerd
reichlich mit Brennholz,
und hole in Sabinischen Flaschen, o Thaliarchus!
Nicht sparsam, vierjährigen Wein.

Alles übrige stellet den Göttern anheim.
Sobald die aufbrausenden Meere den Kampf
der Winde gestillet, schwanken Cypressen,
schwanken bejahrte Buchen nicht mehr.

Forsche nicht heute, was morgen geschehen wird.
Welchen Tag das Glück dir schenkt,
rechne zum Gewinnste.
Noch jung besuche die Chöre der Tänzer,

so lange noch
kein mürrisches Grau das frische Haupthaar befleckt.
Des Mavors Kampfplatz geziemet dir jetzt,
und der freye Markt,
und am Abend leises Flüstern zur abgeredeten Stunde.

Ephraim Kuh / Moses Mendelssohn

Ode zum Lobe Gottes. Nach einem Ungewitter. 1777

Der Donner, der mit Rasen brüllte,
Und Wald und Flur mit Schrecken füllte,
Rollt nicht mehr durch den Dunstkreis her;
Und auf dem schwermuthsvollen Anger,
Erschrekt die Luft, von Schwefel schwanger,
Mit Blitzen keine Pilger mehr.

Der Sturmwind schweigt, und rege Weste
Durchsäuseln nun die schwanken Aeste,
Und wandern sanft durch Klee und Rohr;
Der Vögel Chor stimmt neue Lieder,
Entfaltet haucht die Rose wieder,
Und hebt ihr bangend Haupt empor.

Wer war's, der so im Sturmwind stürmte?
Und Wolken, gleich Gebirgen thürmte?
Und ihre Last mit starker Hand
Um's ganze Firmament gezogen?
Wer hat den bunten Regenbogen
Von Pol zu Pole ausgespannt?

Du bist es Gott, mein Fels, mein Retter!
Dein Hauch entzündet Donnerwetter,
Stillt und entkerkert Sturm und Meer!
Du schwingst geflügeltes Verderben,
Machst Welten so wie Gras ersterben,
Und die Natur ganz freudenleer.

Dein Lächeln schmückt mit Schmelz die Hugel,
Bethaut des Zephyrs Rosenflügel,
Und hüllt in Sammt den Schooß des Thals.
Du winkst nur, und die Welt verschwindet
Wie Dunst, in schwüler Luft entzündet,
Wie Funken des geschlagnen Stahls. –

Der Sterne Chor und die Planeten
Sind Spuren, die dein Fuß getreten,
Und Ewigkeit ist dein Gewand. –
Du gossest Welten ohne Gränzen,
Die in azurner Luft kaum glänzen,
Atomen gleich, aus deiner Hand.

Als öde Nacht die Leere füllte
Und die Natur in Graus verhüllte,
Warst du es, der ihr Scepter brach;
Da hießest du das Jetzt gebären,
Als ungeheurer Welten Sphären
Dein schaffend Wort ins Daseyn sprach. –

Du bliktest nur, und es geronnen
Die Blicke schnell zu großen Sonnen,
Zu Funken Deines heil'gen Lichts,
Und was des Aethers Gleise tragen,
Den Thierkreis, Angelstern und Wagen
Hing Deine große Hand ins Nichts.

Wie groß, o Gott, sind Deine Werke!
Doch nicht nur groß an Macht und Stärke,
Strahlst Du in jeder Creatur:
Auch Deine Huld und Vatergüte

Zeigt sich (wie wallt nicht mein Geblüte!)
Im kleinsten Werke der Natur. –

So wie am uferlosen Raume
Der Glanz von deines Feindes Saume,
Titan, das rege Licht der Welt,
Mit Huld und Segen schwangerm Strahle
Sowohl den niedern Klee im Thale,
als stolzer Cedern Spitz' erhellt:

So speisest Du mit mildem Blicke
Den Bürger eines Blatts, die Mücke,
den Sänger, der auf Zweigen hüpft;
Und alles in der Dinge Sphäre,
So wie den Mensch, der Schöpfung Ehre,
Das Glied der Welt verknüpft.

O schwinge dich aus deiner Hülle,
Mein Geist, und steig' in heil'ger Stille,
Frei von des Körpers trägem Thon,
Voll Ehrfurcht auf der Dinge Leiter
Von Stuf' zu Stufe zitternd weiter
Zu Gott, und knie' vor seinem Thron!

Lob' Ihn, melodisches Gefieder!
Geschöpfe! Fallt auf's Antlitz nieder,
Und lallt im Staub des Schöpfers Lob!
Ihr Wälder beugt die stolzen Wipfel!
Neigt, Berge, tief vor dem die Gipfel,
Der euch so majestätisch hob!

Lob' ihn, endloser Wesen Kette!
Auf, Wolken! Eifert um die Wette,
Und stimmt ihm heil'ge Hymnen an!
Doch schweigt! Eu'r Daseyn zeigt ihn größer,
Und preißt als Herold ihn weit besser,
als ihn eu'r Stammeln preisen kann.

Moses Mendelssohn / Heimann Jolowicz (Übersetzer), veröffentlicht in: *Blüthenkranz morgenländischer Dichtung* (1860)

Viel lieber will ich friedlich wohnen

In hoher Eichen kühlem Schatten,
Wo tugendwerthe Männer walten,
Als in Palästen herrlich thronen
Auf rothen üpp'gen Purpurmatten,
Wo arge List und Thorheit schalten.
Wohlauf, wohlauf, ihr trauten Brüder!
Genossen auch erwachet wieder!
Erwachet froh zum neuen Leben,
War't lang genug dem Schlaf ergeben!
Der Tag mit seinem hellen Scheine
Bedecket Berge, Flur und Haine;
Und des Gesanges Zeit ist kommen,
Was soll der Schlaf da fürder frommen?

Wohlauf zu jenem Blüthengarten,
Wo liebe Freunde unser warten!
Dort jauchzen wir mit den Vertrauten
In Freundes Zelt, dem festgebauten.
Es steht auf hoher Bergeshalde,
Die besten Stämme aus dem Walde
Sind ihm als Säulen ausersehn,
Die jeder Fäulniß widerstehn.
Des Bundes seid gedenk, ihr Freunde,
Der uns so inniglich vereinte!

Ihn sollen uns're Kinder ehren,
Ein Salzbund[1] soll er ewig währen!

Und rings soll Rasen sich erheben,
Hier soll dem Frohsinn sich ergeben,
Hier uns're Jugend sich ergötzen,
An deren Lust auch wir uns letzen.

1 Biblisch für fest, unverbrüchlich

Moses Mendelssohn: *Freundschaftsandenken eines vernunftreichen Mannes im Garten seines Gefährten,* veröffentlicht in Ha Meassef, Heft 84 (1783)

זכרון ידידות לגבר משכיל בגן רעיו ·

פה אֵשֵׁב כִּי אִוִּיתִיהָ ·

אֶבְחַר יוֹם הִתְלוֹנָן ,
בְּצִלְלֵי בְּרוֹשׁ וְאַלּוֹן
בְּחַצְרוֹת אִישׁ אֱמוּנִים ;

מְדוּר בְּהֵיכְלֵי עוֹנֶג
עֲלֵי תוֹלַעַת שָׁנִי
בְּטִירוֹת כֶּסֶל רֶשַׁע ·
עוּרוּ דוֹדַי !
קוּמוּ נָא רֵעַי !
הִתְעוֹרְרוּ בְּגִיל
מָתַי תָּקוּמוּ מִשְּׁנַתְכֶם ? —
הַשֶּׁמֶשׁ בִּגְבוּרָה
הֵאִיר פְּנֵי תֵבֵל ,
עֵת הַזָּמִיר הִגִּיעַ
עַד מָתַי תְּחַבְּקוּן יָדַיִם ?

נָבוֹאָה גַּנַּת חֶמֶד
נַעֲלֶה מִשְׁכַּן דּוֹדִים
שָׁם נִתְעַלְּסָה בָּאֲהָבִים
בְּאֹהֶל נָטָה אִישׁ שְׁלוֹמֵנוּ .
וּבְקֶרֶן בֶּן שֶׁמֶן יְסָדוֹ
מִמִּבְחַר עֲצֵי הַיָּעַר
כָּרְתָה יְמִינוֹ עַמּוּדָיו
עֵץ לֹא יִרְקַב יִבְחָר .

זְכוֹר בְּרִית יְדִידוּת
כָּרַתְנוּ בֵּין שְׁנֵינוּ !

ט 2 בין

בֵּין זַרְעֵינוּ לֹא תוּפָר
בְּרִית מֶלַח עוֹלָם הִיא .
הִלְבִּישׁ דֶּשֶׁא סְבִיבָיו
שָׁמָּה יְרַקֵּד טַפֵּינוּ ,
שָׁמָּה יְשַׂחֲקוּ צְעִירֵינוּ
וְיִשְׂמַח לִבֵּנוּ גַּם אָנוּ .

Jahreszeiten, Gartenjahre: Moses Mendelssohn 1729-1786

1729 6. September: Mausche Dessau (Moses Mendelssohn) wird in Dessau geboren, jüngstes Kind des Tora-Schreibers Mendel Heymann und der Rachel Sara, geb. Wahl.

1735 Besuch der Talmud-Schule. Lektüre der Tora, Übungen in hebräischer Grammatik und Poesie, ab 1739 Unterricht beim Rabbiner David Fränkel.

1743 Mendelssohn folgt David Fränkel nach Berlin, um weiter bei ihm zu lernen. Lebensunterhalt verdient er mit dem Kopieren hebräischer Texte. Selbststudium Hochdeutsch, Latein, Französisch, Englisch und Mathematik.

1750 M. wird Hauslehrer bei dem Seidenhändler Bernhard Isaak, ist beteiligt an dem Zeitschriften-Experiment »Kohelet Musar« = »Der Moralprediger« (auf hebräisch). *Friedrich II. erlässt ein »revidiertes General-Privilegium und Reglement für die Judenschaft im Königreich Preußen«, das Ansiedelung und Arbeit für Juden noch stärker einschränkt. Tod Johann Sebastian Bachs.*

1753 Beginn der Freundschaft zwischen Mendelssohn, dem Buchhändler Friedrich Nicolai und dem Dichter Gotthold Ephraim Lessing: das »Dreigestirn der Berliner Aufklärung«.

1754 Mendelssohn wird Buchhalter in der Manufaktur Bernhard Isaaks. Beginn der Arbeitstreffen des »Dreigestirns« in Lauben Nicolais und Mendelssohns.

1755 M. ist Mitglied im Gelehrten Kaffeehaus (100 Mitglieder) und Gast im Montagsclub (24 Mitglieder). Seine ersten Bücher *Philosophische Gespräche* und *Briefe über Empfindungen* erscheinen anonym. – *Verheerendes Erdbeben in Lissabon löst europaweit Diskussionen und Zweifel an der Weltordnung aus.*

1756 *Beginn des Siebenjährigen (Welt-)Krieges.* Diskussion des »Dreigestirns«: *Briefwechsel über das Trauerspiel.* Mendelssohn übersetzt Rousseaus *Abhandlung von der Ungleichheit unter den Menschen.*

1757 Mendelssohn und Nicolai lernen Griechisch. Sie geben die Zeitschrift *Bibliothek der Schönen Wissenschaften und der freyen Künste* heraus, später folgen *Briefe, die neueste Litteratur betreffend.*

1761 Geschäftsreise Mendelssohns nach Hamburg, Begegnung mit Fromet Gugenheim. Liebeserklärung im »wüsten Gartenhäuschen«, dann einjährige Korrespondenz: die »Brautbriefe«. Erster Einsatz des Namens »Moses Mendelssohn« gegenüber christlichen Briefpartnern. Seine *Philosophischen Schriften* erscheinen. Freundschaft mit dem Philosophen Thomas Abbt, der sich an den »Litteraturbriefen« beteiligt. Mendelssohn wird Geschäftsführer der Seidenfabrik.

1762 Zensuraffäre um die »Litteraturbriefe«, Verhör im Collegienhaus. Hochzeit von Moses und Fromet Gugenheim in Berlin. Mendelssohn verfaßt seine Antwort auf die Preisfrage der Akademie der Wissenschaften, ob Prinzipien der natürlichen Moral derselben Evidenz fähig seien wie mathematische Wahrheiten.

1763 Mendelssohn erhält das Bleiberechts-Privileg eines außerordentlichen Schutzjuden. Der Theologe Johann Caspar Lavater besucht ihn. Die Jüdische Gemeinde befreit ihn in Anerkennung seiner Verdienste von Abgaben. Beginn der »Laokoon«-Diskussion mit Lessing, die brieflich und auch im Lustgarten stattfindet. Geburt der Tochter Sara (gestorben 1764), des ersten seiner zehn Kinder, von denen sechs das Erwachsenenalter erreichen. *Ende des Siebenjährigen Krieges, Friedensschluß von Paris und Hubertusburg.*

1764 Mendelssohns preisgekrönte Schrift zum Akademie-Wettbewerb, seine *Abhandlung über die Evidenz …* wird veröffentlicht. Beginn der (Brief-)Diskussion mit Abbt über die »Bestimmung des Menschen«.

1765 Verstärkter Drang Mendelssohns, das Fabrikkontor zugunsten der Philosophie aufzugeben. Versuch von Abbt, ihn von Berlin zur Übersiedlung nach Bückeburg zu ziehen.

1766 sterben Mendelssohns Vater in Dessau, sein Schwiegervater in Hamburg, sein erster Sohn fünf Wochen nach der Geburt in Berlin. Schwere Erkrankung Fromets.

1767 Mendelssohns erfolgreichstes Buch *Phädon oder über die Unsterblichkeit der Seele* erscheint, wird in zehn Sprachen übersetzt.

1768 Mit dem Tod Bernhard Isaaks wird Mendelssohn Teilhaber der Fabrik, er erhöht die Zahl der Webstühle auf 102.

1769 Der Theologe Johann Caspar Lavater fordert Mendelssohn öffentlich auf, sich zum Christentum zu bekennen, woraus eine öffentliche Debatte um ihn und mit ihm entsteht.

1770 Beginn der Übersetzung der Psalmen. Besuch beim Erbprinzen von Braunschweig, bei Lessing in der Bibliothek in Wolfenbüttel, im Garten Salomon Michael Davids in Hannover.

1771 Ausbruch der sieben Jahre andauernden Nervenkrankheit Mendelssohns mit Herzbeschwerden. Verbot spekulativen Philosophierens und anderer intellektueller Anstrengung. Besuch beim kursächsischen Minister von Fritsche im Potsdamer Schloß. Ehrung durch die Jüdische Gemeinde mit einem Sonderbeschluß, der seine Wahl zum Ältesten ermöglicht.

1772 Mendelssohn versteckt Abba Glosk, einen verfolgten Dissidenten, in Itzigs Garten. Anläßlich des Bestattungsstreites in Mecklenburg-Schwerin argumentiert er gegen die traditionell sofortige Beerdigung der Juden. Aufenthalt im ländlichen Anwesen Nathan Meyers in Strelitz. Erholungswochen beim Lusthaus Isaac Wulffs in Berlins Tiergarten.

1773/1774 Kurreisen nach Pyrmont. Beginn der Teamarbeit an der Tora-Übersetzung.

1775-1777 Politische Interventionen Mendelssohns zugunsten Jüdischer Gemeinden in der Schweiz und in Dresden. Er reist nach Memel und Königsberg, Besuch bei Kant. – *Unabhängigkeitserklärung der USA.* – Letzte Begegnung mit Lessing in Wolfenbüttel.

1778 Die durch Mendelssohn inspirierte und beratene jüdische Freischule wird in Berlin gegründet. Fertigstellung des dramatischen Gedichts *Nathan der Weise* durch Lessing.

1779 Mendelssohn kurt mehrere Wochen ambulant in der Badanlage von Gesundbrunnen im Norden Berlins. Den Schutzbriefantrag für seine Familie lehnt Friedrich II. ab.

1780-1783 Band 1 von Mendelssohns deutscher Tora-Übersetzung (in lateinischer Schrift) und die Übersetzung einer Verteidigung von Englands Juden (»Manasseh Ben Israel ...«) erscheinen; später Fünf Bücher Moses auf deutsch in hebräischer Schrift. Er wird zu einem der Schatzmeister der Jüdischen Gemeinde gewählt. Wird von Elsässer Juden um Hilfe in ihrer Rechtssituation gebeten, bringt das ein als Berater des Kriegsrates Christian Wilhelm Dohm für dessen zweibändiges Werk *Über die bürgerliche Verbesserung der Juden*. Arbeitstreffen mit Dohm in Mendelssohns Garten. Veröffentlichung seiner Psalmen-Übersetzung und seines Buches *Jerusalem oder über religiöse Macht und Judentum. – Erster freier Flug mit einem Heißluftballon der Brüder Montgolfier.*

1784/1785 Brief aus der Laube »Moses' Ruh« an den Strelitzer Schwiegersohn in spe. Friedrich Heinrich Jacobis indiskrete Publikation der Korrespondenz über Lessing und Mendelssohn treiben diesen zur öffentlichen Auseinandersetzung. *Morgenstunden oder Vorlesungen über das Daseyn Gottes* erscheint. Er verfaßt als Replik auf Jacobi *Moses Mendelssohn an die Freunde Lessings*. Treffen in Berlin und in Schloß Friedrichsfelde mit der Herzogin von Kurland und deren Gesellschafterinnen.

1786 Tod Mendelssohns am 4. Januar, Bestattung am Folgetag. Karl Wilhelm Ramler verfaßt zur Beklagung des Verstorbenen durch Kirche und Synagoge die Trauerkantate *Sulamith und Eusebia*, Vertonung: Carl Bernhard Wessely. – *Schiller dichtet den Hymnus* An die Freude. *Tod König Friedrich II.*

1788 Mendelssohns Übersetzung des Hohenliedes Salomons erscheint postum.

Quellenverzeichnis

Der Bücherwurm träumt von frischer Luft

Moses Mendelssohn: *Gesammelte Schriften. Jubiläumsausgabe* (JubA), Stuttgart-Bad Cannstatt

Bd. 6,2: *Kleinere Schriften II*. Bearbeitet von Eva J. Engel. Mit einem Beitrag von Alexander Altmann. Darin: Gedichte und Nachdichtungen. 1981

Bd. 2: *Schriften zur Philosophie und Ästhetik II*, Faksimile-Neudruck der Ausgabe Berlin 1831. Bearbeitet von Fritz Bamberger und Leo Strauss. 1972

Bd. 1: *Schriften zur Philosophie und Ästhetik I*, Faksimile-Neudruck der Ausgabe Berlin 1929. Bearbeitet von Fritz Bamberger. 1971

Bd. 11: *Briefwechsel I. 1754-1762*. Bearbeitet von Bruno Strauss. Mit Nachträgen von Alexander Altmann. 1974

Robert Jütte: *Leib und Leben im Judentum*. Berlin 2016

Julius Rodenberg: *Bilder aus dem Berliner Leben*, 3 Bde. Berlin 1885-1887

Alexander Altmann: »Eine neuentdeckte Moses Mendelssohn-Korrespondenz zur Frage des Selbstmords«. In: *Zeitschrift für Religions- und Geistesgeschichte*, Vol. 20, No. 3 (1968), S. 240-258

Jacob und Wilhelm Grimm: *Deutsches Wörterbuch*, Lfg. 5 (1872), Bd. IV, II. Stuttgart 1878

Unter den Linden. Photographien. Mit einem Essay von Dieter Hildebrandt. Berlin 1991

Ein korrekter Hain für Berlin

Moses Mendelssohn's gesammelte Schriften. Hg. von Prof. Dr. G. B. Mendelssohn. Fünfter Band. Briefwechsel. Leipzig 1844

v. R. [Leopold von Reichenbach]: *Der schöne Garten*. Berlin 1788

Itmar Gov, Hila Peleg, Eran Schaerf: *Ein jüdischer Garten*. München 2022

Christian Cay Lorenz Hirschfeld: *Theorie der Gartenkunst*, Bd. 5. Leipzig 1785

Ders.: *Theorie der Gartenkunst*. Leipzig 1775

Staatsbibliothek zu Berlin – Preußischer Kulturbesitz, Historische Drucke, Rechtswissenschaft: *Zwei Verordnungen Friedrich Wilhelm I. von 1719 und 1721*

Karl Wilhelm Ramler: *Oden*. Berlin 1767

Johann Georg Sulzer: *Allgemeine Theorie der schönen Künste*. Leipzig 1771

Jana Kittelmann: »Botanisches und gartenbauliches Wissen im (Brief)-Werk Johann Georg Sulzers«. In: Elisabeth Décultot, Philipp Kampa und Jana Kittelmann: *Johann Georg Sulzer – Aufklärung im Umbruch*. Berlin/Boston 2018

Friedrich Nicolai: *Beschreibung der Königlichen Residenzstädte Berlin und Potsdam*. Berlin 1786

Johann Georg Sulzer und Friedrich August von Veltheim: *Briefwechsel*. Anwendungsbeispiel für die KBSET/Letters Umgebung. Edition: Jana Kittelmann. Entwurf November 2019

Gärten der Weisheit

Christian Cay Lorenz Hirschfeld: *Theorie der Gartenkunst* Bd. 3. Leipzig 1780

Ulrich Koehler, Björn Beutel, Wulf Hildebrandt: »Salerno, die erste Medizinschule Europas«. In: *Hessisches Ärzteblatt* 9/2022
www.giardinodellaminerva.it

Friedrich Nicolai: »Etwas über den verstorbenen Rektor Damm und Moses Mendelssohn«. In: *Neue Berlinische Monatsschrift III* (1800), S. 338-363

Richter, F. Th.: *Jahrbüchlein zur Geschichte Leipzigs*. Leipzig 1863, S. 48-49

JubA, s. Kapitel I, Bd. 5,2, bearbeitet von Eva J. Engel. *Literarische Fragmente*. 1991

JubA s. Kapitel I, Bd. II

JubA, s. Kapitel I, Bd. 13: *Briefwechsel III*. 1781-1785. Bearbeitet von Alexander Altmann. 1977

JubA, s. Kapitel I, Bd. 10,1: *Schriften zum Judentum IV*. Bearbeitet von Werner Weinberg. Unter Benutzung von teilweisen Vorarbeiten aus dem Nachlass von Simon Rawidowicz. Mit Beiträgen von Alexander Altmann. 1985

JubA, s. Kapitel I, Bd. I

Gotthold Ephraim Lessing: *Werke*. Band 4, München 1970 ff., S. 155-227. Entstanden 1756/57, Erstdruck in: *Sämmtliche Schriften*. Berlin 1794

Gotthold Ephraim Lessing: *Laokoon. Oder über die Grenzen der Malerei und Poesie*. Berlin 1766

Thomas Abbt: »Zweifel über die Bestimmung des Menschen; Moses Mendelssohn: Orakel, die Bestimmung des Menschen betreffend (1764)«. In: Moses Mendelssohn: *Phädon oder über die Unsterblichkeit der Seele*. Amsterdam 1767

Thomas Abbt: *Vermischte Werke* V. Berlin 1780

Friedrich Nicolai: *Beschreibung der Königlichen Residenzstädte Berlin und Potsdam*, Berlin, Auflagen 1769 und 1779

Johann Friedrich Thym: *Die Practik des Seidenbaus*. Berlin 1760/1774

Inka Bertz/Thomas Lackmann: *Moses Mendelssohn. »Wir träumten von nichts als Aufklärung«*. Katalog. Köln 2022. Darin zitiert: Chodowiecki über Frisch, S. 69

Albumblatt für den Hofmaler Frisch, Staatsbibliothek zu Berlin, Abteilung Handschriften und Historische Drucke

Clemens Alexander Wimmer: *Geschichte der Gartentheorie*. Darmstadt 1989

Wer hat das schönste Naturprojekt?

JubA, s. Kapitel I, Bd. 24: *Moses Mendelssohn. Porträts und Bilddokumente*. Von Gisbert Porstmann. 1997. Darin: Johann Georg Zimmermann: Von der Diät der Seele

JubA, s. Kapitel I, Bd. 2

The Works of Alexander Pope. Correspondence and Prose, Works Vol. V. London 1886

Jana Kittelmann: »Botanisches und gartenbauliches Wissen im (Brief)-Werk Johann Georg Sulzers«. In: Elisabeth Décultot, Philipp

Kampa und Jana Kittelmann: *Johann Georg Sulzer – Aufklärung im Umbruch*. Berlin / Boston 2018
Johann Georg Sulzer: *Allgemeine Theorie der schönen Künste*. Leipzig 1771
Franz Bacons, des Großkanzlers von England, moralische, politische und ökonomische Versuche. Breslau, Thorn und Leipzig 1762
Homer: *Odyssee*, Frankfurt am Main und Leipzig 2009
Steele, Richard, Addison, Joseph, Bond, Donald F.: *The Spectator*. London 1801
Jean-Jacques Rousseau: *Julie oder die Neue Heloise*. Stuttgart, Hamburg, München 1978
Friedrich Heinrich Jacobi: »Der Kunstgarten. Ein philosophisches Gespräch«. In: *Vermischte Schriften. Erster Theil*. Dresden 1781
Eine Seltenheit aus der Naturgeschichte. Flensburg 1779
Clemens Alexander Wimmer: *Geschichte der Gartentheorie*. Darmstadt 1989

Von der Liebeslaube nach Moses' Ruh

Moses Mendelssohn: *Brautbriefe*. Berlin 1936
Glikl bas Judah Leib: *Die Memoiren der Glückel von Hameln*. Frankfurt / Main 1896. In: Gov, Peleg, Schaerf, s. Kapitel II
Natalie Nowack: »Martens Mühle soll leben«. In: *Mendelssohn-Studien*: Beiträge zur neueren deutschen Kulturgeschichte, Bd. 10. Berlin 1997
JubA s. Kapitel I, Bd. 11, *Nachträge* 316a
JubA, s. Kapitel I, Bd. 20,2: *Briefwechsel (1761-1785)*. In deutscher Umschrift und in Übersetzung aus dem Hebräischen. Bearbeitet von Reuven Michael. 1994
Joseph Stolz: *Kochbuch für Israeliten oder praktische Anweisung, wie man nach den jüdischen Religions-Grundsätzen alle Gattungen der feinsten Speisen kauscher bereitet*. Carlsruhe 1815
Rebekka Wolf: *Kochbuch für Israelitische Frauen, enthaltend die verschiedensten Koch- und Backarten mit einer vollständigen Speisekarte und einer Hausapotheke sowie einer genauen Anweisung zur Einrichtung und Führung einer religiös-jüdischen Haushaltung*. Berlin 1871

Christian Dohm: *Über die bürgerliche Verbesserung der Juden*. Berlin und Stettin, 1781/1783
Sebastian Hensel: *Ein Lebensbild aus Deutschlands Lehrjahren*. Berlin 1903

Das Paradies hinterm Frankfurter Tor

Sebastian Hensel: *Die Familie Mendelssohn*. Berlin 1879
Gustav Parthey: *Jugenderinnerung*, Bd. 1. Berlin 1871
JubA, s. Kapitel I. Bd. 11
Friedrich Nicolai: *Beschreibung der Königlichen Residenzstädte Berlin und Potsdam*. Berlin 1786
Julius Rodenberg: *Bilder aus dem Berliner Leben*, 3 Bde. Berlin 1885-1887
Otto Zarek: *Moses Mendelssohn*. Amsterdam 1936
Meta Brix: *Schuldner*. Roman. Berlin 1949

Luxusdatsche Sommerschloß

Richard Voß: »Die Villa Falconieri«, aus: *Berliner Tageblatt*, 1887, Nr. 625 (Fr 09.12.1887 AA), S. 1f.
Richard Voß: *Villa Falconieri. Die Geschichte einer Leidenschaft*. Stuttgart 1896
P. Güldner: *Plan von der Gegend bey Berlin vor dem Oranienburger und Hamburger Thor*. Handzeichnung auf Paper, koloriert. 1772. Stadtmuseum Berlin
Friedrich Nicolai: *Beschreibung der Königlichen Residenzstädte Berlin und Potsdam*. Berlin 1786
Joachim Garfs: *Ein heiterer Platz der Freude. Die ungewöhnliche Geschichte der Kurparkanlagen von Bad Pyrmont*. Detmold 1991
Wilhelm Mehrdorf: »Geschichte des Bades Pyrmont«. In: Stadt Bad Pyrmont (Hg.): *Chronik von Pyrmont*. Bad Pyrmont 1967
Reinhold P. Kuhnert: *Urbanität auf dem Lande. Badereisen nach Pyrmont im 18. Jahrhundert*. Göttingen 1984
Heinrich Matthias Marcard: *Beschreibung von Pyrmont*. Leipzig 1784-1785

R. Frankenau: *Pyrmont und sein Gesundbrunnen im Sommer 1798*. Ein Fragment zur Beherzigung und Belehrung für Badegäste, Kranke und Ärzte. Altona 1799

Moses Mendelssohn's gesammelte Schriften, s. Kapitel II

JubA, s. Kapitel V, Bd. 20,2

JubA, s. Kapitel III, Bd 13

Laurenz Demps: *Der Schiffbauerdamm: ein unbekanntes Kapitel Berliner Stadtgeschichte*. Berlin 1993

Sophie Schwarz: *Briefe einer Curländerinn auf einer Reise durch Deutschland*. Berlin 1791

Vor hundert Jahren: Elise von der Reckes Reisen durch Deutschland 1784-86: nach dem Tagebuche ihrer Begleiterin Sophie Becker. Stuttgart 1884

Gisela Gantzel-Kress: »Noblesse Oblige. Ein Beitrag zur Nobilitierung der Mendelssohns«. In: *Mendelssohn-Studien. Beiträge zur neueren deutschen Kulturgeschichte.* Bd. 6. Berlin 1986

Erinnerungen an eine Landschaft in der Stadt

Moses Mendelssohn: *Jerusalem oder über religiöse Macht und Judentum*. Berlin 1783

Friedrich Nicolai: »Verbot der Literaturbriefe 1762«. In: *Neue Berlinische Monatsschrift. Dezember 1807*. Berlin und Stettin

Otto Pinower: »Berliner Gartenkunst im 17. und 18. Jahrhundert«. In: *Die Gartenkunst.* Heft 8, 1914. Würzburg

Laurenz Demps: *Berlin-Wilhelmstraße. Eine Topographie preußisch-deutscher Macht*. Berlin 1996

Ferdinand Meyer: *Der Berliner Tiergarten von der ältesten Zeit bis zur Gegenwart*. Berlin 1892

Klaus von Krosigk: *Der Berliner Tiergarten*. Berlin 2001

Friedrich Ernst Wilmsen: *Der Thier-Garten. Ein Gedicht*. 1761

Friedrich Nicolai: *Das Leben und die Meinungen des Herrn Magister Sebaldus Nothanker*. Viertes Buch, dritter Abschnitt, 3 Bde., Berlin 1773-1776, 4. Aufl. 1799

Judensteig oder die unangenehme Seite des Tiergartens

Gotthold Ephraim Lessing: »Die Juden«. In: *Schriften*. Berlin 1754
Gotthold Ephraim Lessing: *Gotthold Ephraims Briefwechsel mit Karl Wilhelm Ramler, Johann Joachim Eschenburg und Friedrich Nicolai nebst einigen Anmerkungen über Lessings Briefwechsel mit Moses Mendelssohn*. Berlin 1794
Otto Pinower: »Berliner Gartenkunst im 17. und 18. Jahrhundert«. In: *Die Gartenkunst*. Heft 8, 1914. Würzburg
Heinz Knobloch: *Berlins alte Mitte. Rund um den Lustgarten*. Berlin 1996
Bezirksamt Tiergarten (Hg): *Tiergarten. Vom kurfürstlichen Jagdrevier zum Stadtbezirk im Zentrum Berlins*. Berlin 1986
Klaus von Krosigk: *Der Berliner Tiergarten*. Berlin 2001
Landesdenkmalamt Berlin: *Der Berliner Tiergarten. Vergangenheit und Zukunft*. Berlin 1996
JubA, s. Kapitel III. Bd. 13
JubA, s. Kapitel V, Bd. 20,2
Friedrich Nicolai: *Das Leben und die Meinungen des Herrn Magister Sebaldus Nothanker*. Viertes Buch, dritter Abschnitt, 3 Bde., Berlin 1773-1776, 4. Aufl. 1799
Susanna Brogi: *Der Tiergarten in Berlin – ein Ort der Geschichte. Eine kultur- und literaturhistorische Untersuchung*. Würzburg 2009
Walther G. Olschilewski (Hg.): *Der Tiergarten in Berlin*. Berlin 1960
Friedrich Nicolai: *Beschreibung der Königlichen Residenzstädte Berlin und Potsdam*. Berlin 1786
»Publicandum. Obzwar das Publicum bereits vielfältig und unter angedrohter Strafe gewarnet worden ...«, 1779, Staatsbibliothek zu Berlin, Einblattdrucke, Historische Drucke, Rechtswissenschaft
»Publicandum. Nachdem das Forst-Departement des Königl. General-Directoriums ...« 1786, Staatsbibliothek zu Berlin, Einblattdrucke, Historische Drucke, Rechtswissenschaft
Carl Heinrich Krögen: *Freye Bemerkungen über Berlin*. Leipzig und Prag 1785
Johann Kaspar Riesbeck: *Briefe eines Reisenden Franzosen über Deutschland. An seinen Bruder zu Paris*. Uebersetzt von K. R. 2 Bde. Zürich 1783

Johann Carl Wezel: *Herrmann und Ulrike*. Komischer Roman. 4 Bde. Leipzig 1780

Lusthaus Sorgenfrei

Hans-Joachim Schwarz und Renate Schwarz: *Moses Mendelssohn und die Krankheit der Gelehrten*. Hannover 2014

JubA, s. Kapitel I, Bd. 12,2: *Briefwechsel II,2*. 1771-1780. Bearbeitet von Alexander Altmann. 1976

JubA, s. Kapitel I, Bd. 22: *Dokumente I*: Entlegene zeitgenössische Texte zu Mendelssohns Leben und Wirken. Bearbeitet von Michael Albrecht. 1995. Darin: Leopold Friedrich Günther von Gœckingk: *Friedrich Nicolais Leben und literarischer Nachlaß*. Berlin 1820

Faszikel Moabit/Judenwiese – Moabit. Archiv der Stiftung Stadtmuseum Berlin/Ortschaft Tiergarten IV 74/805 Q-808 Qab, IV 74/889 Q

Brandenburgia. Monatsblatt der Gesellschaft für Heimatkunde und Heimatschutz in der Mark Brandenburg, Berlin 1903 XII, s. 158-162

Friedrich Nicolai: *Beschreibung der Königlichen Residenzstädte Berlin und Potsdam*. Berlin 1786

Carl Lücke: »Das Luisen-Bad zu Berlin. Ein geschichtlicher Rückblick zur zweihundert Jahrfeier des Gesundbrunnens; D. Heinrich Wilhelm Behms vorläufige Nachricht von dem Gesund=Brunnen bei Berlin 1760«. In: *Fest Zeitung zur 200 Jahrfeier des Gesundbrunnens am Donnerstag, den 5. September 1901*. Festausgabe der Zeitung *Die Quelle* für den Norden Berlins und Umgegend

Hugo Rachel/Paul Wallich: *Berliner Großkaufleute und Kapitalisten*. Bd. 2. Berlin 1967

Ute Langeheinecke: *Der Wedding als ländliche Ansiedlung: zur städtebaulichen Entwicklung des Bezirks Wedding, 1720 bis 1840*. Berlin 1992

Max Freudenthal: *Aus der Heimat Mendelssohns. Moses Benjamin Wulff und seine Familie, die Nachkommen des Moses Isserles*. Berlin 1900

Sebastian Panwitz: *Lützow – der Sommersitz der Mendelssohn-Bartholdys bei Berlin*. In: *Mendelssohn-Studien*, Beiträge zur neueren deutschen Kulturgeschichte. Bd. 20 Berlin 2017 [So wenig ist es doch nicht, was der Autor hier über den vergessenen Ort herausfinden konnte!]

Wolfgang Dinglinger, Rudolf Elvers (Hg.): *Ewig die deine: Briefe von Lea Mendelssohn-Bartholdy an Henriette von Pereira-Arnstein*. Hannover 2010

Sebastian Hensel: *Die Familie Mendelssohn*. Berlin 1879

Schöpfungsszenen

Johann Jacob Rousseau: *Abhandlung von dem Ursprunge der Ungleichheit unter den Menschen, und worauf sie sich gründe: ins Deutsche übersetzt mit einem Schreiben an den Magister Leßing und einem Briefe Voltairens an den Verfasser vermehret* / [Moses Mendelssohn (Übers.)] Berlin 1756

Moses Mendelssohn: »Gedanken von der Wahrscheinlichkeit«. In: *Vermischte Abhandlungen und Urtheile über das Neueste aus der Gelehrsamkeit*. Dritter Theil. Berlin 1756

Moses Mendelssohn's gesammelte Schriften, s. Kapitel II, Sechster Band, 1863. Darin: »Die Psalmen« und »Moses Mendelssohn's Anmerkungen zu den Psalmen«

Moses Mendelssohn: *Über die Evidenz in den metaphysischen Wissenschaften*. Berlin 1764

Christoph Schulte: »Leibniz' Theodizee in Mendelssohns Kommentar zum Buch der Prediger«. In: *Mendelssohn-Studien*. Beiträge zur neueren deutschen Kulturgeschichte, Bd. 22. Hannover 2021

Moses Mendelssohn: *Morgenstunden oder Vorlesungen über das Daseyn Gottes*. Berlin 1785

Voltaire: *Candide oder der Optimismus*. Aus dem Deutschen übersetzt von Herrn Doktor Ralph samt den Bemerkungen, die man in der Tasche des Doktors fand, als er zu Minden im Jahre des Heils 1759 starb. Übersetzt von Wilhelm Christhelf Sigismund Mylius. Berlin 1778

Eva J. Engel: »1750: Moses Mendelssohns erste Veröffentlichung«. In: *Mendelssohn-Studien:* Beiträge zur neueren deutschen Kulturgeschichte, Bd. 11. Berlin 1999

JubA, s. Kapitel I, Bd. 3,2: *Schriften zur Philosophie und Ästhetik III*,2. Bearbeitet von Leo Strauss. 1973

JubA, s. Kapitel I, Bd. 9,1: *Schriften zum Judentum III*,1. Pentateuchübersetzung in deutscher Umschrift. Einleitung und Bearbei-

tung von Werner Weinberg. Das erste und das zweite Buch Moses. 1993
JubA, s. Kapitel I, Bd. 9,3: *Schriften zum Judentum III,3*. Pentateuchkommentare in deutscher Übersetzung. Herausgegeben von Daniel Krochmalnik. Übersetzt von Rainer Wenzel. 2009
JubA, s. Kapitel I, Bd. 20,1: *Hebräische Schriften I/Deutsche Übertragung*. Bearbeitet von Michael Brocke, Daniel Krochmalnik, Andrea Schatz und Rainer Wenzel. Mit Beiträgen von Reuven Michael und Heinrich Simon. 2004
JubA, s. Kapitel III, Bd. 10,1
JubA, s. Kapitel I, Bd. 6,2
Moses Mendelssohn's sämmtliche Werke. Ausgabe in Einem Bande als National-Denkmal. Wien 1838
Ephraim Moses Kuh: *Hinterlassene Gedichte*. Zürich 1792
Berthold Auerbach: *Dichter und Kaufmann. Ein Lebensgemälde*. Stuttgart 1840

Im Freundschaftsgarten

Franz Rosenzweig: »Der jüdische Mensch, darin: Vortragsreihe von 1920 für das Freie Jüdische Lehrhaus in Frankfurt«. In: Franz Rosenzweig: *Der Mensch und sein Werk. Gesammelte Schriften, Bd. 3: Zweistromland*. Frankfurt am Main 1984
JubA, s. Kapitel I, Bd. 12,1: *Briefwechsel II,1*. 1763-1770. Bearbeitet von Alexander Altmann. 1975
JubA, s. Kapitel X, Bd. 12,2
JubA, s. Kapitel V, Bd. 20,2
JubA, s. Kapitel XI, Bd. 20,1
Felix Gilbert: *Bankiers, Künstler und Gelehrte. Unveröffentlichte Briefe der Familie Mendelssohn aus dem 19. Jahrhundert*. Tübingen 1975
Thomas Nugent: *Reisen durch Deutschland, und vorzüglich durch Meklenburg*. Berlin und Stettin. 1781
D. L. Donath: *Geschichte der Juden in Mecklenburg*. Leipzig 1874
Siegfried Silberstein: *Moses Mendelssohns Witwe in Neustrelitz*. Sonderdruck aus der Zeitschrift für die Geschichte der Juden in Deutschland. Berlin 1932

Siegfried Silberstein: *Mendelssohn und Mecklenburg.* Zeitschrift für die Geschichte der Juden in Deutschland, Jg. 1 (Oktober 1929/1930), Heft 3 (Oktober 1929)

Gerlinde Kienitz: *Neustrelitz 1733-1983*, hg. vom Museum der Stadt Neustrelitz

Annalise Wagner: *Aus dem alten Neustrelitz. Erzählbilder aus der Zeit von 1730-1875.* Neustrelitz 1967

Harald Witzke: Die Juden in Mecklenburg-Strelitz. – Gerlinde Kienitz: Neustrelitz. In: *Mecklenburg-Strelitz. Beiträge zur Geschichte einer Region.* Zusammengestellt und bearbeitet von Frank Erstling, Frank Saß, Eberhard Schulze, Harald Witzke. Friedland/Mecklenburg 2001

Torsten Foelsch: *Das Residenzschloß zu Neustrelitz: ein verschwundenes Schloß in Mecklenburg.* Groß Gottschow 2016

Hannöversches Adreßbuch auf das Jahr 1798. Hannover 1798

Meyer Kayserling: *Moses Mendelssohn. Sein Leben und seine Werke.* Leipzig 1862

Niedersächsisches Landesarchiv HA Hann. 93 Nr. 2147, alte Archivsignatur 44 Nr. 77: Die dem Kriegsagenten Salomon Michael David erteilte Erlaubnis für häusliche Privatandachten, 1775

Peter Schulze: *Beiträge zur Geschichte der Juden in Hannover.* Hannover 1998

Waldemar R. Töhrbein: *Jüdische Persönlichkeiten in Hannovers Geschichte.* Hannover 1998

The Jewish Enzyclopedia: David, Meyer Michel, S. 467. New York 1906

Heinrich Jolowicz (Hg.): *Blüthenkranz morgenländischer Dichtung.* Breslau 1860

Eduard Bodemann: *Johann Georg Zimmermann. Sein Leben und bisher ungedruckte Briefe an denselben von Bodmer, Breitinger, Geßner, Sulzer, Moses Mendelssohn, Nicolai, der Karschin, Herder und G. Forster.* Hannover 1878

Abbildungsverzeichnis

Seite 71 Le Temple de Minerve dans le Jardin Elect. de Schwetzingen/Dédié à Son Altesse Serenissime Monseigneur Charles Theodore/Electeur Palatin Duc Regnant de Bavière & & &/par son très humble et très soumis Serviteur/Dominique Artaria. Nach der Natur gemalt u. gestochen von Carl Kuntz zu Mannheim, 1995
© Gleimhaus Halberstadt

Seite 74 Peter Paul Rubens: Odysseus auf der Insel der Phäaken, 1620. Florenz, Palazzo Pitti, Galleria Palatina
© akg-images/Rabatti & Domingie

Seite 97 Clemens Alexander Wimmer: »Rekonstruktion von Bacons Idealgarten. Für dieses Buch gezeichnet vom Verfasser«, in: ders.: Geschichte der Gartentheorie, Darmstadt, 1989

Seite 98 Johann Wilhelm Lanz: Liebespaar in Laube, Frankenthal, 1756-1759
© Schloss Schwetzingen, Staatliche Schlösser und Gärten Baden-Württemberg, G 7646

Seite 117 Titelkupfer für Christian Cay Lorenz Hirschfelds »Theorie der Gartenkunst«, Bd. 1, Leipzig, 1779
© Universitätsbibliothek Heidelberg

Seite 118 Johann Friedrich Walter, Plan und Prospect der Königlich Preussischen und Chur Brandenbl. Haupt-Residentz Stadt Berlin, 1766, Inv.Nr.: IV 59/328 R

Seite 130 Jan van Huysum, Stilleben mit Blumen und Vogelnest, 1718, Öl auf Kupfer
National Galleries Scotland, Creative Common CC by NC, Foto: Antonia Reeve

Seite 134 Fresken von Carlo Maratta und Ciro Ferri im »Frühlingszimmer« der Villa Falconieri in Frascati, 17. Jahrhundert
© Fotografie von DEA/A. de Gregorio/Getty Images Nr. 154711078

Seite 157 Titelkupfer für Christian Cay Lorenz Hirschfelds »Theorie der Gartenkunst«, Bd. 2, Leipzig, 1780
© Universitätsbibliothek Heidelberg

Seite 158 Lessing-Denkmal mit Reliefporträt Moses Mendelssohns am Rande des Tiergartens, 2022
© Foto: Manfred Fuß

Seite 158 Lessing-Denkmal im Berliner Tiergarten mit Blick auf den Reichstag, Berlin, 1947
© Foto: © SLUB Dresden/Deutsche Fotothek/Fritz Eschen

Seite 173 Grundstück des Franziskus Matthäus Baron Vernezobre de Laurieux, Wilhelmstraße No. 102, erbaut 1737/39, später Palais des Prinzen Albrecht. Auf dem schmalen, aber tiefen Bauplatz ließ sich der Baron hinter dem großen Palaiskomplex einen Barockgarten anlegen. Stich um 1740, Landesarchiv Berlin, in: Laurenz Demps: Berlin-Wilhelmstraße: Eine Topographie preußisch-deutscher Macht. Berlin, 1994

Seite 178 Daniel Chodowiecki: Gesellschaft im Tiergarten zu Berlin, um 1770
© Bildarchiv Preußischer Kulturbesitz/Museum der bildenden Künste Leipzig/Ursula Gerstenberger

Seite 193 Daniel Chodowiecki: Im Berliner Tiergarten, um 1770. »Übergewicht des Guten. Exempel an einem einzigen Krüppel und Bettler, in einem mit vergnügten Menschen angefüllten Teile des Berlinischen Tiergartens.«
Tafel XXIV aus: Daniel Chodowiecki: 62 bisher unveröffentlichte Handzeichnungen zu dem Elementarwerk von Johann Bernhard Basedow. Mit einem Vorworte von Max von Boehn. Frankfurt am Main 1922

Seite 196 Johann David Schleuen: Prospect des Gesundbrunnens bei Berlin. Ansicht der Kuranlagen, um 1770. Kupferstich, koloriert
© Jüdisches Museum Berlin

Seite 218 Neumühlen mit Martensmühle, Sommerhaus Abraham und Lea Mendelssohns 1805-1811. Kolorierte Lithographie (1845)
© Altonaer Museum – Stiftung Historische Museen Hamburg

Seite 222 Athanasius Kircher: Garten Eden. Topographia paradisi terrestris juxta mentem et conjecturas authoris, handkolorierte Karte, 1675
© Yale University Library Digital Collection/Beinecke Rare Book and Manuscript Library

Seite 241 Titel-Kupferstich für Moses Mendelssohns Rousseau-Übersetzung »Von dem Ursprunge der Ungleichheit unter den Menschen« sowie für die im selben Jahr erschienene Zeitschrift »Vermischte Abhandlungen und Urtheile über das Neueste aus der Gelehrsamkeit«, in der seine »Gedanken von der Wahrscheinlichkeit« abgedruckt wurden. Berlin, 1756
© Universitäts- und Landesbibliothek Sachsen-Anhalt, Halle

Seite 242 Andreas Ludwig Krüger: Der Freundschaftstempel im Park von Schloß Sanssouci, Radierung, 1780
© Jüdisches Museum Berlin

Seite 242 Daniel Chodowiecki: Gesellschaft in der Gartenlaube. Aquarell, Feder, undatiert
Akademie der Künste Berlin, Kunstsammlung © Foto: Manfred Fuß

Seite 261 Kupferstich-Vignette in der Zeitschrift »Der Chamäleon«, an der Moses Mendelssohn auch als Autor beteiligt war. 8. Stück, Berlin, 1759

Seite 262 Sebastian Hensel: Vogelversammlung im Park der Charlottenburger Mendelssohn-Villa »Sorgenfrei«. Aquarell im illustrierten Märchenbuch »Zugvögel«, Berlin, 1897
© Privatbesitz/Mendelssohn-Gesellschaft

Seite 272 Hameassef (Der Sammler) Jahrgang 1783/84, Heft 10, S. 130-132, in: Internet Archive, The Leo Baeck Institute New York, Leo Baeck Institute Library Periodical Collection

Register